Zimmermann
Grundriss des Insolvenzrechts

Walter Zimmermann

Grundriss des Insolvenzrechts

9., neu bearbeitete Auflage

Walter Zimmermann, Vizepräsident des Landgerichts Passau a.D., Professor, Dr. jur., Referendarexamen 1965, Promotion 1966, Assessorexamen 1968. Danach Staatsanwalt, Landgerichtsrat (1971), seit 1972 Leiter von Referendararbeitsgemeinschaften, 1979 Richter am OLG München und Prüfer für die Erste jur. Staatsprüfung. 1983 Vorsitzender Richter am LG, 1992 Honorarprofessor an der Universität Regensburg. Über 250 Veröffentlichungen zum Zivilprozessrecht (Kommentar u.a.), Insolvenzrecht, FamFG, Freiwillige Gerichtsbarkeit, Vormundschaft, Betreuungsrecht, Unterbringungsrecht, Psychiatrierecht, Erbrecht (Lehrbuch), Nachlasspflegschaft, Testamentsvollstreckung, Erbschein usw.

Bibliografische Information der Deutschen Nationalbibliothek

Die Deutsche Nationalbibliothek verzeichnet diese Publikation in der Deutschen Nationalbibliografie; detaillierte bibliografische Daten sind im Internet über <http://dnb.d-nb.de> abrufbar.

Bei der Herstellung des Werkes haben wir uns zukunftsbewusst für umweltverträgliche und wiederverwertbare Materialien entschieden. Der Inhalt ist auf elementar chlorfreies Papier gedruckt.

ISBN 978-3-8114-9461-9

E-Mail: kundenbetreuung@hjr-verlag.de

Telefon: +49 89/2183-7928
Telefax: +49 89/2183-7620

© 2012 C.F. Müller, eine Marke der Verlagsgruppe Hüthig Jehle Rehm GmbH
Heidelberg, München, Landsberg, Frechen, Hamburg

www.cfmueller-campus.de
www.hjr-verlag.de

Satz: Gottemeyer, Rot
Druck: Beltz Druckpartner, Hemsbach

Vorwort

Am 1.1.1999 trat die neue Insolvenzordnung in Kraft. Für Konkurs-, Vergleichs- und Gesamtvollstreckungsverfahren, die vor dem 1.1.1999 *beantragt* (nicht: eröffnet) worden sind, gelten aber weiterhin in den alten Bundesländern und Berlin die Konkursordnung bzw. Vergleichsordnung und in den Ländern der ehemaligen DDR die Gesamtvollstreckungsordnung (Art. 103 EGInsO). Auch für die Wirkungen der Altverfahren gelten die alten Gesetze fort.

Ziel des vorliegenden Grundrisses zur InsO ist eine knappe Darstellung des Insolvenzrechts:

- klare und übersichtliche Gliederung des Stoffes
- Darstellung vorwiegend der prüfungsrelevanten Gebiete
- Veranschaulichung durch über 150 Beispiele, zahlreiche Tabellen, Übersichten
- Beschränkung von Nachweisen aus Literatur und Rechtsprechung auf das Nötigste.

Seit Inkrafttreten der InsO sind mehr als 10 000 Entscheidungen und Aufsätze hierzu veröffentlicht worden (jährlich allein über 100 BGH-Entscheidungen zur InsO). Die wichtigsten Entscheidungen sind eingearbeitet worden.

Die 9. Auflage berücksichtigt insbesondere

- die gesetzlichen Änderungen im Insolvenzrecht, zuletzt durch das Haushaltsbegleitgesetz 2011, das Gesetz zur Änderung des § 522 ZPO, das Gesetz zur weiteren Erleichterung der Sanierung von Unternehmen (ESUG) vom 7.12.2011 (in Kraft seit 1.3.2012) sowie das Gesetz zur Verbesserung der Eingliederungschancen am Arbeitsmarkt vom 20.12.2011 (in Kraft seit 1.4.2012).
- ausgewählte neuere Rechtsprechung.

Das Gesetz zur Reform der Sachaufklärung in der Zwangsvollstreckung v. 29.7.2009 tritt erst zum 1.1.2013 in Kraft; darauf wird bereits hingewiesen.

Passau, im Juni 2012   *Walter Zimmermann*

Inhaltsverzeichnis

Literatur- und Abkürzungsverzeichnis

Becker	Insolvenzrecht, 3. Aufl. 2010
Berliner Praxiskommentar	Insolvenzrecht, 2000 ff
Bork	Einführung in das Insolvenzrecht, 5. Aufl. 2009
Braun	Insolvenzordnung (Kommentar), 5. Aufl. 2012
DZWir	Deutsche Zeitschrift für Wirtschafts- und Insolvenzrecht
Foerste	Insolvenzrecht, 5. Aufl. 2010
Frege/Keller/Riedel	Insolvenzrecht, 7. Aufl. 2008
Frotscher	Besteuerung bei Insolvenz, 2000
Gottwald (Hrsg.)	Insolvenzrechtshandbuch (InsRHB), 4. Aufl. 2010
Graf-Schlicker (Hrsg.)	InsO (Kommentar), 2012
Haarmeyer/Wutzke/Förster	Insolvenzordnung, 2. Aufl. 2012
Haarmeyer/Wutzke/Förster	Vergütung in Insolvenzverfahren, 2007
Häsemeyer	Insolvenzrecht, 2007
Hess	Insolvenzrecht (Großkommentar), 2007
Hess/Weis/Wienberg	Insolvenzarbeitsrecht, 2000
HK	Heidelberger Kommentar zur InsO, 2008 (Hg Kreft)
Huber	Anfechtungsgesetz, 2006
InsVV	Insolvenzrechtliche Vergütungsverordnung v. 19.8.1998
InVO	Insolvenz & Vollstreckung
Jaeger u. a.	Konkursordnung, 8. und 9. Aufl., 1958 ff/1997 ff
Jauernig	Zwangsvollstreckungs- und Insolvenzrecht, 23. Aufl. 2010
Kuhn/Uhlenbruck	Konkursordnung, 11. Aufl. 1994
KTS	Zeitschrift für Insolvenzrecht
Münchener Kommentar	zur Insolvenzordnung, 2007/2008
NZI	Neue Zeitschrift für Insolvenz und Sanierung
Obermüller/Hess	InsO, 2003
Paulus	Insolvenzrecht, 2009
Reischl	Insolvenzrecht, 2. Aufl. 2011
Schulz/Bert/Lessing	Handbuch Insolvenz, 2012
Smid	Handbuch Insolvenzrecht, 2007
Uhlenbruck	Insolvenzordnung (Kommentar), 13. Aufl. 2010
Wimmer	Frankfurter Kommentar zur InsO, 6. Aufl. 2011
ZInsO	Zeitschrift für das gesamte Insolvenzrecht (1998 ff)
ZIP	Zeitschrift für Wirtschaftsrecht (und Insolvenzpraxis)

Wegen der sonstigen Abkürzungen vgl. das Abkürzungsverzeichnis bei *Palandt*, BGB-Kommentar.

Erster Abschnitt
Allgemeiner Überblick

1. Inkrafttreten

Bis 31.12.1998 galten in Deutschland unterschiedliche Regelungen: 1
- in den alten Bundesländern: Konkursordnung und Vergleichsordnung;
- in den Ländern der ehemaligen DDR: Gesamtvollstreckungsordnung.

Für bis 31.12.1998 *beantragte* Verfahren gelten weiterhin KO, VerglO, GesO. Für ab 1.1.1999 beantragte Verfahren gilt in allen Ländern einheitlich die Insolvenzordnung vom 5.10.1994 (BGBl 1994, 2866); Art. 103 EGInsO. Übergangsrecht: EGInsO.

2. Das Insolvenzverfahren

Das Insolvenzverfahren wird nur auf Antrag eröffnet. Eröffnungsgrund ist Zahlungsun- 2
fähigkeit, drohende Zahlungsunfähigkeit bzw Überschuldung des Schuldners (§§ 17 bis 19 InsO). Für das weitere Verfahren kommt es darauf an, ob der Schuldner eine juristische Person, eine Person mit nicht nur geringfügiger selbstständiger wirtschaftlicher Tätigkeit oder eine sonstige Person (z.B. Lohnempfänger, Rentner) ist. Denn danach richtet es sich, ob das gewöhnliche Verfahren (§§ 1 ff. InsO) oder nur das Verbraucherinsolvenzverfahren mit vorgeschaltetem gerichtlichen Schuldenbereinigungsverfahren (§§ 304 ff. InsO) zulässig ist, ferner ob Eigenverwaltung (§§ 270 ff. InsO), Restschuldbefreiung (§§ 286 ff. InsO) und Insolvenzplan (§§ 217 ff. InsO) möglich sind. Vgl. Tabellen Rn. 39, 72.

Die Eröffnung führt dazu, dass das Verwaltungsrecht dem Schuldner entzogen ist und 3
(im gewöhnlichen Verfahren) vom Insolvenzverwalter ausgeübt wird (§ 80 InsO). Er hat die Insolvenzmasse zu bilden, indem er fremde Gegenstände zurückgibt (Aussonderung) und anfechtbar weggekommene Werte durch Anfechtung zur Masse zurückschafft. Sodann hat er die Masse zu verwerten. Den Erlös hat der Verwalter nach den gesetzlichen Bestimmungen zu verteilen, es sei denn, in einem Insolvenzplan ist Abweichendes geregelt worden.

Bestimmte Rechtslagen werden durch die Eröffnung nicht berührt. Hierhin gehören: 4
das Recht auf vorzugsweise Befriedigung aus einem bestimmten zur Insolvenzmasse gehörenden Gegenstand (Absonderungsrecht); ferner die Befugnis zur Aufrechnung gegen bestimmte zur Insolvenzmasse gehörende Forderungen (Aufrechnungsbefugnis). Das Insolvenzverfahren soll dazu dienen, die Gläubiger gleich zu behandeln (§ 1 InsO). Tatsächlich ist das nicht der Fall; es sind mehrere Gruppen von Gläubigern zu unterscheiden, die verschieden große Chancen haben, befriedigt zu werden (Tabelle Rn. 141).

Die nach Befriedigung der obigen Rechte übrigbleibende Insolvenzmasse dient der 5
gemeinschaftlichen Befriedigung der Forderungen der Insolvenzgläubiger (Insolvenz-

forderungen). Die Prüfung der angemeldeten Insolvenzforderungen und die Verteilung der Insolvenzmasse auf diese Forderungen erfolgt in einem besonderen Verfahren (§§ 174 ff. InsO).

6   Im Insolvenzverfahren sind die Kompetenzen verteilt auf Insolvenzgericht, Insolvenzverwalter, Insolvenzgläubiger, Gläubigerversammlung, Gläubigerausschuss. Strukturell handelt es sich um eine Art Gläubigerselbstverwaltung durch den Insolvenzverwalter unter Aufsicht des Insolvenzgerichts.

7   Nach Beendigung des Verfahrens haftet der Schuldner fort, soweit ein Gläubiger nicht befriedigt wurde. Ausnahme: anderweitige Regelung durch Insolvenzplan (§ 217 InsO) oder Restschuldbefreiung (§ 286 InsO).

Zweiter Abschnitt
Eröffnung des Insolvenzverfahrens

I. Das Insolvenzgericht

1. Zuständigkeit

Sachlich zuständig für das Insolvenzverfahren ist das Amtsgericht (Abteilung Insol-   **8**
venzgericht), ohne Rücksicht auf die Höhe der Schulden usw (ausschließliche Zuständigkeit); § 2 InsO. Nicht jedes kleine AG hat aber eine Insolvenzabteilung: gehören zu
einem LG-Bezirk z.B. fünf Amtsgerichte, ist nur das AG am Sitz des LG für den ganzen
LG-Bezirk Insolvenzgericht (§ 2 I InsO); die Länder können ferner durch Rechtsver-
ordnung andere Amtsgerichte für zuständig erklären (§ 2 II InsO). Für sonstige Streitigkeiten der Insolvenzbeteiligten untereinander (z.B. Klage auf Herausgabe) ist das
*Insolvenz*gericht nicht zuständig.

Örtlich zuständig ist ausschließlich das AG, in dessen Bezirk der Schuldner den Mit-   **9**
telpunkt einer selbstständigen wirtschaftlichen Tätigkeit hat (§ 3 I 2 InsO), also die
Hauptniederlassung. Fehlt eine solche Tätigkeit, ist ausschließlich das AG zuständig, in
dessen Bezirk der Schuldner seinen allgemeinen Gerichtsstand (§§ 13 ff., 17 ZPO) hat;
§ 3 I 1 InsO. Sind mehrere Gerichte zuständig, bleibt ausschließlich zuständig das AG,
wo der erste Eröffnungsantrag einging (§ 3 II InsO; Priorität). Wird ein Insolvenzantrag
bei einem örtlich unzuständigen AG eingereicht, verweist es das Verfahren auf Antrag
an das zuständige AG (§ 4 InsO, § 281 ZPO).

Beispiel

Schuldner S ist Rentner und hat einen Doppelwohnsitz: Zuständigkeit nach § 3 II InsO. Schuldner S hat eine Gastwirtschaft in München und wohnt in Landshut: zuständig ist München
(§ 3 I 2 InsO).

International zuständig ist das deutsche AG auch dann, wenn der Schuldner (der   **10**
hier seinen Wohnsitz bzw seine gewerbliche Hauptniederlassung hat, also den „Mittelpunkt seiner hauptsächlichen Interessen", sog. center of main interests, COMI, zum
Zeitpunkt der Einstellung der Tätigkeit, BGH NZI 2012, 151) im Ausland Vermögen hat.
Vgl. §§ 335 ff. InsO und Art. 3 EuInsVO. Zur Konkurrenz mit einem Insolvenzverfahren
eines anderen Mitgliedstaates vgl. Art. 16 EuInsVO.

Funktionell zuständig ist der (Amts-)Richter (dazu § 22 VI GVG) bzw. der Rechtspfle-   **11**
ger: der Richter ist zuständig für die Entscheidung über den Eröffnungsantrag, auch im
Verbraucherinsolvenzverfahren, Schuldenbereinigungsverfahren, die Ernennung des
Insolvenzverwalters, Versagung oder Widerruf der Restschuldbefreiung (§§ 3 Nr. 2e,
18 I, 19a RPflG); der Richter kann sich ferner das weitere Verfahren vorbehalten, § 18 II
RPflG. Im Übrigen ist der Rechtspfleger zuständig (vorbehaltlich §§ 4, 5, 6 RPflG).

2. Verfahren im Allgemeinen

12 Das Insolvenzverfahren ist eigenständig geregelt; es hat Elemente des Zivilprozesses und der Freiwilligen Gerichtsbarkeit. Soweit Regelungen in der InsO fehlen, ist ergänzend die ZPO heranzuziehen (§ 4 InsO), nicht aber das FamFG.

Insbesondere gelten: für die Ablehnung §§ 41 ff. ZPO; Vertretung § 80 ZPO; Prozesskostenhilfe § 114 ZPO (Besonderheiten aber in §§ 4a–4d; 26 I, 207 I 2, 298 InsO); Fristen § 222 ZPO; Glaubhaftmachung § 294 ZPO; Beweisaufnahme §§ 355 ff. ZPO; Beschwerde § 6 InsO, ergänzt durch § 567 ff. ZPO und § 11 RPflG; Rechtsbeschwerde § 574 ZPO.

Besonderheiten für das Insolvenzverfahren:

13 **a)** Das Insolvenzverfahren wird zwar nur **auf Antrag** eingeleitet, aber von Amts wegen durchgeführt.

14 **b)** Das Gericht **ermittelt von Amts wegen** (§ 5 I 1 InsO), anders als in der ZPO (aber wie nach § 26 FamFG), also unabhängig von Beweisanträgen, Beweisangeboten, Auslagenvorschüssen; auch „verspätetes Vorbringen" (i S v § 296 ZPO) gibt es daher nicht. Das Gericht kann Zeugen vernehmen und von Sachverständigen schriftliche oder mündliche Gutachten erholen (§ 5 I 2 InsO).

15 **c)** Die Entscheidungen des Insolvenzgerichts ergehen, da eine **mündliche Verhandlung nicht erforderlich** ist (§ 5 III InsO; anders als nach § 128 ZPO), durch Verfügung oder Beschluss, niemals durch Urteil. Der Richter ist aber nicht gehindert, vor einer Entscheidung mit den Beteiligten mündlich zu verhandeln. Das Grundrecht auf *rechtliches Gehör* (Art. 103 GG) ist unabhängig davon zu beachten; allerdings schränkt § 10 InsO die Pflicht zur Anhörung des *Schuldners* ein, weil sonst (wenn sich der Schuldner z.B. im Ausland aufhält oder untergetaucht ist) das Verfahren verzögert würde.

16 **d)** Die **Zustellungen** im Insolvenzverfahren erfolgen von Amts wegen (§ 8 I 1 InsO; also keine Parteizustellung); sie können durch Aufgabe zur Post erfolgen (§ 184 I 2 ZPO; § 8 I 2 InsO). Öffentliche Zustellungen (vgl. § 185 ZPO) erfolgen nicht; bei unbekanntem Aufenthalt (z.B. des flüchtigen Schuldners) unterbleibt eine Zustellung (§ 8 II 1 InsO), außer diese Person hat einen Vertreter (z.B. einen Anwalt) bestellt (§ 8 II 2 InsO). Mit der Zustellung kann das Insolvenzgericht den Insolvenzverwalter beauftragen (§ 8 III InsO). Meist wird die Bekanntmachung aber nicht durch Zustellung, sondern durch **öffentliche Bekanntmachung** vorgenommen (§ 9 InsO), d.h. im Internet (www.insolvenzbekanntmachungen.de), in der Tageszeitung kann sie nur noch ausnahmsweise erfolgen (§ 9 II 1 InsO).

17 **e)** **Die Gerichtskosten** des Insolvenzverfahrens ergeben sich aus § 23 GKG (Kostenverzeichnis Nr. 2310 ff.); der Eröffnungsantrag eines Gläubigers kostet mindestens 150,– € Gebühren (GKG-KV 2311), das Verfahren 3 Gebühren (GKG-KV 2310 + 2320; 2330). Streitwert § 58 GKG. **Anwaltskosten** richten sich nach dem RVG (VV 3313 ff.).

18 **f)** Auch das **GVG** ist anwendbar: Rechtshilfe, § 156 GVG (OLG Köln Rpfleger 2000, 36); Sitzungspolizei, § 176 GVG; Öffentlichkeit, § 169 GVG, aber nur, soweit gerichtliche Entscheidungen dadurch vorbereitet werden; die Gläubigerversammlung ist daher nicht öffentlich.

g) Rechtsmittel. Gegen die Entscheidung des Rechtspflegers ist die sofortige Be-   **19** schwerde gegeben (§ 11 I RPflG); die befristete Erinnerung ist nur noch vorgeschaltet, wenn eine Richterentscheidung unanfechtbar wäre (§ 11 II RPflG).

Gegen die Entscheidung des Richters ist die **sofortige Beschwerde** gegeben, § 6 I   **20** InsO, *falls* die InsO eine Anfechtung gestattet (vgl. dazu HK-InsO/*Kirchhof* § 6 Rz. 3); eine Beschwerde in sonstigen Fällen („greifbare Gesetzwidrigkeit") ist aber nicht völlig ausgeschlossen (BGH NJW 2004, 2015). Eine Berufung gibt es nicht.

- Einlegung nur beim AG, § 6 S. 2 InsO 2012 (entgegen § 569 I ZPO).
- Die Frist beträgt zwei Wochen, § 569 I 1 ZPO, und beginnt mit der Zustellung des Beschlusses (z.B. Zustellung am Mittwoch – letzter Tag der Frist ist der übernächste Mittwoch) bzw mit der Verkündung des Beschlusses.
- Der Richter kann seine Entscheidung ändern, d.h. der sofortigen Beschwerde (falls zulässig und begründet) abhelfen, §§ 4 InsO, 572 I ZPO. Die Beschwerde hat keine aufschiebende Wirkung, § 570 ZPO.
- Über die Beschwerde entscheidet das Landgericht, Zivilkammer (§ 72 GVG), durch Beschluss. Seine Entscheidung wird i.d.R. erst mit Rechtskraft wirksam (§ 6 III InsO).

Gegen die Entscheidung des LG als Beschwerdegericht ist die **Rechtsbeschwerde**   **21** zum BGH statthaft, falls sie vom LG wegen § 574 III 1, II ZPO zugelassen wurde (§ 4 InsO, § 574 I Nr. 2 ZPO). Frist: 1 Monat, §§ 4 InsO, 575 I 1 ZPO. BGH-Zuständigkeit: § 133 GVG. Die Einlegung der Rechtsbeschwerde muss durch einen der ca. 30 beim BGH zugelassenen Rechtsanwälte erfolgen (§§ 4 InsO, 78, 575 I 1 ZPO). Das LG kann der Rechtsbeschwerde nicht abhelfen. Der BGH ist an die Zulassung gebunden (§ 574 III 2 ZPO). Diese Einschränkung der Rechtsbeschwerde erfolgte durch G. v. 21.10.2011.

3. Haftung des Insolvenzrichters, -rechtspflegers

a) Bei *schuldhafter* Pflichtverletzung des Richters oder Rechtspflegers tritt die Haftung   **22** aus Amtspflichtverletzung nach Art. 34 GG, § 839 I, II BGB ein. Da im Insolvenzverfahren keine Urteile erlassen werden, ist das Spruchrichterprivileg (§ 839 II 1 BGB) i.d.R. ohne Bedeutung. Bei einem *Einzelschaden* klagt der Geschädigte (z.B. der Schuldner), bei einem *Gesamtschaden* fordert der Insolvenzverwalter Zahlung an die Masse.

Beispiele Auf Antrag einer Sparkasse hatte das AG das Verfahren wegen Zahlungsunfähigkeit eröffnet, obwohl der Schuldner (S) vorgetragen hatte, die Sparkasse sei im Übermaß dinglich gesichert. Auf die sofortige Beschwerde des S hin hob das LG den Eröffnungsbeschluss aus diesem Grunde auf. Fahrlässige Amtspflichtverletzung des Insolvenzrichters (LG Dortmund Rpfleger 1983, 450), denn das Verfahren wurde ohne ausreichenden Grund eröffnet (Schädigung des Schuldners). Weitere Fälle: die Eröffnung wird verzögert (§§ 198 ff. GVG); Anordnungen zur Sicherung der Masse (§ 21 InsO) werden unterlassen; ein ungeeigneter Insolvenzverwalter (§ 58 InsO) wird bestellt, der Geld unterschlägt. Vgl. BGH WM 2008, 659; *Palandt/Sprau* § 839 BGB Rz. 115.

b) Hat das Amtsgericht ein Insolvenzverfahren *schuldlos rechtswidrig eröffnet*, entfällt   **23** § 839 BGB mangels Schuld. Entschädigungsansprüche aus *enteignungsgleichem Eingriff scheiden aus*, weil in der Insolvenzeröffnung keine Auferlegung eines Sonderopfers im Interesse der Allgemeinheit liegt, da hier nur Individualansprüche mit staatlicher Hilfe durchgesetzt werden sollen (BGH NJW 1959, 1085).

II. Voraussetzungen der Eröffnung

1. Antrag

24 **Formelle Voraussetzung** der Eröffnung ist der **Antrag eines Berechtigten** (ein einzelner kann also die Initiative zugunsten aller Gläubiger ergreifen). Das Verfahren kann nicht von Amts wegen eröffnet werden.

a) Antragsberechtigt ist nach § 13 I 2 InsO:

25 **aa)** Der **Schuldner**; sein Antrag ist immer *zulässig* (eine Glaubhaftmachung ist nicht erforderlich). Details zum Antrag regelt § 13 InsO; es gibt umfangreiche Formulare, die verwendet werden *müssen* (§ 13 III InsO). Wenn Schuldner eine juristische Person ist (AG, GmbH) oder eine Gesellschaft ohne Rechtspersönlichkeit (z.B. OHG, KG, BGB-Ges.), dann müssen nicht alle Vertreter den Antrag stellen, sondern jedes *einzelne* Mitglied des Vertretungsorgans (d.h. jeder Geschäftsführer bei der GmbH; jedes Vorstandsmitglied bei der AG) ist antragsberechtigt (§ 15 I InsO). Bei OHG, KG, BGB-Ges. ist ferner jeder persönlich haftende Gesellschafter allein antragsberechtigt (§ 15 I InsO).

Eine Glaubhaftmachung ist ausnahmsweise erforderlich, wenn nur ein Teil der Mitglieder des Vertretungsorgans bzw der persönlich Haftenden den Antrag stellt (z.B. von den drei GmbH-Geschäftsführern nur einer); § 15 II InsO.

Bei der GmbH & Co KG (persönlich haftend: die GmbH) können einzelne oder alle Geschäftsführer der GmbH den Insolvenzantrag stellen (§ 15 III InsO).

Bei einem auf *drohende Zahlungsunfähigkeit* gestützten Eröffnungsantrag schränkt § 18 III InsO die Antragsberechtigung ein.

26 **bb)** Jeder **Gläubiger** (Insolvenzgläubiger, §§ 38, 39 InsO), auch ausländische Gläubiger. Gemeint sind *persönliche* Gläubiger, nicht Personen, die *nur dingliche* Rechtspositionen haben.

Beispiel
Wer nur aus § 985 BGB Herausgabe einer Sache fordern kann, kann keinen Insolvenzantrag gegen den Besitzer S stellen, sondern muss klagen und dann vollstrecken. Hat S die Sache unterschlagen, ist G dagegen wegen seines Schadensersatzanspruchs persönlicher Gläubiger.

Der Gläubigerantrag ist nur *zulässig*, wenn drei Voraussetzungen vorliegen (§ 14 I):
- der Gläubiger muss seine Forderung glaubhaft machen;
- der Gläubiger muss einen Insolvenzgrund (z.B. Zahlungsunfähigkeit des Schuldners) glaubhaft machen; vgl. unten 4;
- Rechtliches Interesse des Gläubigers an der Eröffnung des Insolvenzverfahrens; es ist praktisch immer gegeben (vgl. unten d).

27 **Glaubhaftmachung** heißt: alle Beweismittel einschließlich der eidesstattlichen Versicherung des Antragstellers (§ 4 InsO i.V.m. § 294 II ZPO), Urkunden, Bescheinigungen; Nachweise über erfolglose Vollstreckungsmaßnahmen. Der antragstellende Gläubiger muss also **keinen Titel** (Urteil; Vollstreckungsbescheid usw) vorlegen; es genügt seine schlichte (notfalls eidesstattlich versicherte) Behauptung, er habe eine Forderung gegen den Schuldner.

b) Einschränkungen. Den Antrag auf Eröffnung des Insolvenzverfahrens gegen **28** **Banken,** sonstige Kreditinstitute, Bausparkassen, Kapitalanlagegesellschaften kann nur die *Bundesanstalt für Finanzdienstleistungsaufsicht* stellen (§ 46b S. 4 KWG). Die Geschäftsleitung der Bank muss Zahlungsunfähigkeit bzw Überschuldung unverzüglich dem Amt anzeigen. Kommt es zur Eröffnung des Insolvenzverfahrens, werden bestimmte Geldanleger durch Bildung von Sondermassen und freiwillige Einrichtungen des Bankgewerbes geschützt.

Beispielsweise dürfen die Wertpapiere der Bankkunden nicht zugunsten sonstiger Bankgläubiger verwertet werden (§§ 32, 33 DepotG), gelten also nicht als Bankvermögen. Auch Pfandbriefgläubiger werden bei Insolvenz einer Hypothekenbank in ähnlicher Weise bevorzugt (§§ 35, 41 HypBG), ferner die Anleger bei der Insolvenz einer Investmentgesellschaft (§§ 6–14 KAGG).

Die privaten Banken, Sparkassen, Genossenschaftsbanken (Volksbanken, Raiffeisen- **29** banken) haben ferner jeweils freiwillige Einlagensicherungsfonds errichtet, aus denen bei einer Bankinsolvenz bestimmte Gläubiger (Sparer, Girokontoinhaber; nicht Gläubiger von Inhaberschuldverschreibungen) befriedigt werden können.

Ähnliche Schutzvorschriften bestehen bei der Insolvenz privater **Versicherungen.** Nur **30** die Aufsichtsbehörde (= Bundesanstalt für Finanzdienstleistungsaufsicht) kann den Insolvenzantrag stellen (§ 88 VAG). Für existenzwichtige Versicherungen (Lebens-, Unfall-, Krankenversicherung) wird ein sog. Deckungsstock gebildet, aus dem die Versicherten Leistungen erhalten.

c) Der Antrag ist **Prozesshandlung;** der Antragsteller muss daher partei- und prozess- **31** fähig sein. Der Antrag kann nicht bedingt (*Ganter* NZI 2012, 201) oder befristet gestellt oder wegen Irrtums (§ 119 BGB) angefochten werden. Der Antrag kann nur bis zur Eröffnung und nicht mehr nach rechtskräftiger Zurückweisung des Antrags **zurückgenommen** werden, § 13 II InsO; Folge: der antragstellende Gläubiger muss die Kosten tragen (§ 269 III 2 ZPO i.V.m. § 4 InsO). Erfolgt die Rücknahme, weil der Schuldner zahlt, kommt § 91a ZPO in Frage. Der Gläubiger kann seinen Antrag für erledigt erklären (BGH NJW-RR 2009, 188). Zur Einstellung des Verfahrens vgl. § 213 InsO.

d) Ein **Rechtsschutzbedürfnis** muss für den Antrag bestehen, § 14 I InsO. Die frühere **32** Meinung, beim Gläubiger einer **geringfügigen Forderung** (bis etwa 25,– €) sei ein Insolvenzantrag unzulässig, ist nicht vertretbar, weil Kleingläubiger sonst schutzlos wären; eine Betragsgrenze ist nicht klar feststellbar; gerade die Nichtzahlung von Kleinbeträgen zeigt die Zahlungsunfähigkeit deutlich (BGH NJW-RR 1986, 1188). Bedenklich ist, dass § 14 InsO eine *Glaubhaftmachung* genügen lässt; deshalb sind einstweilige Verfügungen denkbar, in denen das Stellen von Anträgen untersagt wird, wenn dargelegt wird, dass die Forderung tatsächlich nicht besteht (Eröffnungsanträge der Finanzämter, BFH ZIP 1985, 1160; Anträge der Sozialversicherungsträger, BSG JZ 1978, 318).

33 Ein Rechtsschutzbedürfnis fehlt z.B., wenn es *nur einen* Gläubiger gibt und dieser eine rechtlich zweifelhafte Forderung geltend macht, von deren Bestand das Vorliegen des Eröffnungsgrundes abhängt, weil eine derartige Klärung Aufgabe des Zivilprozesses und nicht des Insolvenzverfahrens ist (OLG Hamm KTS 1971, 54; AG Oldenburg NZI 2002, 391); es fehlt ferner, wenn die Forderung ausreichend dinglich gesichert ist (BGH NZI 2012, 632); wenn lediglich durch den Antrag Teilzahlungen herausgepresst werden sollen (vgl AG Duisburg NZI 2002, 211). Zahlt der Schuldner nach Stellung des Insolvenzantrags (aber vor Eröffnung) den antragstellenden Gläubiger, kann nicht mehr eröffnet werden; wird der Antrag *zurückgenommen*, hat der Antragsteller die Kosten zu tragen, § 23 GKG. Wird der Antrag des Gläubigers wegen der Zahlung *abgewiesen*, hat der Schuldner die Kosten zu tragen, § 14 III InsO. Zur wiederholten Antragstellung vgl. § 14 I 2 InsO.

34 **e) Pflicht zur Antragstellung.** Sie besteht für Gläubiger nicht, für Schuldner teilweise z.B. für die Vertreter juristischer Personen, OHG, KG usw., nach § 15a InsO (spätestens 3 Wochen nach Eintritt der Zahlungsunfähigkeit). Über Ersatzpflichten der Geschäftsführer etc. vgl. § 64 GmbHG, § 92 AktG. Die Folgen eines Verstoßes sind unterschiedlich geregelt. Natürliche Personen haben keine Pflicht zur Antragstellung. Insolvenzstraftaten vgl. §§ 283 ff. StGB und § 15a IV InsO.

35 **f) Schadensersatzpflicht des Antragstellers.** Ein unzulässiger oder unbegründeter Antrag eines Gläubigers kann den Schuldner schädigen, z.B. weil Kredite gekündigt und Geschäftsbeziehungen abgebrochen werden; denn die Antragstellung wird häufig durch gerichtliche Sicherungsmaßnahmen und Ermittlungen zur Zahlungsunfähigkeit/ Überschuldung bekannt.

36 *Ansprüche des Schuldners* gegen den Antragsteller: § 717 II ZPO und § 945 ZPO sind nicht anwendbar, wohl aber § 826 BGB (sittenwidrige Schädigung), § 824 BGB (Kreditschädigung) und § 823 BGB, wobei jedoch der Kläger Schwierigkeiten mit der Beweisführung haben wird. Zu § 823 I BGB (Eingriff in den Gewerbebetrieb) hat insoweit der BGH entschieden, dass derjenige, der sich zum Vorgehen gegen seinen Schuldner eines staatlichen Verfahrens bedient, auch dann nicht rechtswidrig in den geschützten Rechtskreis des Schuldners eingreift, wenn sein Begehren sachlich nicht gerechtfertigt war; wer *fahrlässig* gegen den Schuldner einen unbegründeten Insolvenzantrag stellt, verletzt noch nicht das Recht des Schuldners am Gewerbebetrieb (BGHZ 36, 18; 74, 9). Nur bei *vorsätzlicher* sittenwidriger Schädigung kommt eine Schadensersatzpflicht in Betracht.

2. Verbindung des Insolvenzantrags mit einem Antrag auf Restschuldbefreiung bzw. auf Eigenverwaltung

37 **a)** Schuldner, welche natürliche Personen sind, *können* gleichzeitig mit dem Antrag auf Eröffnung des gewöhnlichen Insolvenzverfahrens über ihr Vermögen (oder später) die Restschuldbefreiung beantragen, § 287 I InsO.

38 **b)** Natürliche Personen, die (1) keine selbstständige wirtschaftliche Tätigkeit *ausüben* oder (2) ausgeübt haben oder (3) eine solche Tätigkeit zwar ausgeübt *haben*, aber mit überschaubaren Vermögensverhältnissen (bis 19 Gläubiger, § 304 II InsO) und ohne Schulden aus Arbeitsverhältnissen (§ 304 I InsO), können kein gewöhnliches Insolvenzverfahren beantragen, sondern nur ein gerichtliches Schuldenbereinigungsverfahren mit eventuell nachfolgendem Verbraucherinsolvenzverfahren; sie *können* ebenfalls Restschuldbefreiung beantragen, § 305 I Nr. 2 InsO.

c) Eigenverwaltungsantrag: § 270 II Nr. 1 InsO (vgl. Rn. 534)   **39**

Zulässige Verfahren	Schuldner ist			
	jur. Person (z.B. AG, GmbH)	unselbstständige nat. Person z.B. Lohnempfänger	selbstständige natürliche Person mit geringfügiger selbstständiger wirtschaftlicher Tätigkeit z.B. kleinste Handwerker	selbstständige natürliche Person, mit selbstständiger wirtschaftlicher Tätigkeit, die nicht nur geringfügig ist: z.B. Kaufleute
gewöhnliches Insolvenzverfahren	ja	nein	nein	ja
Verbraucherinsolvenzverfahren (= vereinfachtes Insolvenzverf.) statthaft?	nein, §§ 304, 311	ja	ja	nein
gerichtliches Schuldenbereinigungsverfahren möglich?	nein, § 304	ja	ja	nein
Restschuldbefreiung möglich?	nein, § 286	ja	ja	ja
Eigenverwaltung möglich?	ja, § 270	nein, § 312 II	nein, § 312 II	ja, § 270

alle §§ sind solche der InsO

3. Insolvenzfähigkeit

a) Schuldner (früher: Gemeinschuldner) in einem Insolvenzverfahren kann grundsätzlich sein, wer die passive Prozessfähigkeit der ZPO besitzt, aber auch weitere Vermögensträger: **40**

- jede natürliche Person (§ 11 I 1 InsO), nicht nur Kaufleute, auch Kinder, Geisteskranke, Betreute, Ausländer;
- jede juristische Person des privaten Rechts (z.B. GmbH; AG, Genossenschaft) oder öffentlichen Rechts, § 11 I 1 InsO;
- der nicht rechtsfähige Verein, § 11 I 2 InsO;
- OHG; KG; BGB-Gesellschaft (§ 705 BGB) in der Form der Außengesellschaft (HK-InsO/*Kirchhof*, § 11 Rz. 16; BGH NZI 2002, 279); WEG-Gemeinschaft (wegen BGH NJW 2005, 2062; HK-InsO/*Kirchhof* § 11 Rz. 18; streitig); Partenreederei (Schifffahrtswesen); Europäische Wirtschaftliche Interessenvereinigung (OHG-ähnliche Person für grenzüberschreitende Unternehmenskooperation; vgl. EWÌV BGBl 1988,

514; *Palandt/Sprau* § 705 Rz. 8). § 11 II Nr. 1 InsO. Auch die Partnerschaftsgesellschaft ist insolvenzfähig;

- der Nachlass, §§ 11 II Nr. 2, 315 ff. InsO;
- Gesamtgut der Gütergemeinschaft nach Maßgabe von § 11 II Nr. 2 InsO;
- die Vor-GmbH (BGH NJW-RR 2004, 258; HK-InsO/Kirchhof § 11 Rz. 10).

Zeitlich ist ein Insolvenzverfahren auch dann noch möglich, wenn eine Gesellschaft zwar aufgelöst ist, aber noch Vermögen hat (§ 11 III InsO).

b) Keine Insolvenzfähigkeit haben:

41
- der Staat (also die Bundesrepublik und die deutschen Länder); § 12 I Nr. 1 InsO. Denn der Staat kann durch Inflation, Steuererhöhung, Besoldungskürzung sich buchhalterisch gesehen immer zahlungsfähig halten;
- bestimmte juristische Personen des öffentlichen Rechts (§ 12 I Nr. 2 InsO), z.B. Körperschaften, Anstalten; Gemeinden (hier hilft Kommunalaufsicht, Staatskommissar; vgl. § 882a ZPO). Doch werden hier wenigstens die Arbeitnehmer geschützt, weil sie das Insolvenzgeld und die Betriebsrente vom Land erhalten (§ 12 II InsO);
- die öffentlich-rechtlichen Rundfunkanstalten wegen Art. 5 I 2 GG (BVerfGE 89, 151; streitig, Nachweise bei HK-InsO/*Kirchhof* § 12 Rz. 4);
- die (anerkannten) Kirchen und ihre öffentlich-rechtlichen Körperschaften wegen Art. 4 II, 140 GG i.V.m. Art. 137 III 1 Weimarer Verfassung (BVerfGE 66, 1).

42 **c)** Nicht insolvenzfähig ist ferner die **Erbengemeinschaft** (außer, sie ist zur OHG geworden; der Nachlass ist insolvenzfähig, § 315 InsO). Die **stille Gesellschaft** (§§ 230 ff. HGB) hat kein gemeinschaftliches gesamthänderisches Vermögen, der Stille leistet nur ein Darlehen; sie ist daher nicht insolvenzfähig (*Häsemeyer* Rz. 31.51). Allerdings kann über das Handelsgeschäft, an dem er sich „beteiligt" hat, das Insolvenzverfahren eröffnet werden (vgl. § 136 InsO).

4. Materielle Voraussetzungen der Insolvenzeröffnung

43 Sie müssen zur Überzeugung des Richters vorliegen (§ 16 InsO). **Eröffnungsgründe** sind Zahlungsunfähigkeit (§ 17 InsO), drohende Zahlungsunfähigkeit (§ 18 InsO), Überschuldung (§ 19 InsO).

Stellt der Schuldner den Insolvenzantrag hat er ein Vermögensverzeichnis beizufügen (§ 13 I 3 InsO; § 305 I 3 InsO), das auch zweifelhafte Forderungen nennt.

Eröffnungsgründe		
Schuldner ist	Antrag gestellt von einem Gläubiger	Antrag gestellt vom Schuldner
natürliche Person	■ Zahlungsunfähigkeit, § 17	■ Zahlungsunfähigkeit ■ drohende Zahlungsunfähigkeit, § 18
juristische Person	■ Zahlungsunfähigkeit, § 17 ■ Überschuldung, § 19	■ Zahlungsunfähigkeit ■ drohende Zahlungsunfähigkeit, § 18 ■ Überschuldung, § 19

OHG, KG, BGB-Ges.	▪ Zahlungsunfähigkeit, § 17	▪ Zahlungsunfähigkeit ▪ drohende Zahlungsunfähigkeit, § 18
Nachlass	▪ Zahlungsunfähigkeit, § 17 ▪ Überschuldung, § 320	▪ Zahlungsunfähigkeit ▪ drohende Zahlungsunfähigkeit ▪ Überschuldung

a) Zahlungsunfähigkeit. Sie ist **Eröffnungsgrund** bei natürlichen Personen, juristi-   **44**
schen Personen und allen sonstigen Vermögensträgern, ferner beim Nachlass („allge-
meiner" Eröffnungsgrund, § 17 I InsO; § 320 InsO).

Zahlungsunfähigkeit liegt vor, wenn der Schuldner nicht in der Lage ist, die fälligen
Zahlungspflichten zu erfüllen (§ 17 II 1 InsO). Über Patronatserklärungen vgl. *Ganter*
NZI 2012, 201.

▪   Ein Mangel an Zahlungsmitteln (d.h. Geld) wird stillschweigend vorausgesetzt;
    wer wegen geistiger Behinderung trotz vorhandener Mittel nicht zahlen kann, er-
    hält einen Betreuer (§ 1896 BGB) zur Vermögenssorge, ein Insolvenzverfahren
    scheidet aus.

▪   Es handelt sich um eine *Zeitpunkt-Illiquidität,* nicht um eine Zeitraum-Illiquidität,
    so dass die künftige geschäftliche Entwicklung des Schuldners grundsätzlich keine
    Rolle spielt. Zahlungsunfähigkeit liegt regelmäßig vor, wenn die Liquiditätslücke
    des Schuldners 10 % oder mehr beträgt, soweit nicht ausnahmsweise mit an Si-
    cherheit grenzender Wahrscheinlichkeit zu erwarten ist, dass diese Lücke inner-
    halb von drei Wochen (fast) vollständig beseitigt wird und den Gläubigern ein
    solches Zuwarten zuzumuten ist (BGH NZI 2006, 159).

▪   Es geht um die Fähigkeit zur *vollen* Erfüllung, so dass auch Teilrückstände zum In-
    solvenzantrag berechtigten.

▪   Zahlungsstockungen, d.h. vorübergehende Zahlungsschwierigkeiten, sog. Liquidi-
    tätsengpässe, stellen Zahlungsunfähigkeit dar, wenn sie mehr als 3 Wochen dau-
    ern (BGH ZInsO 2005, 808; HK-InsO/*Kirchhof* § 17 Rz. 17). Auf die „Dauer" und
    „Wesentlichkeit" stellt § 17 II InsO aber nicht ab (BGH ZInsO 2007, 1115).

▪   *Fällige* Zahlungspflichten. Der Gläubiger, der die Schuld *gestundet* hat, kann also
    selbst keinen Antrag stellen; in einem auf anderen Antrag zustandegekommenen
    Insolvenzverfahren wird er allerdings ebenfalls (abgezinst) befriedigt (§ 41 InsO).

Zahlungseinstellung ist ein (allerdings widerlegbares) Indiz für Zahlungsunfähigkeit   **45**
(§ 17 II 2 InsO). Sie liegt vor, wenn der Schuldner wegen andauernden Geldmangels
nach außen erkennbar nicht in der Lage ist, einen wesentlichen Teil seiner fälligen und
eingeforderten Schulden zu bezahlen (BGH NJW 1985, 1953 zur alten KO).

b) Drohende Zahlungsunfähigkeit. Sie ist nur **Eröffnungsgrund**, wenn der Schuld-   **46**
ner einen Eröffnungsantrag stellt (§ 18 I InsO); in bestimmten Fällen des Nachlass-
insolvenzverfahrens (§ 320 S. 2 InsO); nicht beim Antrag eines Gläubigers. Bei Gesell-
schaften muss der Antrag entweder von allen Mitgliedern der Vertretungsorgane oder
allen persönlich haftenden Gesellschaftern gestellt werden oder der Antragsteller jedenfalls vertretungsberechtigt sein (§ 18 III InsO).

Drohende Zahlungsunfähigkeit liegt vor, wenn der Schuldner voraussichtlich nicht in der Lage sein wird, die bestehenden Zahlungspflichten im Zeitpunkt der Fälligkeit zu erfüllen (§ 18 II InsO); es handelt sich also um eine Prognose.

47 **c) Überschuldung.** Sie ist zusätzlich (neben der Zahlungsunfähigkeit) **Eröffnungs-grund** bei juristischen Personen und beim Nachlass (§§ 19 I, 320 S. 1 InsO), ferner bei der GmbH & Co KG (§ 19 III i.V.m. § 11 II Nr. 1 InsO). Nicht bei der natürlichen Person, bei der OHG, KG.

Überschuldung liegt vor, wenn das Vermögen des Schuldners die bestehenden Verbindlichkeiten nicht mehr deckt (§ 19 II InsO), d.h. wenn die Passiven (= Schulden) die Aktiven (= das Vermögen) übersteigen. Neufassung von § 19 II InsO ab 1.1.2014.

48 Zur Feststellung ist eine besondere **Bilanz** aufzustellen mit den *wirklichen Werten*. Die Buchwerte der Jahresbilanz genügen nicht; denn eine auf null € abgeschriebene Maschine kann noch Tausende wert sein; eine als Aktivum voll angesetzte Forderung kann wertlos sein; ein zum damaligen Kaufpreis angesetztes Grundstück kann inzwischen stark an Wert verloren haben. Für die Ermittlung des „wirklichen Werts" eines Unternehmens (z.B. durch ein Sachverständigengutachten) gibt es zwei Möglichkeiten: *Liquidationswerte* (z.B. die Eisenregale des gewerblich betriebenen Lagerhauses werden zum Alteisen-Kilogrammpreis angesetzt) oder *Betriebsfortführungswerte* (für den Erwerber des Lagerhauses sind die Regale viel mehr wert). Das Gesetz geht vom Liquidationswert aus. Nur wenn es überwiegend wahrscheinlich ist, dass das Unternehmen fortgeführt wird, will § 19 II 1 InsO den (höheren) Fortführungswert ansetzen. Die Frage hat keine große Bedeutung, weil der Eröffnungsgrund „Zahlungsunfähigkeit" daneben besteht.

5. Kostendeckende Masse

49 Ein sonst zulässiger und begründeter Eröffnungsantrag wird zurückgewiesen, wenn nicht einmal soviel Geld vorhanden oder durch Verwertung erzielbar ist, dass die Verfahrenskosten gedeckt sind (§ 26 I 1 InsO); die Abweisung unterbleibt, wenn dem Antragsteller die **Kosten gestundet** werden (§§ 26 I 2, 4a InsO). Eine Stundung ist nur möglich, wenn der Antragsteller eine natürliche Person ist und einen Antrag auf Restschuldbefreiung gestellt hat (§ 4a InsO), also nicht beim Antrag einer GmbH. Prozesskostenhilfe im Sinne von § 114 ZPO dagegen kann dem Antragsteller nicht gewährt werden, weil § 4a InsO lex specialis ist. Verfahrenskosten in diesem Sinne sind die Gerichtskosten und die Kosten für den Insolvenzverwalter sowie die Mitglieder des Gläubigerausschusses (§ 54 InsO); die sonstigen Masseverbindlichkeiten müssen dagegen nicht abgedeckt sein. In der Regel sind schon bei kleinen Insolvenzen mindestens etwa 2000,– € erforderlich.

50 **a)** Ob ausreichend Masse vorhanden ist, ermittelt das Gericht von Amts wegen. Es ergibt sich aus den Unterlagen des Schuldners (Kontoauszüge; Vermögensaufstellung); das Gericht kann auch einen **Sachverständigen** damit beauftragen oder durch einen **vorläufigen Insolvenzverwalter** feststellen lassen (§ 22 I S. 2 Nr. 3 InsO), ob genügend Masse vorhanden ist.

b) Ist keine ausreichende Masse vorhanden, werden die Verfahrenskosten aber (z.B.   **51** von einem Gläubiger infolge eines entspr. Auflagenbeschlusses des Gerichts) vorgeschossen, unterbleibt die Abweisung (§ 26 I 2 InsO); ein solcher **Vorschuss** hat kaum einen Sinn für den Schuldner. Hat z.B. bei einer GmbH der Geschäftsführer den Insolvenzantrag pflichtwidrig und schuldhaft nicht gestellt, kann der Vorschusszahler von diesem Geschäftsführer Ersatz des Vorschusses verlangen (§ 26 III 1 InsO); § 26 IV InsO 2012 regelt eine Kostenvorschusspflicht solcher Personen.

c) Schuldnerverzeichnis. Wird ein Eröffnungsantrag mangels Masse abgewiesen,   **52** wird der Schuldner in ein Schuldnerverzeichnis eingetragen (§ 26 II InsO; §§ 915 ff. ZPO), das für künftige Geschäftspartner, Banken usw beschränkt einsehbar ist (§ 915b ZPO), was die Kreditwürdigkeit des Schuldners einige Jahre beeinträchtigen kann.

d) Zeigt sich die Unzulänglichkeit der Masse erst **später**, ist das Verfahren sogleich   **53** einzustellen (§§ 207, 209 ff. InsO). Zur Einstellung auf Antrag vgl. § 213 InsO.

III. Tätigkeit des Insolvenzgerichts bis zur Eröffnung

1. Vorläufige Sicherungsmaßnahmen

Zwischen dem Eingang des zulässigen Eröffnungsantrags und der Eröffnung kann we-   **54** gen der notwendigen Ermittlungen des Gerichts ein längerer Zeitraum liegen. Der Schuldner muss inzwischen an masseschädigenden Handlungen gehindert werden (§ 21 InsO). In Frage kommen:

a) Schließung des Geschäftsbetriebs, Siegelung des Vermögens des Schuldners,   **55** Kontensperre, Postsperre usw, § 21 I InsO.

b) Erlass eines allgemeinen Verfügungsverbots gegen den Schuldner (§ 21 II Nr. 2   **56** Alt. 1 InsO). Es handelt sich (nicht um relative, sondern) um absolute Verbote; gleichwohl erfolgte Verfügungen sind unwirksam. Das Verfügungsverbot wird öffentlich bekanntgemacht (§ 9 InsO) und bestimmten Personen zugestellt, ins Handelsregister und Grundbuch eingetragen (§ 23 InsO). Der redliche Geschäftsgegner wird nur beschränkt geschützt (§§ 21 II Nr. 2, 24 I, 81, 82 InsO). Bei Aufhebung der Sicherungsmaßnahmen Bekanntmachung nach § 25 InsO.

c) Anordnung eines Zustimmungsvorbehalts, § 21 II Nr. 2 Alt. 2 InsO: Verfügungen   **57** des Schuldners sind nur mit Zustimmung des vorläufigen Verwalters wirksam. Auch hier gelten §§ 23, 24 InsO (vgl. oben b).

d) Untersagung von Maßnahmen der Zwangsvollstreckung in bewegliche Gegen-   **58** stände (§ 21 II Nr. 3 InsO), z.B. Verbot der Versteigerung, um die Gleichbehandlung der Gläubiger zu sichern. Der vorläufige Insolvenzverwalter kann Erinnerung zum Insolvenzgericht einlegen (§ 89 III InsO). Bei unbeweglichem Vermögen kann der vorläufige Insolvenzverwalter die Einstellung der Zwangsversteigerung beantragen (§§ 30d, 30e ZVG). Zur Sicherung der **Unternehmensfortführung** vgl. § 21 II Nr. 5 InsO.

59   **e)** Zwangsweise **Vorführung und Verhaftung** des Schuldners, § 21 III 1 InsO i.V.m. § 98 InsO; §§ 901 ff. ZPO.

59a   **f)** Einsetzung eines **vorläufigen Gläubigerausschusses**, § 21 II Nr. 1a InsO 2012, falls die Voraussetzungen des § 22a InsO 2012 vorliegen (Großinsolvenz).

2. Vorläufiger Insolvenzverwalter

60   Als vorläufige Sicherungsmaßnahme kommt insbesondere die Bestellung eines vorläufigen Insolvenzverwalters (früher: Sequester) in Betracht, §§ 21 II Nr. 1, 22, 56, 58–66 InsO. In der Regel wird die Person bestellt, die später zum endgültigen Insolvenzverwalter bestellt werden soll. Er wird vom Gericht beaufsichtigt (§ 58 InsO), kann vom Gericht wieder entlassen werden (§ 59 InsO), haftet allen Beteiligten (§§ 60–62; Versicherung zweckmäßig), muss am Ende Rechnung legen (§ 66 InsO). Rechtshandlungen des Verwalters wirken über die Beendigung des Amts hinaus (§ 34 III 3 InsO). Er bekommt eine Vergütung (§§ 63–65 InsO; Höhe: § 11 I InsVV), allerdings nicht vom Staat (BGH 157, 370) oder vom Antrag stellenden Gläubiger (OLG Celle Rpfleger 2000, 348), sondern nur aus der Masse (§§ 54 Nr. 2, 53, 209 Nr. 1 InsO). Wird das Verfahren nicht eröffnet, ist der Schuldner zahlungspflichtig, § 26a InsO 2012. Vom Gericht wird er nur bezahlt, wenn er zusätzlich als **Sachverständiger** zur Prüfung des Insolvenzgrundes beauftragt war (§ 22 I Nr. 3 InsO; § 11 II InsVV; JVEG).

61   Die **Aufgaben und Befugnisse** des vorläufigen Insolvenzverwalters ergeben sich aus dem Bestellungsbeschluss des Gerichts. Immer darf er Nachforschungen anstellen, vom Schuldner Auskünfte verlangen usw (§ 22 III InsO).

62   **a)** Wird *gleichzeitig ein allgemeines Verfügungsverbot angeordnet* (wie meist), § 22 I 1, 2 InsO, hat der Verwalter folgende Aufgaben:
- Verwaltungs- und Verfügungsbefugnis über das Vermögen des Schuldners; in der Regel obliegt es dem vorläufigen Verwalter nicht, Schuldnervermögen i.S. der §§ 159, 165 ff. InsO zu verwerten (BGH NJW 2001, 1496).
- Sicherung des Vermögens (z.B. Verhinderung von Verderb, Diebstahl);
- Weiterbetreiben des Geschäfts des Schuldners (§ 22 I S. 2 Nr. 2 InsO);
- Prüfung, ob eine kostendeckende Masse (§ 26 InsO) vorhanden ist;
- Aufnahme anhängiger (unterbrochener, § 240 S. 2 ZPO) Prozesse, § 24 II InsO;
- auf zusätzlichen Auftrag des Gerichts: Sachverständigengutachten (Folge: Zusatzhonorar; § 11 II InsVV), ob Zahlungsunfähigkeit oder Überschuldung vorliegt (§ 22 I S. 2 Nr. 3 InsO).

63   **b)** Wird *nicht* gleichzeitig ein allgemeines Verfügungsverbot verhängt, bestimmt das Gericht im Einzelnen, was der Verwalter tun soll (eine dem vorläufigen Verwalter erteilte umfassende Ermächtigung, „für den Schuldner zu handeln", wäre unzulässig, BGH NJW 2002, 3326). In Frage kommt z.B., dass lediglich geprüft werden soll, ob kostendeckende Masse vorhanden ist (§ 22 I S. 2 Nr. 3 InsO) oder die Anordnung eines Zustimmungsvorbehalts, § 21 II Nr. 2 Alt. 2 InsO.

3. Ermittlungen des Gerichts

Im Vorverfahren kam es nur darauf an, ob der Insolvenzgrund und die Forderung des **64** antragstellenden Gläubigers *glaubhaft* gemacht ist. Im Hauptverfahren muss das Gericht die Überzeugung gewinnen, dass der *Insolvenzgrund* tatsächlich vorliegt.

a) Hat der Schuldner den Eröffnungsantrag gestellt, kann das Gericht vom Schuld- **65** ner weitere Auskünfte erholen (Vermögensaufstellungen, Schuldenverzeichnisse usw.), um sich von Amts wegen (§ 5 InsO) davon zu überzeugen, dass der Insolvenzgrund vorliegt. Da der Schuldner dies selbst vorträgt, wird es in der Regel nicht zweifelhaft sein. Meist kommt es daher nur darauf an, ob genügend kostendeckende Masse vorhanden ist (§ 26 InsO). Ist dies der Fall, wird eröffnet; andernfalls wird der Antrag zurückgewiesen.

b) Hat ein Gläubiger den Eröffnungsantrag gestellt, wird zweistufig geprüft:

aa) Vorprüfung, § 14 I InsO
Der Antragsteller muss nach §§ 13, 15 InsO *antragsberechtigt* sein, der Antrag darf **66** nicht ohne Rechtsschutzbedürfnis sein (§ 14 I InsO), der Schuldner muss insolvenzfähig sein, der Antragsteller muss seine Forderung (z.B. durch eidesstattliche Versicherung, § 294 ZPO, BayObLG InVO 2002, 18; Vorlage von Rechnungen, Korrespondenz, Vollstreckungsbescheiden) und den Eröffnungsgrund (Zahlungsunfähigkeit/Überschuldung des Schuldners: z.B. durch Vorlage einer Bescheinigung des Gerichtsvollziehers) glaubhaft machen.

- *Fehlt es* daran, wird der Antrag des Gläubigers durch Beschluss als unzulässig *zurückgewiesen.* Dagegen kann der Antragsteller sofortige Beschwerde, §§ 6, 34 I InsO, §§ 567 ff. ZPO zum LG erheben; er kann statt dessen einen neuen Antrag mit neuer Begründung beim AG stellen.
- *Andernfalls* wird der Antrag stillschweigend *zur Hauptprüfung zugelassen,* ohne dass ein gesonderter Beschluss darüber erforderlich (oder eine Anfechtung möglich) wäre.

bb) Hauptprüfung
Zunächst ist der Schuldner (mündlich oder schriftlich) anzuhören, § 14 II InsO. **67**

- *Bestreitet er* den *Eröffnungsgrund,* muss sich das Gericht durch Ermittlungen von Amts wegen (§ 5 InsO) Gewissheit verschaffen, z.B. durch Anfrage beim zuständigen Gerichtsvollzieher, ob in letzter Zeit Pfandabstand erklärt werden musste (zur Abklärung der Zahlungsunfähigkeit) oder durch Einholung eines **Sachverständigengutachtens** (zur Überschuldung); der Gutachter kann nicht abgelehnt werden (BGH BeckRS 2010, 24136). Es kann auch ein vorläufiger Insolvenzverwalter bestellt werden, der dies aufklärt (§ 22 I S. 2 Nr. 3 InsO).
- *Räumt der Schuldner den Eröffnungsgrund ein,* muss ebenfalls das Gericht vom tatsächlichen Vorliegen dieses Grundes überzeugt sein und notfalls – bei Zweifeln – ermitteln.

Die *Forderung* des antragstellenden Gläubigers dagegen muss auch im Rahmen der **68** Hauptprüfung *nur glaubhaft gemacht* sein. Bestreitet der Schuldner daher die Forderung bei der Anhörung, dann kommt es darauf an: wenn das Insolvenzgericht die Forderung trotzdem aufgrund der Angaben des Gläubigers für glaubhaft gemacht hält, wird eröffnet; der Schuldner ist darauf angewiesen, die Forderung im späteren Prüfungsverfahren durch den Insolvenzverwalter bestreiten zu lassen (§ 179 I InsO). Hält das Insolvenzgericht die Forderung dagegen für unwahrscheinlich, lehnt es die Eröffnung ab, weil nun die Glaubhaftmachung fehlt. Wenn das Bestehen der (bestrittenen) Forderung des Antragstellers dagegen ausschlaggebend für den Eröffnungsgrund ist, wenn z.B. gerade diese eine Forderung zur Überschuldung führt: dann muss sie erwiesen sein (vgl. BGH NJW-RR 2006, 1061), was ggf. im Prozessweg zu klären ist (BGH MDR 2007, 1100).

69   **c)** Ferner ist zu prüfen, ob ausreichend **kostendeckende Masse** vorhanden ist, § 26 InsO. Das gilt auch im Verbraucherinsolvenzverfahren (OLG Köln NJW-RR 2000, 927). Prozesskostenhilfe kann insoweit nicht bewilligt werden (BGH NJW 2000, 1896). Dem Schuldner als Antragsteller können aber die Kosten des Insolvenzverfahrens bis zur Erteilung der Restschuldbefreiung gestundet werden, wenn er eine natürliche Person ist und einen Antrag auf Restschuldbefreiung gestellt hat; eine Anwaltsbeiordnung ist möglich (§ 4a InsO).

IV. Gewöhnliches Verfahren oder Verbraucherinsolvenzverfahren

70   Ist der Schuldner eine natürliche Person, dann kann das gewöhnliche Verfahren nur in Anspruch genommen werden, wenn der Schuldner nicht unter das Verbraucherinsolvenzverfahren fällt. Das ist der Fall, wenn der Schuldner entweder (1) keine *selbstständige* wirtschaftliche Tätigkeit ausübt oder (2) ausgeübt *hat* oder (3) der Schuldner zwar eine solche Tätigkeit ausgeübt hat, aber seine Vermögensverhältnisse überschaubar sind (d.h. er bei der Antragstellung weniger als 20 Gläubiger hat, § 304 II InsO) *und* gegen ihn keine Forderungen aus Arbeitsverhältnissen bestehen (§ 304 I InsO). Vereinfacht: für Kaufleute ist nur das gewöhnliche Verfahren zulässig, für Lohnempfänger nur das Verbraucherinsolvenzverfahren. Im Zweifel ist die Art der Tätigkeit des Schuldners zu ermitteln (Selbstständigkeit, Zahl der Gläubiger, Lohnforderungen).

71   Das Verbraucherinsolvenzverfahren ist erst zulässig, wenn ein *außergerichtliches* Schuldenbereinigungsverfahren gescheitert ist. Deshalb muss der antragstellende Schuldner Nachweise hierüber vorlegen. Das Verfahren über den Antrag des Schuldners auf Eröffnung des Insolvenzverfahrens ruht dann, bis geklärt ist, ob eine gerichtliche Schuldenbereinigung zustande kommt (§ 306 I InsO). Für den Antrag eines Gläubigers gilt entsprechendes, § 306 III InsO. Vgl. Tabelle Rn. 580.

Normales Insolvenzverfahren	Vereinfachtes Insolvenzverfahren	
Schuldner ist eine jur. Person oder eine natürliche Person mit nennenswerter wirtschaftlicher Tätigkeit, z.B. Kaufmann	Schuldner ist eine natürliche Person, die keine oder nur eine geringfügige wirtschaftliche Tätigkeit ausübt, § 304 I.	72
§§ 1 ff. anzuwenden	Besonderheiten in §§ 304 ff.	
Eröffnungsvoraussetzungen: Zahlungsunfähigkeit (§§ 17, 18) und kostendeckende Masse (§ 26)	Eröffnungsvoraussetzungen: Zahlungsunfähigkeit (§§ 17, 18) und kostendeckende Masse (§ 26). Scheitern der außergerichtlichen + gerichtlichen Schuldenbereinigung, §§ 305, 311	
vorläufiger Insolvenzverwalter kann bestellt werden (§ 21), Befugnisse § 22.	vorläufiger Treuhänder kann bestellt werden (§ 306 II), Befugnisse § 313	
Bestimmung von Berichtstermin und Prüfungstermin, § 29	nur Prüfungstermin wird bestimmt, § 312 I	
Insolvenzverwalter wird bestellt, § 27.	nur Treuhänder wird bestellt, § 313.	

V. Entscheidung über den Eröffnungsantrag

Sie erfolgt durch Beschluss des Richters. Folgende Möglichkeiten gibt es:

1. Zurückweisung des Antrags

Zurückweisung des Antrags als unzulässig, wenn die formellen Voraussetzungen fehlen.

> **Beispiel:** Forderung nicht glaubhaft gemacht; ein Säumnisverfahren analog §§ 330 ff. ZPO gibt es in der InsO nicht.

Zurückweisung des Antrags als unbegründet, wenn der Eröffnungsgrund nicht gegeben ist.

2. Abweisung mangels Masse gem. § 26 InsO

Folge ist die Eintragung in ein Schuldnerverzeichnis, § 26 II InsO. Weitere Folge ist, dass Schuldner, die juristische Personen (GmbH, AG) oder Handelsgesellschaften (OHG, KG) sind, durch die Abweisung mangels Masse aufgelöst sind (§ 394 I 2 FamFG), so dass dies dem Handelsregister mitzuteilen ist, § 31 Nr. 2 InsO. Etwa 75 % aller Verfahren wurden früher abgelehnt, weil diese Kostenmasse fehlte; durch die jetzt bestehende Stundungsmöglichkeit (§ 4a InsO) ist die Zahl der Ablehnungen erheblich gesunken.

3. Eröffnung des Insolvenzverfahrens durch Eröffnungsbeschluss

75 **a)** Der Eröffnungsbeschluss enthält u. a., §§ 27, 29 InsO:

- Name und Adresse des **Schuldners**; die **Eröffnung**;
- die **Stunde der Eröffnung** (z.B. „um 10.05 Uhr"); entscheidend ist die Unterschriftsleistung durch den Richter (BGHZ 50, 245); § 27 II Nr. 3 InsO; fehlt die Angabe der Stunde, gilt 12.00 Uhr als Eröffnungszeit, § 27 III InsO;
- die Ernennung des (vorläufigen) **Insolvenzverwalters,** § 27 I, II Nr. 2 InsO;
- die Bestimmung der **Anmeldefrist**, innerhalb der die Gläubiger ihre Forderungen beim Insolvenzverwalter (nicht mehr, wie früher, beim Gericht!) anmelden können, § 28 I InsO;
- **Aufforderung** an Gläubiger, ihre Sicherungsrechte an beweglichen Gegenständen mitzuteilen, § 28 II InsO;
- **Aufforderung** an Schuldner des Schuldners, nicht mehr an den Schuldner zu leisten, sondern an den Insolvenzverwalter, § 28 III InsO. Vgl. dazu § 82 InsO;
- Bestimmung des sog. **Berichtstermins,** § 29 I Nr. 1 InsO. Hier kann auch ein anderer Insolvenzverwalter als der vom Gericht bestellte gewählt werden (§ 57 InsO);
- Bestimmung des allgemeinen **Prüfungstermins**, § 29 I Nr. 2 InsO. Zweckmäßig ist, diesen Termin gleichzeitig mit dem Berichtstermin abzuhalten (§ 29 II InsO), damit Zeit gespart wird.

76 **b) Der Eröffnungsbeschluss wird sodann**

- **öffentlich bekannt gemacht** im Internet (www.insolvenzbekanntmachungen.de), §§ 30 I 1, 9 InsO. Eine Bekanntmachung in der Zeitung erfolgt nicht mehr, vgl. § 9 II InsO;
- dem Schuldner **zugestellt**, §§ 30 II, 8, 9 I 3, III InsO;
- dem Insolvenzverwalter mitgeteilt;
- bekannten Gläubigern und Schuldnern des Insolvenz-Schuldners zugestellt, § 30 II InsO;
- dem **Handelsregister**, Vereinsregister, Genossenschaftsregister, Partnerschaftsregister mitgeteilt, falls der Schuldner dort eingetragen war (§ 31 InsO);
- die Eröffnung wird im **Grundbuch** von Amts wegen eingetragen, § 32 InsO. Welche Grundstücke dem Schuldner gehören, ergibt sich aus den Dateien des Grundbuchamts, aber nur für den jeweiligen Bezirk. Entsprechendes gilt für Register über Schiffe und Flugzeuge (§ 33 InsO).

Die Belehrung eines Schuldners über die Möglichkeit der Restschuldbefreiung erfolgt nicht mehr im Eröffnungsbeschluss, sondern bereits früher (§ 20 II InsO).

c) Rechtsmittel gegen den Beschluss

77 **aa) Gegen den abweisenden Beschluss ist** *nur* der *Antragsteller* (also nicht z.B. ein anderer Gläubiger) *beschwerdebefugt,* § 34 I InsO. Die Frist (§ 569 I ZPO, zwei Wochen) beginnt mit Beschlusszustellung. Es entscheidet das LG (§ 72 GVG). Hebt das LG den AG-Beschluss auf und eröffnet es das Insolvenzverfahren, dann kann es die sofortige Wirksamkeit des Beschlusses anordnen, § 6 III 2 InsO.

bb) Gegen den Beschwerdebeschluss des LG: **Rechtsbeschwerde** zum BGH durch   **78**
einen beim BGH zugelassenen Anwalt (§ 4 InsO; § 574 I Nr. 2 ZPO), falls die Rechtsbeschwerde vom LG zugelassen wurde.

cc) Gegen eine Abweisung mangels Masse hat der Schuldner die sofortige Be-   **79**
schwerde (§ 34 I InsO), weil er z.B. durch die Eintragung ins Schuldnerverzeichnis
beschwert ist.

dd) Gegen den Eröffnungsbeschluss ist *nur* der *Schuldner beschwerdebefugt*, er hat   **80**
die sofortige Beschwerde nach § 34 II InsO (aber mangels Beschwer nicht, wenn *er
selbst* die Eröffnung beantragte, Köln NJW-RR 2002, 345; anders z.B. wenn er *nach*
Antragstellung bezahlt hat). Bezahlt der Schuldner *den* Gläubiger, der den Antrag stell-
te, hilft das nur, wenn damit der Eröffnungsgrund weggefallen ist (LG Braunschweig
NJW 1961, 2316); doch kann der Schuldner mit dem Gläubiger vereinbaren, dass dieser den Antrag zurücknimmt (vgl. § 13 II InsO). Die sofortige Beschwerde hat **keine
aufschiebende Wirkung** (§ 4 InsO i.V.m. § 570 I ZPO); eine Aussetzung der Vollzie-
hung ist möglich (§ 570 II, III ZPO), aber nicht sinnvoll. Obwohl es sich um eine sofortige Beschwerde handelt, kann das AG der Beschwerde **abhelfen** (§ 4 InsO; § 572
ZPO). Die **Zweiwochenfrist** (§ 569 I 1 ZPO) beginnt mit Zustellung des Beschlusses
an den Schuldner, jedenfalls mit öffentlicher Bekanntmachung gem §§ 8 II 1, 9 III
InsO; Fristbeginn dann vgl. § 9 I 3 InsO. Über die Beschwerde entscheidet das LG; seine Entscheidung wird erst mit formeller Rechtskraft wirksam (zur Anordnung sofortiger Wirksamkeit vgl. § 6 III InsO). **Rechtsbeschwerde** gegen den LG-Beschluss zum
BGH binnen Monatsfrist ist statthaft, falls sie vom LG zugelassen wurde (§ 4 InsO,
§ 574 I Nr. 2 ZPO), aber selten, weil die Zulassung meist fehlt (vgl. BGH BeckRS 2012,
07045).

Hebt das LG den Eröffnungsbeschluss *rechtskräftig* auf, entfallen rückwirkend die Fol-   **81**
gen der Insolvenzeröffnung, die Verfügungsmacht des Schuldners lebt rückwirkend
wieder auf. Haben *in der Zwischenzeit* der Insolvenzverwalter und der Schuldner
widersprechende Rechtshandlungen vorgenommen, haben die Handlungen des Verwalters, soweit es sich um Verfügungen handelt, Vorrang, § 34 III 3 InsO (vgl. § 47
FamFG; BGHZ 30, 175). Bei Doppelverpflichtungen (das Auto des Schuldners wird
vom Verwalter und vom Schuldner verkauft), muss der Schuldner eine erfüllen, die
andere durch Schadensersatzzahlung erledigen; in Extremfällen kann ihm (aber nur
theoretisch) die Verwalterhaftung (§ 60 InsO) bzw die Staatshaftung (§ 839 BGB)
helfen.

Dritter Abschnitt

Die Insolvenzmasse

I. Allgemeines

82 Das Vermögen des Schuldners besteht aus verschiedenen Komplexen, die sich wiederum zu verschiedenen Zeiten unterschiedlich zusammensetzen. Mit der Insolvenzeröffnung wird das Vermögen, das dem Insolvenzverfahren und damit der Verwertung durch den Insolvenzverwalter unterliegt, getrennt vom sonstigen Vermögen des Schuldners. Während des Verfahrens erwirbt der Schuldner neues Vermögen; auch hier erfolgt eine Trennung in Insolvenzmasse und insolvenzfreies Vermögen.

83 Die Insolvenzmasse besteht aus dem gesamten Vermögen, das dem Schuldner im Zeitpunkt der Eröffnung gehört *und das er während des Verfahrens erlangt*, § 35 InsO. Die Masse hat keine eigene Rechtspersönlichkeit; ihr Eigentümer bleibt der Schuldner.

Vermögen zur Zeit der Eröffnung + Neuerwerb	durch Anfechtung hinzugewonnene Werte	Gegenstände, an denen Absonderungsrecht besteht	unpfändbares Vermögen, Persönlichkeitsrechte	auszusondernde Gegenstände
Teil der Insolvenzmasse §§ 35, 36 II Ausnahmen: § 35 II, III	Teil der Insolvenzmasse § 143 dieser Gläubiger, §§ 49–52	Teil der Insolvenzmasse; aber Verwertungsvorrang	nicht Insolvenzmasse § 36	nicht Insolvenzmasse § 47

II. Bestandteile der Insolvenzmasse

1. Das Vermögen des Schuldners

84 Z.B. Grundstücke (bebaut oder unbebaut), Rechte an Grundstücken, bewegliche Sachen (wie Waren, Pkws), Eigentumsanwartschaften, Forderungen, Ansprüche aus Versicherungsverträgen (Lebensversicherungen; Einzelheiten *Reischl* InsR Rz. 241), Steuererstattungsansprüche; das ganze Unternehmen (mit Kundenstamm, good will).

Das Verfahren ergreift nicht die Person und Arbeitskraft des Schuldners. Die Arbeitskraft ist kein Vermögensobjekt. Die Gläubiger haben keinen Anspruch darauf, dass der Schuldner seine Erwerbstätigkeit fortsetzt (RGZ 70, 230).
Arztpraxis und Anwaltskanzlei dagegen gelten grundsätzlich als verkäuflich (BGHZ 43, 47) und daher grds. als massezugehöriges Vermögen (HK-InsO/*Eickmann* § 35 Rz. 28; streitig, a.A.: Verwertung nur mit Zustimmung des Inhabers). Die Übergabe der Patientenkartei an den Erwerber ist allerdings nur mit Zustimmung der Patienten zulässig (BGH NJW 1992, 737). Gebührenforderungen eines Steuerberaters unterliegen dem Insolvenzbeschlag (BGH NJW 1999, 1544).

Lastschriften (z.B. für Miete, Strom) aufgrund von Einzugsermächtigungen können vom Insolvenzverwalter nicht widerrufen werden (und der Betrag also nicht wieder zur Masse gezogen werden), wenn sie vom Schuldner konkludent genehmigt wurden (BGH NZI 2010, 723 + 731; NZI 2011 321; umstritten). Die fingierte Genehmigung ist eine anfechtbare Rechtshandlung (§§ 129 ff. InsO; BGH NZI 2012, 137); die Anfechtung erfolgt gegenüber dem Empfänger des Geldes, nicht gegenüber der Bank (BGH ZIP 2011, 2398).

2. Das gesamte Vermögen des Schuldners

Auch das *Auslandsvermögen* wird erfasst (vgl. Rn. 635). Unzulässig ist ein Insolvenz- **85** verfahren über einen Teil des Vermögens, z.B. nur über das Handelsgeschäft des Kaufmanns. Sonderfall: § 35 II InsO (soll Existenzgründung ermöglichen).

Ausnahme: In den Fällen der Sonderinsolvenzen (z.B. Insolvenz der offenen Handelsgesellschaft, Kommanditgesellschaft, des Nachlasses; Inlandsinsolvenzverfahren als sog. Partikularverfahren, § 354 InsO) ergreift das Insolvenzverfahren nur eine *Sondermasse des Schuldnervermögens* zugunsten einer Sonderklasse von Gläubigern.

3. Vollstreckbares Vermögen

Nur das **einer Zwangsvollstreckung unterliegende Vermögen** des Schuldners, § 36 I **86** InsO. Nicht zur Insolvenzmasse gehören also:

a) Die reinen **Persönlichkeitsrechte** (z.B. Namensrecht) und die rein familienrechtli- **87** chen Ansprüche (z.B. Recht auf Ehescheidung).

Die **Firma** ist der Name, unter der der Kaufmann auftritt, § 17 HGB; § 23 HGB verbietet **88** die „Leerübertragung" der Firma ohne dazugehöriges Unternehmen. Die Firma unterliegt nicht der Einzelzwangsvollstreckung. Der Insolvenzverwalter einer **GmbH** kann dagegen deren Firma (z.B. „Wilhelm Schimmel GmbH") mit dem Handelsgeschäft rechtswirksam veräußern; der Gesellschafter, dessen Name in der Firma enthalten ist, kann der Veräußerung nicht widersprechen (BGHZ 85, 221 für die GmbH; BGHZ 109, 364 für die GmbH & Co. KG); denn das Handelsgeschäft gehört zur Insolvenzmasse, mit ihm fällt alles in die Masse, was dem Geschäftsbetrieb dient, auch die Firma; die vermögensrechtlichen und wettbewerblichen Funktionen der Firma treten dann in den Vordergrund, die namensrechtlichen treten zurück. Bei der Insolvenz des **Einzelkaufmanns**, dessen Firma den Namen des Kaufmanns trägt, überwiegen dagegen die namensrechtlichen Interessen des Kaufmanns (§ 12 BGB) die Interessen der Insolvenzgläubiger; denn sonst wäre dem Kaufmann wegen §§ 18, 19 HGB die Neugründung eines Unternehmens erschwert; deshalb braucht hier der Insolvenzverwalter die Einwilligung des Schuldners zur Veräußerung der Firma (nicht: des Unternehmens), BGHZ 32, 103. Bei der Insolvenz von OHG oder KG dürfte wegen § 24 II HGB dasselbe gelten (OLG Koblenz NJW 1992, 2101).

b) Unpfändbare Sachen und Rechte, § 36 I i.V.m. § 811 Nr. 1–3, 5–8, 10–13 ZPO, **89** §§ 850 ff. ZPO, z.B. die Schreibmaschine des Schriftstellers, § 811 Nr. 5 ZPO. Der Schuldner kann nach Eröffnung auf die Unpfändbarkeit verzichten. Auch Unterhaltsansprüche des Schuldners (z.B. gegen seine Ehefrau) als solche fallen nicht in die Insolvenzmasse (§ 850b I Nr. 2, II ZPO). Arbeitseinkommen des Schuldners gehört zur Masse, soweit es nach §§ 850 ff. ZPO pfändbar ist; vgl. Tabelle zu § 850c ZPO. Rentenansprüche von Freiberuflern (z.B. Rechtsanwälten) können von ihrem Insolvenzverwalter grds. nicht völlig vernichtet werden (BGH NZI 2008, 244).

90 *Urheberrechte* sind regelmäßig nicht übertragbar (§§ 29, 113 UrhG) und gehören daher bei Insolvenz des Urhebers grundsätzlich nur zur Masse, wenn er dem zugestimmt hat.

91 Trotz Unpfändbarkeit gehören zur Insolvenzmasse.

- die **Geschäftsbücher** und Geschäftsbriefe, § 36 II Nr. 1 InsO (trotz § 811 Nr. 11 ZPO). Die Lagerpflicht (z.B. § 147 AO; § 257 HGB) bereitet praktische Probleme;
- bei einem **Landwirt** die zum Betrieb der Landwirtschaft unentbehrlichen Gegenstände, § 811 Nr. 4 ZPO i.V.m. § 36 II Nr. 2 InsO;
- **Apothekenbetriebsgerät**, § 811 Nr. 9 ZPO i.V.m. § 36 II Nr. 2 InsO.

Denn ohne die genannten Gegenstände könnte die Landwirtschaft bzw Apotheke nicht als Ganzes veräußert werden.

92 c) **Hausrat**, § 36 III InsO i.V.m. § 812 ZPO (z.B. Geschirr, Wäsche, Kühlschrank).

93 d) Der **Pflichtteilsanspruch** (§ 2303 BGB) und der **Zugewinnausgleichsanspruch** (§ 1378 III BGB) gehören nicht zur Masse, außer, sie sind eingeklagt oder vertraglich anerkannt (§ 852 II ZPO) und damit entpersönlicht. Der **Schmerzensgeldanspruch** ist dagegen pfändbar und somit Massebestandteil (§ 253 BGB; § 851 I ZPO).

4.   Nur das Vermögen des Insolvenzschuldners

94 a) Gegenstände, die nicht dem Schuldner gehören, kann der Berechtigte aus der Insolvenzmasse **aussondern**. Vgl. §§ 47, 48 InsO.

> **Beispiel:**   Befindet sich in der Insolvenzmasse des A ein Auto, das dem Autovermieter B gehört, so kann B von dem Insolvenzverwalter die Herausgabe des Autos verlangen.

95 b) Das Gesamtgut bei der **ehelichen Gütergemeinschaft** gehört, wenn der es verwaltende Ehegatte in Insolvenz fällt, zur Insolvenzmasse. Dagegen wird es durch das Insolvenzverfahren nicht berührt, wenn der nicht verwaltende Ehegatte oder bei gemeinschaftlicher Verwaltung einer der Ehegatten insolvent wird, § 37 InsO. Dies hängt mit der Haftungsbestimmung § 1437 I BGB zusammen; vom Gesamtgut ist das Sonder- und Vorbehaltsgut (§§ 1417, 1418 BGB) zu unterscheiden. *Über das Gesamtgut ist ein selbstständiges Insolvenzverfahren zulässig, wenn es gemeinschaftlich verwaltet wird.* Vgl. §§ 333, 334 InsO.

96 c) Das **Vermögen von Ehefrau und Kindern** gehört nicht zur Insolvenzmasse, wenn über das Vermögen des Ehemannes das Insolvenzverfahren eröffnet wird. Die Durchsetzung des Aussonderungsrechts der Frau ist jedoch bei beweglichen Sachen durch die *Eigentumsvermutung des § 1362 I BGB* erschwert: der nicht in Insolvenz gefallene Ehegatte muss sein Eigentum voll beweisen und kann sich nicht auf § 1006 BGB berufen. § 1362 BGB gilt bei allen Güterständen. Ferner ist der Ehegatte der Insolvenzanfechtung nach §§ 133 II, 138 I Nr. 1 InsO ausgesetzt.

Ein gemeinschaftliches Insolvenzverfahren über das Vermögen von Eheleuten ist nicht möglich. Es können aber zwei Insolvenzen gleichzeitig eröffnet werden.

d) Gehört etwas dem Insolvenzschuldner **nicht allein**, fällt nur der Anteil des Schuldners in die Masse. *Beispiele*:   97

- Der Schuldner ist **Miteigentümer eines Hauses:** der Insolvenzverwalter kann den Miteigentumsanteil verkaufen (§ 747 S. 1 BGB) oder die Aufhebung der Gemeinschaft durch Verkauf des *ganzen* Hauses und Teilung des Erlöses verlangen, § 753 BGB, § 84 I InsO; selbst dann, wenn die Miteigentümer das Recht, die Aufhebung der Gemeinschaft zu verlangen, durch Vereinbarung ausgeschlossen haben und dies im Grundbuch (Abt. II; §§ 873 ff. BGB) eingetragen ist: § 84 II InsO. Beim Wohnungseigentum dagegen ist die Auseinandersetzung der Wohnungseigentümergemeinschaft ausgeschlossen (§ 11 II WEG); der Insolvenzverwalter verkauft die Eigentumswohnung.

- Der Insolvenzschuldner ist **Mitglied eines nicht rechtsfähigen Vereins,** der vermögend ist. Kann der Insolvenzverwalter Auflösung und Aufteilung verlangen? Nein. § 54 S. 1 BGB verweist zwar auf § 728 BGB, dieser ist aber als durch die Vereinssatzung stillschweigend abbedungen anzusehen, eine Auflösung des Vereins findet nicht statt. Einen Auseinandersetzungsanspruch hat das Vereinsmitglied nicht, weil das Vereinsvermögen dem Vereinszweck dauernd erhalten bleiben soll (RGZ 113, 135; HK-InsO/*Eickmann* § 84 Rz. 4).

- Der **Schuldner ist Miterbe:** sein Anteil am Nachlass (§ 2033 I BGB; § 859 I ZPO) fällt in die Masse. Da in der Praxis niemand Erbquoten an fremden Erbengemeinschaften kauft, muss der Insolvenzverwalter nach §§ 84 I InsO, 2042 ff. BGB die Auseinandersetzung betreiben und den Anteil des Insolvenzschuldners in die Masse geben; dies kann der Erblasser nicht verhindern (§ 84 II 2 InsO; entgegen § 2044 BGB). Ist das Erbe mit Testamentsvollstreckung belastet erlischt das Amt des Testamentvollstreckers durch die Insolvenzeröffnung nicht; §§ 2211, 2214 BGB sind weiter zu beachten; der Nachlass fällt aber in die Insolvenzmasse *(OLG Köln ZEV 2005, 307; h.M.);* zur Insolvenz über das Privatvermögen des Erben vgl. BGH NJW 2006, 2698.

- Der Insolvenzschuldner S ist **Aktionär einer AG:** Die juristische Person wird durch das Insolvenzverfahren über den S nicht berührt, die Aktie wird vom Insolvenzverwalter an der Börse zugunsten der Masse verkauft.

- Der Insolvenzschuldner S ist **Gesellschafter einer OHG:** durch die Insolvenz des S scheidet S aus der OHG aus (§ 131 III Nr. 2 HGB). Die OHG bleibt bestehen (Ausnahme: § 131 I Nr. 3 HGB).
  Scheidet der Schuldner kraft Gesetzes oder aufgrund einer entsprechenden **Klausel im Gesellschaftsvertrag** mit Insolvenzeröffnung automatisch aus, dann fließt das Abfindungsguthaben laut Vertrag in die Masse. Klauseln im Gesellschaftsvertrag, wonach im Insolvenzfall eines Gesellschafters eine Abfindung ausgeschlossen ist, sind unwirksam (BGHZ 65, 28; Grund: § 138 BGB bzw das gesellschafts-

rechtliche Gläubigerschutzprinzip). Bei anspruchsbeschränkenden Klauseln kommt Insolvenzanfechtung in Frage.

Ähnliches gilt bei der **KG, BGB-Gesellschaft**, wenn ein Gesellschafter insolvent wird.

- Gemeinschaftsgenossen haben ein Absonderungsrecht gemäß § 84 I 2 InsO. Vgl. unten Rn. 238 ff.

98   e) Lebensversicherung. Sieht der Vertrag die *widerrufliche* Bezugsberechtigung eines Dritten vor, fällt mit Eröffnung des Insolvenzverfahrens über das Vermögen des Versicherungsnehmers der Anspruch auf den Rückkaufwert in die Insolvenzmasse (BGH NJW 1993, 1994). Bei *unwiderruflicher* Bezugsberechtigung dagegen fällt der Anspruch nicht in die Masse (OLG Hamm NJW-RR 1993, 43).

5. Zeitpunkt

99   Das **Vermögen im Zeitpunkt** der Eröffnung *und* das während des Verfahrens (also bis zur Verfahrensaufhebung) erlangte Vermögen bilden die Masse, § 35 I InsO. Da auch der **Neuerwerb** zur Insolvenzmasse gehört, ist ein zweites Insolvenzverfahren über den Neuerwerb ausgeschlossen. Ferner kann bei **Handelsgesellschaften** kein insolvenzfreies Vermögen mehr entstehen.

Unter der Geltung der Konkursordnung dagegen fiel der Neuerwerb *nicht* unter die Konkursmasse (§ 1 I KO); er unterlag aber ggf. einem zweiten Konkursverfahren für die Neugläubiger. Die Neuregelung ist unstimmig, weil die Neugläubiger am alten Insolvenzverfahren nicht teilnehmen dürfen, § 38 InsO, das Neuvermögen nur den Altgläubigern haftet. Vgl. HK-InsO/*Eickmann* § 35 Rz. 33.

100   a) Zeitliche Zuordnung bei gestreckten (mehraktigen) **Erwerbstatbeständen.** Dies ist im Einzelnen streitig. Ist der Schuldner z.B. verletzt worden, kommt es für das Entstehen des Schadensersatzanspruchs auf die Verletzung, nicht auf die Schadensentstehung, z.B. den Eintritt der Lähmung, an (RGZ 142, 291).

101   b) Arbeitseinkünfte des Schuldners. Wenn der Schuldner arbeitet und Lohn bezieht, darf er den pfändungsfreien Betrag (1028,89 €, § 850c ZPO mit PfändfreiGrBek 2011) behalten, der überschießende Betrag geht in die Insolvenzmasse (§ 36 I 2 InsO). Beantragt der Schuldner eine Erhöhung des pfändungsfreien Betrages, z.B. weil er Diätkost braucht, ist für die Entscheidung das Insolvenzgericht zuständig (§ 850 f I ZPO; § 36 IV InsO), nicht das Vollstreckungsgericht. Auch einem **Selbstständigen** muss neben den laufenden Betriebsausgaben noch der Pfändungsfreibetrag bleiben (AG Göttingen Rpfleger 2002, 170). Der Schuldner ist aber nicht verpflichtet, zu arbeiten; er kann Sozialhilfe beziehen, die nicht in die Masse fällt (vgl. § 54 SGB I).

102   c) Surrogationserwerb. Er fällt in die Masse.

> **Beispiel:** Wird der massezugehörige Pkw bei einem Unfall beschädigt, fällt der Schadensersatzanspruch in die Masse.

Eine Bestimmung in der InsO fehlt; man könnte § 2041 BGB analog anwenden. Ebenso ist es bei Verbindung, Vermischung (§§ 946 ff. BGB) und dem Bereicherungsanspruch des § 951 BGB; ferner bei den Gegenständen, die der Insolvenzverwalter für die Masse erwirbt.

d) Erbschaften, Vermächtnisse: Ist der Schuldner Erbe, kommt es darauf an, ob er   **103** ausschlägt. Mit dem Tod des Erblassers geht das Vermögen auf den Erben über, § 1922 BGB. Ist ihm die Erbschaft *vor* Insolvenzeröffnung zugefallen und das Ausschlagungsrecht noch nicht erloschen (§ 1944 BGB) oder fällt sie ihm während des Insolvenzverfahrens zu, dann kann der Schuldner ausschlagen (Folge: es erbt der Nächstberufene, § 1953 II BGB); in die Masse fällt nichts. In seiner Entscheidung ist der Erbe nach § 83 I 1 InsO frei (sie wird nicht etwa vom Insolvenzverwalter getroffen). Schlägt der Schuldner nicht aus, fällt die Erbschaft in die Masse. Zu den Besonderheiten bei der Restschuldbefreiung vgl. §§ 295 I Nr. 2, 296 InsO.

III. Die Freigabe

1. Echte Freigabe

Der Insolvenzverwalter ist wegen § 80 InsO berechtigt, wertlose Gegenstände (z.B.   **104** gebrauchte Kleidung; aussichtslose Forderungen) oder bis zu ihrem vollen Wert belastete Gegenstände (z.B. Grundstücke mit zu hohen Grundschulden) freizugeben. Dies geschieht durch eine einseitige empfangsbedürftige Willenserklärung, die unwiderruflich und auch nicht nach § 119 BGB anfechtbar ist. Damit werden die Gegenstände insolvenzfreies Vermögen des Schuldners, der damit nach Belieben verfahren kann. Bei Freigabe eines vom Schuldner rechtshängig gemachten Anspruchs endet die Unterbrechung des Verfahrens, § 240 ZPO (BGH NJW 2005, 2015). Gibt der Insolvenzverwalter wertvolle Gegenstände frei, haftet er nach § 60 InsO (Beschluss der Gläubigerversammlung daher zweckmäßig, § 197 I S. 2 Nr. 3 InsO). Streitig ist, ob sich der Insolvenzverwalter durch eine Freigabe den öffentlich-rechtlichen Pflichten (Umwelthaftung; Altlasten; Abfallbeseitigung; Umsatzsteuerpflicht) entziehen kann, z.B. Freigabe von quecksilberverseuchten Fabrikgrundstücken anstatt teurer Entsorgung; bejahend BVerwG NJW 1984, 2427; NZI 2005, 51; HK-InsO/*Eickmann* § 35 Rz. 44; *Braun/Kroth* § 80 Rz. 27. Einen **Sonderfall** der Freigabe regelt § 35 II InsO.

§ 35 II, III InsO gibt dem Insolvenzverwalter die Möglichkeit, eine für die Masse verlustbringende Betriebsfortführung (z.B. einer Arztpraxis) an den Schuldner (z.B. Arzt) freizugeben. Die Masse haftet dann insoweit nicht mehr (BGH NJW 2012, 1361).

2. Modifizierte Freigabe

Darunter versteht man verdeckte Freigaben, die dazu dienen, den Insolvenzverwalter   **105** vom Prozessrisiko zu entlasten und trotzdem den Erlös der Insolvenzmasse später zuzuführen; der Insolvenzverwalter ermächtigt den Schuldner, ein massezugehöriges Recht im eigenen Namen geltend zu machen und vereinbart mit ihm, dass das Erlös an die Masse abzuliefern ist; der wirtschaftliche Wert des Gegenstandes bleibt also in der Insolvenzmasse (HK-InsO/*Eickmann* § 35 Rz. 49; *Braun/Bäuerle* § 35 Rz. 10).

Beispiel Verkauf von zweifelhaften Forderungen zu einem Bruchteil des Nominalwerts. Eine solche Freigabe kann wegen Sittenwidrigkeit (§ 138 BGB) nichtig sein; z.B. Abtretung an eine vermögenslose Person, damit die Masse kein Prozesskostenrisiko hat (zur Prozesskostenhilfe in solchen Fällen vgl. § 116 ZPO). Problem der Abgrenzung zur Ermächtigung an den Schuldner, in gewillkürter Prozessstandschaft massezugehörige Ansprüche einzuklagen.

3. Unechte Freigabe

106 Gibt der Insolvenzverwalter einen fremden (nicht massezugehörigen) Gegenstand dem Aussonderungsberechtigten heraus, erkennt er nur die Rechtslage an; die „Freigabe" ist nur deklaratorisch. Vgl. *Braun/Bäuerle* § 35 Rz. 10.

IV. Inbesitznahme der Masse

107 Der Insolvenzverwalter muss nach Eröffnung die Masse in Besitz nehmen (§ 148 InsO). Weigert sich der Schuldner, dem Insolvenzverwalter die Masse herauszugeben, kann der Verwalter mit Hilfe eines Gerichtsvollziehers die Herausgabe erzwingen; Titel ist die vollstreckbare Ausfertigung des Eröffnungsbeschlusses (§ 148 II 1 InsO; vgl. § 794 ZPO); dazu Rn. 445.

V. Streit über Massezugehörigkeit

108 Hält der Schuldner eine Sache nicht für zur Insolvenzmasse gehörig, z.B. seine Waschmaschine, seinen Fernseher (§ 36 I InsO mit § 811 Nr. 1 ZPO; § 36 III InsO), hilft ihm bei der Vollstreckung aus dem Eröffnungsbeschluss § 766 ZPO (Erinnerung), auf den § 148 II 2 InsO verweist. Eine Klage des Schuldners gegen den Verwalter vor dem Zivilgericht aus § 985 BGB (fehlendes Besitzrecht des Verwalter mangels Zugehörigkeit zur Masse) wäre unzulässig. Über die Erinnerung entscheidet nicht das Vollstreckungsgericht, sondern das Insolvenzgericht. Der Streit zwischen Schuldner und Verwalter über die Zugehörigkeit einer Forderung zur Masse ist vor dem Prozessgericht (nicht vor dem Insolvenzgericht) auszutragen (BGH MDR 2008, 469).

VI. Sollmasse, Istmasse

109 Die Masse, die der Verwalter tatsächlich vorfindet, ist die *Istmasse.* Sie umfasst auch Vermögen, das auszusondern ist (weil es Dritten gehört), oder was insolvenzfrei ist (wie die Zahnbürste des Schuldners); in ihr fehlt, was durch Anfechtung noch zur Masse kommen wird. *Sollmasse* ist der rechtliche Umfang der Insolvenzmasse im Sinne des § 35 InsO.

Vierter Abschnitt

Der Insolvenzverwalter

I. Amtswalter im Insolvenzverfahren

Die Insolvenzordnung kennt eine Fülle von Personen, die Amtswalterstellungen haben: **110**

Name	Vorschriften	Aufgaben
vorläufiger Insolvenz-verwalter	§§ 21, 22 Ausnahme: § 270a I 2	i.d.R. Feststellung, ob genügend Masse vorhanden ist; bei allg. Verfügungsverbot Ausübung des Verwaltungs- und Verfügungsrechts
Insolvenz-verwalter	§§ 56–66 nur im Insolvenzverfahren gegen jur. Personen und gegen Personen mit selbst. wirtschaftlicher Tätigkeit	Verwaltung und Verwertung der Masse
Sachwalter	§§ 270c, 274 Vorläufiger Sachwalter bei § 270b II	überwacht den Schuldner bei der Eigenverwaltung
Treuhänder	§ 292	Restschuldbefreiungsverfahren: kassiert die Abtretungsbeträge und leitet sie an die Gläubiger
vorläufiger Treuhänder	§ 306 II i.V.m. §§ 21, 22	während des Verfahrens über den Schuldenbereinigungsplan (d.h. vor Eröffnung des Klein-Insolvenzverf): Sicherungsmaßnahmen
Treuhänder	§ 313 nur im Insolvenzverf. gegen nat. Personen ohne wesentliche selbst. wirtschaftl. Tätigkeit (Verbraucherinsolvenzverfahren), § 304.	geringere Aufgaben als ein Insolvenzverwalter, Verwaltung der Masse

II. Der Insolvenzverwalter

Die eigentliche Durchführung des Insolvenzverfahrens liegt in der Hand des Insolvenzverwalters. Er hat die Masse in Besitz zu nehmen, zu verwalten, die Masse zu verwerten, das Erlös zu verteilen. **111**

1. Ernennung

Die Ernennung des Insolvenzverwalters erfolgt durch den Richter bei der Insolvenzeröffnung, § 27 I 1, II Nr. 2 InsO; sie ist nur vorläufig. **112**

Das Insolvenzgericht ist bei der Auswahl des Verwalters an keine Beschränkungen gebunden (vgl. BVerfG NZI 2004, 574; 2006, 453); Ausnahme § 56a II InsO 2012. In der Regel wird zum Insolvenzverwalter ein Rechtsanwalt, Steuerberater, Wirtschaftsprüfer, Kaufmann oder ein „berufsmäßiger Insolvenzverwalter" ernannt; juristische Personen, **113** z.B. eine Wirtschaftsprüfer-GmbH, können nicht bestellt werden (§ 56 I InsO). Der Verwalter soll *geschäftskundig* sein und *unabhängig* (die Ehefrau des Schuldners, welche Anwältin ist, sollte daher nicht bestellt werden); seit 1.3.2012 Einschränkung des Unabhängigkeitserfordernisses in § 56 I 3 InsO. Die erste Gläubigerversammlung kann einen anderen Insolvenzverwalter wählen (was selten vorkommt); die vorläufige Ernennung ist deshalb in der Praxis endgültig. Das Gericht kann die Ernennung des Gewählten nur bei Ungeeignetheit ablehnen. § 57 InsO. Hiergegen ist sofortige Beschwerde gegeben, § 57 S. 4 InsO.

114   Ein Insolvenzverwalter darf nur im Insolvenzverfahren über eine juristische Person oder eine natürliche Person mit nennenswerter selbstständiger wirtschaftlicher Tätigkeit bestellt werden. Im Verfahren gegen einen Lohnempfänger oder geringfügig selbstständig wirtschaftlich tätige Menschen wird nur ein **Treuhänder** bestellt (§§ 304 I, 313 InsO), der geringere Aufgaben und Befugnisse (und Vergütung) hat; vgl. Rn. 559 ff. Bei sog. Eigenverwaltung (unzulässig beim Personenkreis des § 304; § 312 II InsO) wird ebenfalls kein Insolvenzverwalter bestellt, sondern nur ein **Sachwalter** (§ 274 InsO).

2. Entlassung

115   Die Entlassung des Insolvenzverwalters (z.B. wegen Unfähigkeit) kann von Amts wegen oder auf Antrag der Gläubigerversammlung oder des Gläubigerausschusses (nicht: auf Antrag eines einzelnen Gläubigers) erfolgen, § 59 I InsO. Rechtsmittel: § 59 II InsO.

3. Rechtsstellung

116   Der Insolvenzverwalter übt sein Amt unter Aufsicht des Insolvenzgerichts selbstständig aus, § 58 InsO. Die Rechtsnatur seines Amtes ist in der Literatur umstritten; der Streit ist ohne nennenswerte Bedeutung und von der InsO (sowie vom BGH NJW 2002, 2783/5) daher offengelassen worden.

117   **a)** Nach der **Vertretungstheorie** handelt der Insolvenzverwalter als Vertreter des *Schuldners.* Aber: der Verwalter ist vom Schuldner unabhängig, er ist allen Beteiligten verantwortlich (vgl. § 60 InsO). Die Auffassung, er sei Vertreter der *Insolvenzgläubiger,* wird heute von niemand mehr vertreten.

118   **b) Organtheorie:** die Insolvenzmasse sei Quasi-Rechtssubjekt und der Insolvenzverwalter ihr Vertretungsorgan. Dagegen spricht, dass der Schuldner Eigentümer der Masse bleibt (vgl. § 80 InsO).

119   **c)** Nach der **herrschenden Amtstheorie** handelt der Insolvenzverwalter als Inhaber eines privaten Amts, er bezieht seine Rechtsmacht aus der Insolvenzordnung (BGHZ 35, 180; BGHZ 51, 125). Dafür spricht § 116 S. 1 Nr. 1 ZPO, wo er als „Partei kraft Amts" bezeichnet wird. Aus der Amtstheorie ergibt sich:

120   **aa)** In den Prozessen der Masse ist nicht der Schuldner, sondern der Insolvenzverwalter selbst Partei (Partei kraft Amtes). Der Schuldner kann, weil er nicht Partei ist, als

Zeuge vernommen werden. Die *Urteile* lauten auf den Namen des Insolvenzverwalters, z.B. „In Sachen Rechtsanwalt A als Verwalter im Insolvenzverfahren über das Vermögen der Piranha GmbH gegen Beck ..."

Der Insolvenzverwalter ist als Rechtsnachfolger des Schuldners im Sinne der ZPO anzusehen. Aus einem vor Insolvenzeröffnung erstrittenen Urteil (eines Aussonderungsberechtigten) gegen den Schuldner kann nur dann nach Insolvenzeröffnung in die Insolvenzmasse vollstreckt werden, wenn der Titel gem. § 727 ZPO auf den Insolvenzverwalter umgeschrieben wird (RGZ 53, 10).

bb) Die vom Insolvenzverwalter innerhalb seiner Amtsbefugnisse vorgenommenen **121** Verfügungen über die Masse wirken unmittelbar für und gegen den Schuldner.

Der Schuldner muss bei Beendigung des Insolvenzenverfahrens die Masse in dem Zustand zurücknehmen, der durch die Amtshandlungen des Insolvenzverwalters geschaffen worden ist.

> **Beispiel:** Die bei Beendigung des Insolvenzes schwebenden Prozesse gehen ohne weiteres auf den nunmehr wieder verfügungsberechtigten Schuldner über, vgl. § 240 ZPO.

War die Masse des eröffneten Insolvenzverfahrens unzureichend, § 26 InsO, haftet der Insolvenzverwalter den Massegläubigern für erst *nach* der Insolvenzeröffnung neu entstandene Masseansprüche u.U. selbst, § 61 InsO. Der Schuldner haftet dafür allenfalls mit dem Rest der früheren Insolvenzmasse. Vgl. ferner § 208 InsO.

Amtswidrige Handlungen (das sind solche, die dem Insolvenzzweck klar und eindeu- **122** tig zuwiderlaufen) des Insolvenzverwalters, z.B. schenkungsweiser Erlass von Forderungen, sind nichtig und verpflichten die Masse nicht (BGH NJW 2002, 2783; RGZ 57, 195). Der BGH stellt hier auf die Regeln über den Missbrauch der Vertretungsmacht ab, so dass also neben der objektiven Evidenz der Insolvenzzweckwidrigkeit zusätzlich zumindest grobe Fahrlässigkeit des Geschäftspartners erforderlich ist (BGH NJW 2002, 2783/5). Bloße Interessenkollision führt dagegen nicht zwingend zur Nichtigkeit (BGH NJW 1991, 982).

4. Aufgaben des Insolvenzverwalters

Er hat die Masse in Besitz zu nehmen und zu verwalten. Das unpfändbare Vermögen **123** des Schuldners geht ihn nichts an (BGH NJW 2010, 3517 zur Lastschrift von Miete, Strom etc. vom Girokonto) Er nimmt die Forderungsanmeldungen entgegen (§ 174 InsO). Er berichtet (§ 156 InsO). Er hat die Masse zu verwerten (§ 159 InsO), das Erlös zu verteilen. Bei Beendigung seines Amtes hat er einer Gläubigerversammlung Schlussrechnung zu legen. § 66 InsO.

Bei Insolvenz von OHG, KG, BGB-Gesellschaft muss er **gegen die Gesellschafter kla-** **124** **gen** (§ 93 InsO), wenn diese z.B. aus § 128 HGB neben der Gesellschaft haften (OLG Schleswig DZWir 2002, 213).

Bei **Eigenverwaltung** nimmt diese Aufgaben zum Teil der Schuldner (!) wahr, § 279 **125** InsO.

5. Kontrolle des Insolvenzverwalters

126 **a)** Das Insolvenzgericht kann nicht die *Zweckmäßigkeit* der Handlungen des Insolvenzverwalters (z.B. die Zweckmäßigkeit der Veräußerung des Geschäfts, die Zweckmäßigkeit von Anfechtungsklagen) *nachprüfen,* sondern *nur* gegen Pflichtwidrigkeiten
des Verwalters vorgehen; vgl. § 58 InsO. Die pflichtgemäße Amtsführung des Verwalters wird meist in der Weise kontrolliert, dass das Gericht sich von dem Verwalter
Berichte über den Stand des Insolvenzverfahrens erstatten lässt.

127 Bei Pflichtwidrigkeiten kann das Gericht gegen den Verwalter Zwangsgelder von 5,– €
bis 25 000,– € verhängen. § 58 II InsO und Art. 6 I EGStGB.

128 **b)** Die Mitglieder des Gläubigerausschusses müssen den Insolvenzverwalter überwachen, § 69 InsO; § 21 II 1 Nr. 1a InsO. Ist kein Ausschuss bestellt, hat die Gläubigerversammlung diese Rechte, § 79 S. 2 InsO.

6. Haftung des Insolvenzverwalters

129 **a)** Er haftet **allen Beteiligten** bei schuldhafter Verletzung **insolvenzspezifischer
Verpflichtungen** auf Schadensersatz, § 60 I 1 InsO (nachgebildet dem § 1833 BGB:
Haftung des Vormundes). Der Begriff „Beteiligte" ist weit auszulegen: darunter fallen
der Schuldner, die Insolvenzgläubiger, die Massegläubiger, aber auch Absonderungs-
oder Aussonderungsberechtigte. *Insolvenzspezifische* Verpflichtungen sind nur solche,
die der Haftungsabwicklung dienen. Der Abschluss einer Haftpflichtversicherung ist
üblich.

Beispiele Eine Angestellte des Insolvenzverwalters fertigt eine *unrichtige Arbeitsverdienstbescheinigung,*
die vom Insolvenzverwalter bestätigt wird (BSG ZIP 1982, 1336); wertvolle Teppiche, die zur
Masse gehören, werden unsachgemäß verwahrt und von Motten angefressen; die Masse wird
nicht ausreichend gegen Diebstahl usw. versichert; der Insolvenzverwalter gibt keine Steuer-
erklärung ab, so dass das Finanzamt (zu hoch) schätzt; Säumniszuschläge fallen an; weitere
Beispiele: *Haug* ZIP 1984, 773. Die meisten Risiken bringt die Betriebsfortführung (hierzu BGH
NJW 1987, 844). Zur Haftung vgl. *Zugehör* ZinsO 2006, 857.

130 **b)** Der Verwalter haftet auch für selbst eingestelltes Personal, für **Erfüllungsgehilfen,**
§ 278 BGB (BGH NJW 1985, 1161), also nicht nach § 831 BGB. Wenn er beispielsweise
Anwalt ist, haftet er für seine Anwaltsgehilfin.

Wenn der Verwalter aber lediglich das Personal des Schuldners zwangsläufig übernimmt und wie bisher weiterbeschäftigt, haftet er dafür nur beschränkt, nämlich

- wenn dieses Personal *offenkundig* ungeeignet ist (Auswahlverschulden);
- wenn dem Verwalter ein Überwachungsverschulden zur Last fällt; oder
- wenn er durch diese Angestellten Entscheidungen von besonderer Bedeutung
  treffen lässt, § 60 II InsO (Regelfall des Überwachungsverschuldens).

131 Das Problem liegt in der Auslegung von „einsetzen *muss*" in § 60 II InsO; das ist z.B.
denkbar, wenn der Verwalter eine Zuckergroßhandlung weiterführen und auf einge-
arbeitetes Personal zurückgreifen muss, weil andere sachkundige Leute nicht sofort
greifbar sind.

c) Den **Haftungsmaßstab** beschreibt § 60 I 2 InsO: die Sorgfalt eines ordentlichen   132
und gewissenhaften Insolvenzverwalters (also nicht wie bei § 277 BGB).

d) Die **Verjährungsfrist** für Ansprüche gegen den Insolvenzverwalter beträgt 3 Jahre,   133
§ 62 InsO (der § 195 BGB entspricht). Die Frist ist für Einzelschäden eines einzelnen
Dritten (z.B. ein Bagger wird einem Aussonderungsberechtigten vorenthalten, so dass
er Verdienstausfall hat) und Gesamtsschäden der Masse (z.B. Waren des Schuldners
verderben wegen unsachgemäßer Lagerung; § 92 InsO) gleich lang.

e) Haftung für Masseverbindlichkeiten. Hat der Insolvenzverwalter Masseverbind-   134
lichkeiten (§ 55 InsO) begründet, obwohl er sie wegen unzureichender Masse nicht
bezahlen kann, haftet er persönlich (§ 61 InsO).

> **Beispiel:**   Der Verwalter stellt Personal ein, beauftragt einen Steuerberater, obwohl *erkenn-*
> *bar* (§ 61 S. 2 InsO) kein Geld mehr vorhanden ist.

Andererseits: Die Masse, nicht der Verwalter persönlich, haftet gem. § 55 I Nr. 2 InsO,
wenn z.B. der Verwalter einen von ihm geschlossenen Vertrag schlecht erfüllt (z.B.:
ver-kaufte Ware ist mangelhaft, §§ 437 ff. BGB); eine Konkurrenz mit § 61 InsO ist
möglich.

f) Haftungskonkurrenzen. Aus anderen Anspruchsgrundlagen, insbesondere uner-   135
laubter Handlung (BGH ZIP 1985, 359), StVG (z.B. bei Autounfall), aus culpa in contra-
hendo (Stellvertreterhaftung bei Inanspruchnahme besonderen Vertrauens), nach
steuerrechtlichen Vorschriften (§ 69 AO) kann der Verwalter daneben haften. Vgl. BGH
NJW 1988, 209; NJW-RR 1990, 94; NJW-RR 1990, 411 (= Verkauf eines nicht zur Masse
gehörenden Gegenstandes).

7. Vergütung

Der Insolvenzverwalter hat Anspruch auf Erstattung seiner baren Auslagen (z.B. Fahrt-   136
kosten) und auf eine angemessene Vergütung für seine Geschäftsführung. § 63 InsO.
Auslagen und Vergütungen werden auf Antrag vom Insolvenzgericht festgesetzt (§ 64
InsO) und aus der Masse entrichtet (Massekosten, § 54 Nr. 2 InsO). Die Höhe ergibt
sich aus der *Insolvenzrechtlichen Vergütungsverordnung* (InsVV) v. 19.8.1998, (BGBl.
1998, 2205), erlassen gem. § 65 InsO. Die InsVV geht von einem Prozentsatz der Masse aus (40 % von den ersten 25 000,– € der Teilungsmasse, dann 25 %, 7 % usw.; § 2
InsVV), die am Schluss zur Verteilung vorhanden ist (sog. Regelsatz); eine Erhöhung
des Regelsatzes ist zulässig (§ 3 InsVV) und sehr häufig. Der Anspruch entsteht mit der
Tätigkeit (BGH NJW 1992, 692), nicht erst mit der Festsetzung; er wird daher vererbt,
wenn der Verwalter vor Beendigung der Tätigkeit stirbt.

Von dem Grundsatz, dass nur die Masse (oder die Gläubiger) den Insolvenzverwalter   137
zahlt, niemals die Staatskasse, ist die Reform vom 1.12.2001 abgewichen: Kosten können nach § 4a InsO gestundet werden, der Insolvenzverwalter wird einstweilen aus
der Staatskasse bezahlt (§ 63 II InsO). Da die „gestundeten Beträge" in der Praxis nur
zu einem kleinen Prozentsatz einziehbar sind, bleibt der Staat darauf sitzen.

138 Wurde ein vorläufiger Insolvenzverwalter bestellt, das Insolvenzverfahren aber dann nicht eröffnet, hat der Verwalter einen Vergütungsanspruch gegen den Schuldner (BGH NJW 2008, 583), vgl. § 1835 BGB.

8. Prozesskostenhilfe

139 Führt der Insolvenzverwalter für die Masse Prozesse, dann kann er nach § 116 Nr. 1 ZPO Prozesskostenhilfe erhalten; wer wirtschaftlich Beteiligter in diesem Sinne ist, hängt vom Einzelfall ab: würde der Prozessertrag lediglich Massekosten abdecken, sind z.B. gewöhnliche Insolvenzgläubiger nicht beteiligt (BGH NJW-RR 2007, 993). Der Insolvenzverwalter gilt nicht als „wirtschaftlich Beteiligter" (BGH NJW-RR 2004, 136), obwohl sich seine Vergütung durch den gewonnenen Prozess erhöht.

9. Gerichtsstand

140 Für Klagen, die sich materiell gegen die Insolvenzmasse richten, z.B. auf Herausgabe, ist (sofern kein *ausschließlicher* Gerichtsstand gegeben ist) der *allgemeine* Gerichtsstand am Sitz des Insolvenzgerichts begründet, § 19a ZPO. Auf den Wohnsitz des Verwalters oder des Schuldners kommt es somit nicht an. Für Klagen auf Feststellung einer (bestrittenen) Forderung zur Tabelle vgl. § 180 I 2 InsO.

Fünfter Abschnitt

Die Insolvenzgläubiger, ihre Forderungen und Organe

Im Insolvenzverfahren erheben verschiedene Personengruppen Forderungen gegen die Vermögenswerte des Schuldners: **141**

	Aussonderungsberechtigte Gl.	Absonderungsberechtigte Gl.	Masse-Gl.	Insolvenz-Gl.	Nachrangige Insolvenz-Gl.	Neugläubiger
Vorschriften	§ 47	§§ 49–51	§§ 53–55, 100, 123 II, 209 u.a.	§ 38	§ 39, § 327	Umkehrschluss aus § 38
Art der Geltendmachung der Forderung	Verlangen ggü Ins-Verw, notfalls Klage gg Verwalter	Anmeldung zur Tabelle, *wenn* S zugleich pers. haftet, §§ 52, 174 ff.	Verlangen ggü Ins-Verw, i.d.R. notfalls Klage	Anmeldung zur Tabelle, §§ 174 ff. InsO	Anmeldung zur Tabelle nur ausnahmsweise, § 174 III	Keine Anmeldung zur Tabelle. keine Klage gegen Ins-Verw. Keine Vollstr. in Masse, § 91
Befriedigungschancen	volle Befriedigung	auf den Ausfall nur Quote, sonst voll	volle Befriedigung, bei § 209 nur teilweise	nur Insolvenzquote von wenigen % oder null	erhalten i.d.R. nichts	Aussichtslos, weil nur *das* Neuvermögen haftet, das nicht zur Insolvenzmasse gehört

Gl. = Gläubiger; S = Schuldner; InsVerw = Insolvenzverwalter.

I. Insolvenzgläubiger

Dies sind alle persönlichen Gläubiger, die einen zur Zeit der Eröffnung des Insolvenzverfahrens begründeten Vermögensanspruch gegen den Schuldner haben, § 38 InsO. Insolvenzgläubiger müssen ihre Forderungen nach Eröffnung **zur Tabelle anmelden,** §§ 87, 174 ff. InsO, wenn sie ihre Quote erhalten wollen. Die Insolvenzgläubiger können nicht in die Masse vollstrecken, § 89 InsO. Sie werden gemeinschaftlich und gleichmäßig aus der Masse befriedigt, erhalten also grundsätzlich denselben Prozentsatz. Es gibt gewöhnliche (§ 38 InsO) und nachrangige (§ 39 InsO) Insolvenzgläubiger. Wenn ein **Insolvenzgläubiger** seine **Forderung nicht anmeldet,** verliert er sie nicht, sondern bleibt Gläubiger; während des Insolvenzverfahrens kann er allerdings seine Forderung nicht geltend machen, erst wieder nach Beendigung (vorbehaltlich Restschuldbefreiung, Insolvenzplan; Verjährung). **142**

1. Insolvenzforderungen

Insolvenzforderungen sind nur:

143 **a)** Die **„persönlichen" (schuldrechtlichen) Ansprüche** gegen den Schuldner, also nicht die *nur* dinglichen Ansprüche. Dingliche Rechte sind somit *insolvenzfest*, Forderungen werden (im Extremfall bis auf 0 %) *gekürzt*.

Der Eigentümer einer in der Masse befindlichen Sache (z.B. des geliehenen Autos) hat einen dinglichen Herausgabeanspruch auf das *ganze* Auto, er ist aussonderungsberechtigt (§ 47) und somit nicht Insolvenzgläubiger. Der Pfandberechtigte, Grundschuldgläubiger, hat ebenfalls dingliche Ansprüche, ist absonderungsberechtigt (§§ 49 ff. InsO) und nicht Insolvenzgläubiger. – Anders, wenn (wie meist) der *Absonderungsberechtigte zugleich persönlicher Gläubiger* ist (z.B. die Bank, welchen den Anspruch aus dem Darlehensvertrag hat; abgesichert durch eine Grundschuld): dann ist er insoweit Insolvenzgläubiger.

Ausnahmen: Auch Ansprüche des Treugebers auf Übertragung des Treuguts, d.h. Verschaffungsansprüche, können zur Aussonderung berechtigten. Nicht jedes dingliche Recht ist insolvenzfest, z.B. berechtigt Sicherungseigentum nur zur Absonderung.

144 **b)** Die **„Vermögensansprüche"** gegen den Schuldner.

Der Anspruch muss auf eine **geldwerte Leistung** gehen. Gegensatz: Anspruch auf höchstpersönliches Handeln oder Unterlassen des Schuldners (z.B. Fertigmalen eines Gemäldes); familienrechtliche Ansprüche (z.B. auf Kindesherausgabe, § 1632 BGB). Gestaltungsrechte (BGB-Anfechtungsrecht, Rücktrittsrecht, Recht auf Wandelung usw.) fallen ebenfalls nicht unter § 38 InsO. Aus der Ausübung, z.B. der Anfechtung, können aber Ansprüche entstehen (z.B. §§ 123, 142 BGB), die in die Insolvenzmasse fallen.

145 Der Anspruch muss **erzwingbar** sein. Das fehlt bei Naturalobligationen, daher können z.B. Spielgewinne (§ 762 BGB) im Insolvenzverfahren nicht geltend gemacht werden. *Verjährte Forderungen* dagegen können angemeldet werden, was aber wenig Sinn hat, weil der Insolvenzverwalter sie im Prüfungstermin bestreiten wird (§ 178 InsO).

146 **Fälligkeit** ist nicht notwendig, § 41 I InsO; die Forderung wird abgezinst (z.B.: wenn 10 000,– € erst in einem Jahr, unverzinslich, fällig wären, mit 9615 €; 4 % Zinsen, § 246 BGB i.V.m. § 41 II InsO). Auflösende Bedingungen schaden nicht, § 42 InsO.

147 **Steht der Geldbetrag nicht fest,** ist er nach seinem Wert zu *schätzen* (z.B. Schmerzensgeld; Anspruch auf Renovierung von Geschäftsräumen, wenn der Ladenmieter insolvent wurde; Verschaffungsanspruch), § 45 InsO, bzw. (z.B. Rentenanspruch aus unerlaubter Handlung vor Insolvenzeröffnung) zu *kapitalisieren*, § 46 InsO. Diese Berechnungen muss der Gläubiger bei der Anmeldung zur Tabelle (§ 174 InsO) selbst vornehmen; im Prüfungstermin wird dann erörtert, ob die Schätzung überhöht war und gegebenenfalls durch Prozess geklärt; erst mit der Feststellung tritt die Umwandlung in eine bestimmte Geldforderung endgültig ein (vgl. BGHZ 113, 213).

Auch **öffentlichrechtliche Forderungen** (z.B. Steuerforderungen) fallen darunter; der Steuerbescheid muss bei Eröffnung noch nicht vorliegen (vgl. BGH NZI 2011, 953).

c) Nur die „zur Zeit der Eröffnung begründeten" Ansprüche.   148

Entscheidend ist, ob der **Rechtsgrund des Anspruchs** vor der Insolvenzeröffnung liegt, das zugrundeliegende Schuldverhältnis also vor Eröffnung entstanden ist (ebenso bei der Zuordnung zur Insolvenzmasse, vgl. § 35 InsO; dazu Rn. 100).

Beispiele Hat der Schuldner S den G vor Eröffnung verletzt und schuldet er ihm daher eine lebenslängliche Rente, dann ist G auch hinsichtlich der erst nach Insolvenzeröffnung fällig werdenden Raten Insolvenzgläubiger, weil der Rechtsgrund der ganzen Rente vor Eröffnung liegt (RGZ 142, 295). Kauft der Schuldner, nachdem das Verfahren eröffnet wurde, seiner Freundin auf Kredit tausend rote Rosen, liegt der Rechtsgrund nach Eröffnung; der Blumenhändler ist Neugläubiger. Hat der Mieter die Nebenkosten für die Zeit vor Eröffnung nicht bezahlt, ist die Nachforderung Insolvenzforderung, auch wenn bei Eröffnung die Abrechnung noch nicht erstellt war (BGH NJW-RR 2011, 876).

Durch diese Voraussetzung werden die Insolvenzgläubiger von den **Neugläubigern**   149
getrennt, es tritt eine zeitliche Zäsur ein. Die *nach* Eröffnung begründeten Ansprüche gegen den Schuldner sind keine Insolvenzforderungen und werden im Insolvenzverfahren nicht berücksichtigt. Die Neugläubiger können sich auch nicht an den Neuerwerb halten, weil dieser in die Masse hineinleitet (§ 35 InsO); theoretisch können sie auf das insolvenzfreie Vermögen zugreifen (das aber unpfändbar oder wertlos ist; z.B. die Kleidung des Schuldners; der unpfändbare Teil seines Lohns; Sozialhilfe).

> **Ausnahme:** Die sog. *Masseansprüche* (§§ 54, 55 InsO) entstehen grundsätzlich erst *nach* Eröffnung, werden aber im Insolvenzverfahren aus der Masse berichtigt. Grund: sonst könnte das Insolvenzverfahren nicht abgewickelt werden. Allerdings sind die Massegläubiger keine Insolvenzgläubiger im Sinne von § 38 InsO.

2. Unterhaltsansprüche

Keine Insolvenzforderungen sind bestimmte **familienrechtliche Unterhaltsansprü-**   150
che. Sie wurzeln nicht aus einem Stammrecht, sondern entstehen im Rahmen der Leistungsfähigkeit des Schuldners (vgl. § 1581 BGB) immer wieder neu. Die *bis zur Eröffnung* entstandenen Ansprüche (z.B. eingeklagte Rückstände) sind daher Insolvenzforderungen (§ 38 InsO); die *nach* der Insolvenzeröffnung entstandenen laufenden Ansprüche können nur gegen das insolvenzfreie Vermögen gerichtet oder in den Differenzbetrag zwischen § 850c ZPO und § 850d ZPO vollstreckt werden. Das *nichteheliche Kind* des Schuldners kann also die *nach* Eröffnung fällig werdenden Unterhaltsansprüche nicht (kapitalisiert) als Insolvenzforderung geltend machen. – Nur wenn derjenige, der seinem geschiedenen Ehegatten unterhaltspflichtig war, stirbt und vom (späteren) Insolvenzschuldner beerbt wurde, sind die vergangenen und die zukünftigen Unterhaltspflichten Insolvenzforderungen, § 40 S. 1 InsO i.V.m. § 1586b BGB; denn es handelt sich nur noch um entpersönlichte Nachlasslasten.

3. Gesamtschuld- und Bürgschaftsverhältnisse

a) Gläubiger von Gesamtschuldnern   151

Beispiel G hat eine Forderung von 10 000,– € gegen S und T (als Gesamtschuldner, § 421 BGB). Über das Vermögen des S wird im Juli das Insolvenzverfahren eröffnet. Im August zahlt T 4000,– € an G. Trotzdem kann G im September 10 000,– € zur Tabelle im Verfahren gegen S anmelden

(§ 43 InsO) und erhält auch hierauf die Quote (natürlich insgesamt höchstens 10 000,– €). Die Doppelsicherung begünstigt also G. Ebenso ist es, wenn G eine Forderung gegen S hat, abgesichert durch eine selbstschuldnerische Bürgschaft des B.

152 ### b) Regressforderung

Beispiel

G hat eine Forderung von 10 000,– € gegen S; B hat sich dafür selbstschuldnerisch verbürgt; S wird insolvent. Nun zahlt der Bürge B 9000,– € an G. Da G trotzdem 10 000,– € zur Tabelle anmelden kann (§ 43 InsO), kann B seinen Regressanspruch in Höhe von 9000,– € gegen S (aus § 774 BGB; bei Gesamtschuld aus § 426 II BGB) im Insolvenzverfahren des S *nicht* zur Tabelle anmelden, weil sonst eine Doppelanmeldung (10 000,– + 9000,– €) erfolgen würde (BGH NJW 1985, 1159), die zu Lasten anderer Gläubiger ginge und mit dem Grundgedanken des § 38 InsO nicht vereinbar wäre; anders nur, wenn G seine 10 000,– € Forderung nicht anmeldet (§ 44 InsO).

4. Nachrangige Insolvenzgläubiger

153 Bestimmte Gläubiger werden erst befriedigt, wenn nach Befriedigung aller anderen Insolvenzgläubiger noch Geld vorhanden ist (§ 39 InsO); im Ergebnis heißt das, dass diese Gläubiger nichts bekommen (es sei denn, S hat mehr Vermögen als Schulden; aber dann hätte das Verfahren seinerzeit nicht eröffnet werden dürfen):

- **Zinsen** ab Eröffnung des Insolvenzverfahrens (anders: Zinsen *bis* zur Eröffnung), § 39 I Nr. 1 InsO; deshalb ist praktisch jeder Gläubiger einer Geldforderung zugleich gewöhnlicher und nachrangiger Insolvenzgläubiger;
- **bestimmte Kosten** (z.B. Anwaltskosten für die Forderungsanmeldung; RVG VV 3320); § 39 I Nr. 2 InsO;
- **bestimmte Strafen**, § 39 I Nr. 3 InsO (anders Vertragsstrafen);
- **Schenkungsforderungen** etc., § 39 I Nr. 4 InsO;
- **Gesellschafterdarlehen**, § 39 I Nr. 5, IV, V, §§ 44a, 19 II InsO. Hat z.B. der mit 30 % beteiligte Gesellschafter einer GmbH der GmbH Darlehen gewährt, kann der Gesellschafter im Insolvenzverfahren dieser GmbH den Darlehensrückzahlungsanspruch (unter Umständen, § 174 III InsO) anmelden, aber mit einem so schlechten Rang, dass er letztlich nichts bekommt. Das Darlehen muss nicht „eigenkapitalersetzend" sein (Reform durch das MoMiG v. 23.10.2008, BGBl. 2026). Zur Anfechtung von Sicherungen in diesem Falle vgl. § 135 InsO. Zur Bilanzierung BGH NJW 2001, 1280;
- Forderungen, bei denen der **Nachrang vereinbart** wurde, § 39 II, III InsO;
- *Noch nachrangiger* sind bestimmte Verbindlichkeiten im **Nachlassinsolvenzverfahren**, § 327 InsO.

5. Das Finanzamt als Gläubiger von Steuerforderungen

154 Eine allgemeine Regelung der Auswirkungen der Insolvenzeröffnung auf Besteuerung und Besteuerungsverfahren fehlt; Einzelvorschriften finden sich z.B. in §§ 76, 251 II AO, 51 Nr. 4 InsO. Der Insolvenzverwalter hat die steuerlichen Pflichten des Schuldners, z.B. zur Abgabe von Steuererklärungen. Bei Verletzung haftet der Verwalter u.U. persönlich (§ 60 InsO; andererseits §§ 69, 191 AO; zur Abgrenzung vgl. BGHZ 106, 134). Bezüglich der Steuerforderungen ist zu unterscheiden:

- Steuerforderungen sind *Insolvenzforderungen*, wenn der Tatbestand, der zur Entstehung der Steueransprüche führt, vom Gemeinschuldner vor Insolvenzeröffnung verwirklicht worden ist (§ 38 AO 1977; § 38 InsO). Demgemäß kann die Finanzbehörde auch einen Insolvenzantrag stellen (Rechtsnatur nach h.M.: Verwaltungsakt).
- Steuerforderungen richten sich gegen das insolvenzfreie Vermögen, wenn der steuerbare Tatbestand *nach* Eröffnung verwirklicht wurde (z.B. Lohnsteuerpflicht, wenn der Schuldner nach Eröffnung arbeitet).
- Steuerforderungen können nach § 55 InsO *Masseverbindlichkeiten* sein.

a) Geltendmachung. Steuerforderungen als Insolvenzforderungen sind von der Finanzbehörde gem. §§ 87, 174 ff. InsO als Geldbetrag zur Insolvenztabelle anzumelden. Die Anmeldung hat den Inhalt eines Steuerbescheides. Dagegen kann nach § 178 InsO im Prüfungstermin Widerspruch erhoben werden; es erfolgt dann eine Feststellung durch die Finanzbehörde (§ 251 III AO 1977), so dass die Forderung als *tituliert* anzusehen ist (§ 179 II InsO). Der Insolvenzverwalter muss daher ggf das Finanzgericht anrufen (vgl. § 185 InsO).   **155**

b) Zwangsgelder (§§ 328, 329 AO 1977), Verspätungszuschläge (§ 152 AO), **Säumniszuschläge** (§ 240 AO) für die Zeit *nach* Verfahrenseröffnung sind nur nachrangige Insolvenzforderungen, § 39 I Nr. 3 InsO; für die Zeit vorher vollrangige Insolvenzforderungen.   **156**

c) Bei der **Einkommensteuer** unterbricht die Insolvenzeröffnung nicht den Besteuerungsabschnitt (= Kalenderjahr). Die Veranlagung zur Einkommensteuer erfolgt daher einheitlich nach den Jahreseinkommen (vgl. § 2 IV, VII EStG): (a) Einkünfte vor Insolvenzeröffnung + (b) vom Insolvenzverwalter für die Masse erzielte Einkünfte + (c) Spätere (unpfändbare) Einkünfte.   **157**

Die einheitliche *Einkommensteuerschuld* ist aber dann zwecks Durchsetzung *aufzuteilen* (vgl. *Frotscher* InsolvenzRHdB § 120):   **158**

- **Insolvenzforderung** (§ 38 InsO) bezüglich der vorinsolvenzlichen Einkünfte, Anmeldung zur Tabelle;
- **Massekosten** (§ 55 I Nr. 1 InsO), Geltendmachung beim Verwalter;
- **insolvenzfreie Einkünfte:** werden durch Steuerbescheid festgesetzt, wofür aber nur das insolvenzfreie Vermögen haftet, also letztlich nichts. Vgl. BFH NJW 1985, 511 (zur KO). Die Aufteilung erfolgt nach dem Verhältnis der jeweiligen Teileinkünfte (BFH ZIP 1994, 1286).

d) Lohnsteuer im Insolvenzverfahren des Arbeitgebers: der Anspruch des Finanzamtes wegen *vor* Insolvenzeröffnung nicht einbehaltener oder nicht abgeführter Lohnsteuer kann vom Finanzamt (trotz §§ 38, 42d EStG) nicht dergestalt geltend gemacht werden, dass die Lohnsteuer nun vom Arbeitnehmer gefordert wird. Die Ablieferungspflicht des Arbeitgebers ist der Zahlungspflicht gleichzusetzen, wenn nur der Nettolohn ausbezahlt wurde; das Finanzamt muss seine Forderung als Insolvenzforderung anmelden.   **159**

160 **e) Öffentliche Abgaben:** für Zölle und Verbrauchsteuern (z.B. Tabaksteuer; nicht: Umsatzsteuer) besteht nach § 51 Nr. 4 InsO, erweitert durch § 76 II AO, ein *Absonderungsrecht,* ohne dass es einer Beschlagnahme vor Insolvenzeröffnung bedarf.

161 **f) Grundsteuer:** sie ruht auf dem Grundstück als öffentliche Last, § 12 GrStG (BGH NZI 2011, 939). Nach § 77 II AO kann deshalb die Zwangsversteigerung ins Grundstück betrieben werden (§ 10 I Nr. 3 ZVG). Als Jahressteuer ist sie aufzuteilen: bis zur Eröffnung: Insolvenzforderung; der Gläubiger der Grundsteuer (Gemeinde) hat daher im Insolvenzverfahren wegen rückständiger Grundsteuern ein *Absonderungsrecht,* § 49 InsO. Für die Zeit während der Insolvenzverwaltung: Masseverbindlichkeit.

162 **g) Steuern als Massekosten:** Steuern, die für die Zeit des Insolvenzverfahrens anfallen, können nach § 55 InsO Massekosten sein:

- **Grunderwerbsteuer,** wenn der Insolvenzverwalter ein Grundstück für die Masse erwirbt;
- **Gewerbesteuer,** wenn der Verwalter den Betrieb weiterführt;
- **Einkommensteuer,** wenn der Verwalter durch Verwertungshandlungen für die Masse Einkünfte erzielt (bei außerordentlichen Erträgen ist streitig, ob die Steuerschuld Insolvenzforderung oder Masseforderung nach § 55 I Nr. 1, 2 InsO ist; vgl. BFH NJW 1985/511 und *Frotscher* InsolvenzRHdB § 114 Rz. 14);
- **Umsatzsteuer** für die nach Insolvenzeröffnung getätigten Umsätze, wozu auch die Verwertung der Masse gehören kann, § 55 I Nr. 1 InsO (Umsatzsteuer bei der *Verwertung von Sicherungsgut* vgl. § 171 II 3 InsO). Einzelheiten vgl. Schr. des BMF v. 9.12.2011 BStBl. I 2011, 1273);
- **Kfz-Steuer** für ein zur Masse gehörendes Kraftfahrzeug für die Zeit nach Insolvenzeröffnung;
- **Lohnsteuer:** wenn der Verwalter nach Insolvenzeröffnung ein Arbeitsverhältnis neu begründet, fällt die Lohnsteuer (als Teil des Arbeitslohnes) unter § 55 1 Nr. 1 InsO (*Frotscher* InsolvenzRHdB § 121 Rz. 11).
- Steuern aus Handlungen des **vorläufigen Insolvenzverwalters**, § 55 IV InsO 2010.

Die Abgrenzung im Einzelnen ist problematisch. Steuerforderungen als Masseforderungen werden durch Steuerbescheid des Finanzamtes etc. vom Verwalter angefordert, also nicht zur Insolvenztabelle angemeldet.

II. Die Gläubigerversammlung

163 Die Gläubigerversammlung ist ein *notwendiges Organ* des Insolvenzverfahrens. Sie dient der Ausübung der Selbstverwaltungsbefugnisse der Insolvenzgläubiger.

1. Einberufung und Aufgaben

164 Die Gläubigerversammlung wird **vom Insolvenzgericht einberufen** und geleitet, §§ 74, 76 I InsO; entweder von Amts wegen (§ 29 InsO: Berichtstermin; Prüfungstermin) oder auf Antrag (§ 75 InsO).

Aufgaben: Eventuelle Wahl eines anderen Insolvenzverwalters, § 57 InsO; Bestellung eines Gläubigerausschusses, § 68 InsO; Entgegennahme von Berichten des Insolvenzverwalters (§§ 29 I Nr. 1, 156 InsO) sowie der Schlussrechnung, §§ 66, 197 InsO; Kontrolle des Insolvenzverwalters durch Anforderung von Berichten, Kassenprüfung (§ 79 InsO); Abhalten des Prüfungstermins (§ 29 Nr. I Nr. 2 InsO); Erteilung der Zustimmung bei besonders wichtigen Geschäften des Insolvenzverwalters, wie z.B. dem Verkauf des Unternehmens (§ 160 InsO), allerdings nur mit Innenwirkung (§ 164 InsO): bei Verstoß ist der Verkauf trotzdem wirksam, allenfalls haftet der Verwalter.

2. Beschlüsse

Die ordnungsgemäß gefassten **Beschlüsse der Gläubigerversammlung** sind auch für die nicht erschienenen Gläubiger bindend.   **165**

a) Die Beschlüsse werden mit **absoluter Mehrheit** der Stimmen gefasst, gerechnet   **166**
nach den Forderungsbeträgen der erschienenen Gläubiger, § 76 II InsO. Die Beschlüsse der Gläubigerversammlung sind nicht nach § 34 InsO anfechtbar (LG Göttingen ZIP 2000, 1501); doch kann die Aufhebung des Beschlusses durch das Insolvenzgericht beantragt werden, wenn ein ordnungsgemäß gefasster Beschluss der Gläubigerversammlung dem gemeinsamen Interesse der Insolvenzgläubiger widerspricht; der Gerichtsbeschluss über diesen Antrag unterliegt der **sofortigen Beschwerde**, § 78 InsO. Damit sollen Sondervorteile einzelner Gläubiger und Interessengruppen verhindert werden.

b) Abstimmungsberechtigung: § 77 InsO. Ausübung des Stimmrechts nur durch Teilnahme (evtl. durch einen Vertreter), nicht schriftlich.   **167**

III. Der Gläubigerausschuss

Der Gläubigerausschuss ist ein *fakultatives Organ* des Insolvenzverfahrens. Er dient   **168**
der Unterstützung und Überwachung des Insolvenzverwalters, § 69 InsO. In der Praxis wird er selten bestellt. Zum *vorläufigen* Gläubigerausschuss vgl. § 21 II 1 Nr. 1a InsO.

1. Fakultative Bestellung

Ein **Gläubigerausschuss** kann bestellt werden: **169**

- vor der ersten Gläubigerversammlung durch das Insolvenzgericht, § 67 I InsO;
- nachher nur von der Gläubigerversammlung. § 68 InsO. Das Insolvenzgericht kann Mitglieder des Ausschusses aus wichtigen Grund entlassen (§ 70 InsO).

2. Aufgaben

Die **Mitglieder des Gläubigerausschusses** führen ihr Amt unabhängig von den Insolvenzgläubigern.

a) Die Überwachungsaufgaben haben die einzelnen *Mitglieder persönlich* (§ 69 S. 1   **170**
InsO). Der Ausschuss als *Organ* hat das Recht, die Entlassung des Insolvenzverwalters

zu beantragen (§ 59 I 2 InsO); aus § 72 InsO folgt, dass der Ausschuss hier aufgrund eines Mehrheitsbeschlusses tätig wird.

171   **b)** Die Mitglieder müssen die Berichte des *Verwalters* durch Prüfung der Kasse, der Konten und der dazu gehörigen Belege kontrollieren (§ 69 S. 2 InsO), auch, ob er zur Masse gehörige Rechte durchsetzt (BGHZ 71, 253), andernfalls haften sie möglicherweise nach § 71 InsO. Der Ausschuss kann auch Auskünfte vom *Schuldner* einholen (§ 97 InsO). Der Insolvenzverwalter braucht die Zustimmung des Ausschusses bei besonders wichtigen Geschäften, wie z.B. dem Verkauf des Unternehmens (§ 160 InsO), allerdings nur mit Innenwirkung (§ 164 InsO: der Verkauf ist wirksam, auch wenn keine Zustimmung vorlag). Weitere Aufgaben: §§ 187 III, 195, 156 II, 232 I Nr. 1, 248 II InsO.

172   **c)** Die Mitglieder haften nur den absonderungsberechtigten Gläubigern sowie den Insolvenzgläubigern, § 71 S. 1 InsO; sonstigen Beteiligten im weiteren Sinne (z.B. dem Schuldner) haften die Mitglieder des Gläubigerausschusses nicht (wohl aber der Insolvenzverwalter, § 60 InsO). Die Haftung setzt Verschulden voraus. Zu unterscheiden ist der **Einzelschaden** (z.B. der Verwalter begründet ohne Widerspruch des Gläubigerausschusses eine Verbindlichkeit, die die Masse nicht erfüllen kann: er haftet dem Dritten) vom **Gesamtschaden** (z.B. Kasse nicht geprüft, Verwalter unterschlägt Geld: Ersatz ist an die Insolvenzmasse zu leisten, der Anspruch wird von einem neuen Verwalter gegen den früheren Verwalter geltend gemacht, § 92 InsO; aber nicht ein Gesamtschaden der Massegläubiger, BGH MDR 2006, 1427).

173   **d)** Die Mitglieder haben Anspruch auf Auslagenersatz (z.B. Reisekosten) und Vergütung, § 73 I InsO. Näheres regelt die Vergütungsverordnung (§ 17 InsVV) v. 19.8.1998 (§ 73 II, 64, 65 InsO).

Sechster Abschnitt

Die Massegläubiger

Masseverbindlichkeiten (Ansprüche der Massegläubiger) sind die Ansprüche, die aus **174** der Masse vorweg voll zu befriedigen sind, § 53 InsO. Dem liegt der Gedanke zugrunde, dass die nach der Befriedigung von Aussonderungs-, Absonderungs- und Aufrechnungsrechten noch verbleibende Masse zunächst zur vollen Befriedigung der Verbindlichkeiten dienen muss, die Liquidationskosten im weitesten Sinn sind (z.B. Verwaltungskosten, Rechtsgeschäfte zwecks Versilberung der Masse) und dass die Insolvenzgläubiger nur aus dem sodann verbleibenden Rest quotenmäßig befriedigt werden. Ist nicht einmal so viel Vermögen vorhanden, dass die Massegläubiger befriedigt werden können, darf das Insolvenzverfahren nicht eröffnet werden (§ 26 InsO). Zeigt sich die unzureichende Masse später, wird dann das Verfahren eingestellt (§§ 207 I, 211 InsO).

I. Einteilung der Masseverbindlichkeiten

1. Gerichtskosten für das Insolvenzverfahren

§ 54 Nr. 1 InsO: dazu gehören die Gerichtsgebühren und die Auslagen des Gerichts **175** (z.B. für Sachverständige; Zustellungen; Veröffentlichungen im elektronischen Bundesanzeiger). Höhe: §§ 34 ff. GKG; Streitwert § 58 GKG; GKG-Kostenverzeichnis Nr. 2310 ff. Die Gerichtskasse zieht diese Kosten nach 6 ff. GKG ein. Berechnungsbeispiele vgl. *Uhlenbruck/Delhaes* Rz. 1326 ff.

2. Vergütung und Auslagen des Verwalters

§ 54 Nr. 2 InsO: Kosten für den vorläufigen Insolvenzverwalter (§§ 22, 63 InsO); den **176** Insolvenzverwalter (§ 63 InsO); die Mitglieder des Gläubigerausschusses (§ 73 InsO).

3. Handlungen des Insolvenzverwalters

Durch **Handlungen des Insolvenzverwalters** begründete Verbindlichkeiten. **§ 55 I** **177** **Nr. 1 Fall 1 InsO.**

Beispiele: Ansprüche aus vom Insolvenzverwalter selbst geschlossenen Dienst- und Werkverträgen, aus Neubezug von Strom, Telefongebühren, Haftung aus § 7 StVG beim Betrieb eines Kfz für die Masse, aus der Veräußerung von Massegegenständen, aus Zukauf, Kostenerstattungsansprüche aus Prozessen; Ansprüche aus *Rechtsverletzungen des Verwalters* innerhalb seines Wirkungskreises, so etwa, wenn der Verwalter einen Gegenstand veräußert, der auszusondern gewesen wäre (BGH NJW-RR 1990, 411) und auch die Ersatzaussonderung (§ 48 InsO) vereitelt wird (KG JW 1928, 239), der Verwalter somit schuldhaft gehandelt hat. Es kommt darauf an, dass Pflichtverletzungen in Ausführung, nicht nur bei Gelegenheit der Verwaltung begangen wurden (vgl. § 31 BGB; *Häsemeyer* Rz. 14.10). Ansprüche aus Sozialplan (§ 123 II 1 InsO).

4. Kosten für Verwaltung, Verwertung und Verteilung der Masse

178   Durch Verwaltung, Verwertung und Verteilung der Masse begründete Verbindlichkeiten.

Kosten nur, soweit sie nicht unter § 54 InsO fallen; **§ 55 I Nr. 1 Fall 2 InsO**.

Beispiele Miete für vom Insolvenzverwalter abgeschlossene Mietverträge, Arbeitsverträge, Versicherung der Masse, Inserate zur Verwertung der Masse. Ferner fallen darunter Steuern und andere öffentliche Abgaben, soweit sie nach Eröffnung entstehen: z.B. Lohnsteuer und Sozialversicherung für weiterbeschäftigte Personen; Einkommensteuer aus Aufdeckung und Realisierung stiller Reserven bei Veräußerung durch den Insolvenzverwalter (BFH ZIP 1994, 1286; a.A. HK-InsO/*Eickmann* § 55 Rz. 7); Umsatzsteuer, die bei der Verwertung der Masse anfällt (dazu § 171 II 3 InsO); Gewerbesteuer, Grundsteuer, Körperschaftsteuer. Offenbar verfahrenszweckwidrige Geschäfte des Insolvenzverwalters wie z.B. Schenkungen (RGZ 53, 192) oder einzelnen Insolvenzgläubigern zugeschanzte Vorteile (BGH NJW 1971, 701) können aber keine Masseverbindlichkeit begründen.

5. Gegenseitige Verträge (Austauschverträge)

179   Verbindlichkeiten aus gegenseitigen Verträgen (Austauschverträgen).

Falls nach § 103 InsO die Erfüllung zur Insolvenzmasse verlangt wird (**§ 55 I Nr. 2 Fall 1 InsO**); der Verwalter hat die Wahl und wird sich für eine Erfüllung nur entscheiden, wenn sie letztlich für die Masse günstig ist.

Beispiel Der Schuldner hatte eine Maschine von X gekauft, aber noch nicht voll bezahlt und erhalten; der Verwalter verlangt Erfüllung (d.h. Lieferung); dann muss aus der Masse der volle Kaufpreis an X bezahlt werden.

6. Dauerschuldverhältnisse

180   Verbindlichkeiten aus gegenseitigen Verträgen (Dauerschuldverhältnisse).

Falls deren Erfüllung für die Zeit nach der Eröffnung des Insolvenzverfahrens erfolgen muss (**§ 55 I Nr. 2 Fall 2 InsO**). Solche Dauerschuldverhältnisse erlöschen nicht automatisch mit Eröffnung des Insolvenzverfahrens, sondern bestehen u.U. bis zum gesetzlichen Kündigungszeitpunkt fort (§ 108 I InsO).

Beispiele (a) Der Anspruch auf Mietzins für die Zeit *nach* der Insolvenzeröffnung, wenn ein von dem Schuldner abgeschlossener Mietvertrag nach der Verfahrenseröffnung weiterläuft: die *Leistung* des Vermieters (Gewährung des Raums) erfolgt nach Eröffnung, weshalb es angebracht ist, dass auch die *Gegenleistung* aus der Masse beglichen wird (BGHZ 86, 386). (b) Lohnansprüche der Arbeitnehmer für die Zeit von der Insolvenzeröffnung bis zum Ablauf der Kündigungsfrist.

7. Ungerechtfertigte Bereicherung der Masse

181   Verbindlichkeiten aus ungerechtfertigter Bereicherung der Masse.

§ 55 I Nr. 3 InsO. Der Wert muss der Masse *nach* Insolvenzeröffnung zugeflossen sein. Umfang der Bereicherungsansprüche: §§ 818 ff., vor allem § 818 III BGB.

Aufgrund eines Irrtums überweist ein Dritter Geld auf ein Konto des Schuldners. Oder: Der Verwalter veräußert massefremde Gegenstände und der *Erlös* ist *nicht mehr unterscheidbar* in der Masse (BGH WM 1965, 84); ist der Erlös noch unterscheidbar in der Masse (etwa bei Geldüberweisung auf ein besonderes Anderkonto des Verwalters): evtl. Ersatzaussonderung, § 48 InsO. Oder: der Verwalter vollstreckt aus einem Titel, der später aufgehoben wird (vgl. § 717 II ZPO); er verarbeitet Stoffe, an denen ein Aussonderungsrecht besteht (§§ 946 ff., 951 BGB).

8. Vorläufige Insolvenzverwaltung

Verbindlichkeiten aus der vorläufigen Insolvenzverwaltung   **182**

§ 55 II 1 InsO. Falls der vorläufige Verwalter die Verfügungsbefugnis hatte, also ein „starke" Verwalter war (§ 22 I 1 InsO; ungenügend „schwache" Insolvenzverwaltung nach § 22 II InsO).

> **Beispiel:** Der vorläufige Verwalter hatte die Masse versichert (Versicherungsprämie ist Masseverbindlichkeit). *Beispiel* für § 55 II 2 InsO: der vorläufige Verwalter hatte die gemieteten Räume des Schuldners weiter genutzt („in Anspruch genommen").

Beschäftigt der vorläufige Insolvenzverwalter (mit Verfügungsbefugnis, § 22 I InsO) Ar-   **183** beitnehmer weiter und entsteht diesen ein Anspruch auf Insolvenzgeld (§ 183 SGB III), weil die Lohnzahlung aufgrund einer Vorfinanzierung des Insolvenzgeldes erfolgt, geht in Höhe der Zahlungen des „Arbeitsamts" der Anspruch der Arbeitnehmer auf die Bundesagentur für Arbeit über (vgl. *Braun/Bäuerle* § 55 Rz. 43), aber nicht als Masseforderung, sondern als gewöhnliche Insolvenzforderung (§ 55 III 1 InsO). Ebenso ist es bei den Gesamtsozialversicherungsbeiträgen (§ 55 III 2 InsO).

9. Verbindlichkeiten aus Sozialplänen

Falls die Pläne nach Verfahrenseröffnung aufgestellt wurden, sind die Forderungen der   **184** Arbeitnehmer aus sozialpolitischen Gründen als Masseverbindlichkeiten eingestuft worden (§ 123 II 1 InsO), obwohl es sich nicht um Liquidationskosten handelt.

10. Verbindlichkeiten aus Gewährung von Unterhalt an den Schuldner

§ 100 InsO.   **185**

> **Beispiel:** Der Schuldner darf die Wohnung im eigenen Haus verbilligt weiterbenutzen.

11. Konkurrenzen

Die Tatbestände von § 55 I Nr. 1 und 3 InsO können konkurrieren, so bei Vereitelung   **186** von Aussonderungs- und Absonderungsrechten durch Rechtshandlungen des Insolvenzverwalters. Nr. 3 setzt eine Bereicherung voraus, Nr. 1 Vertretenmüssen der Handlung durch den Verwalter (Verschulden). Neben der Haftung der Masse kann ferner eine zusätzliche Haftung des Verwalters nach §§ 60, 61 InsO in Frage kommen (BGH NJW 1985, 1162). § 61 InsO zwingt den Verwalter, Masseverbindlichkeiten nur zu begründen, wenn die Ansprüche aus der vorhandenen Masse voraussichtlich befriedigt werden können.

II. Rangordnung der Masseansprüche

1. Bei nicht kostendeckender Masse

187 Wenn eröffnet wurde, sich dann aber zeigt, dass nicht einmal soviel Masse vorhanden ist, dass die Kosten (§ 54 InsO) bezahlt werden können, wird das Verfahren vom Gericht eingestellt (§ 207 I 1 InsO); eine weitere Tätigkeit des Insolvenzverwalters unterbleibt (§ 207 III 2 InsO), weil nicht einmal seine Vergütung voll bezahlt werden kann. Vorhandenes Bargeld, Verwertungserlöse und Bankguthaben wird vom Verwalter zur Bezahlung der eigenen Auslagen (z.B. Fahrtkosten) und der Auslagen des Gerichts verwendet, der Rest zur (wenigstens teilweisen) Zahlung seiner Vergütung und der Gerichtsgebühren (§ 207 III 1 InsO).

2. Bei Masseunzulänglichkeit

188 Hier ist in der Masse soviel vorhanden, dass die Kosten (§ 54 InsO) des Verfahrens (einschließlich der Vergütung des Verwalters) bezahlt werden können, für die übrigen Masseverbindlichkeiten (§§ 55, 100, 123 II InsO) aber genügen die nach Verwertung zu erwartenden Mittel und das vorhandene Guthaben nicht oder jedenfalls nicht ganz (§ 208 I InsO). In dem Zeitpunkt, in dem der Verwalter die Masseunzulänglichkeit erkannt hat, sie also nach außen erkennbar geworden ist, hat er sie sogleich dem Insolvenzgericht mitzuteilen (§ 208 I 1 InsO). Das Gericht stellt den Zeitpunkt nicht fest; es veröffentlicht lediglich die Anzeige (§ 9 InsO) und stellt sie den Massegläubigern förmlich zu (§ 208 II InsO). Damit tritt eine *Zäsur* ein, eine Art *„Insolvenz innerhalb der Insolvenz"* beginnt.

189 *Bis* zur Anzeige der Masseunzulänglichkeit sind alle Massegläubiger voll zu befriedigen; sie müssen nichts zurückzahlen, wenn später die Masseunzulänglichkeit veröffentlicht wird. *Ab* Anzeige der Masseunzulänglichkeit wird nach der Rangordnung (s. unten a) befriedigt. Die Zwangsvollstreckung eines Massegläubigers im Sinne des § 209 I Nr. 3 InsO in die Masse ist nun unzulässig (§ 210 InsO), der Verwalter hat dagegen die Vollstreckungsabwehrklage nach § 767 ZPO; denn ab jetzt haben die Massegläubiger nur noch einen Anspruch nach dem Rang ihrer Forderung und gegebenenfalls auf die Quote (so schon RGZ 61, 262).

190 Der Verwalter fährt mit der Verwaltung und Verwertung fort (§ 208 III InsO), denn er wird ja voll bezahlt. Später hat er über seine Tätigkeit ab Anzeige der Masseunzulänglichkeit *gesondert* Rechnung zu legen, also zwei getrennte Abrechnungen vorzunehmen, § 211 II InsO.

a) Es gilt folgende Rangordnung:

191 **aa)** Zunächst sind die (restlichen) **Kosten des Insolvenzverfahrens** (Gericht, Verwalter, Gläubigerausschuss, § 54 InsO) zu begleichen, **§ 209 I Nr. 1 InsO**. Schon das BVerfG hatte festgestellt, dass die Auslagen und die Vergütung des Insolvenzverwalters für den Zeitraum als Feststellung der Masseunzulänglichkeit in voller Höhe vorweg zu befriedigen sind (BVerfG ZIP 1993, 838 u. 1246; BGH NJW 1992, 692).

bb) Neumassegläubiger, d.h. solche Masseschulden, die *nach* vom Insolvenzverwal-   **192** ter festgestellter und angezeigter Masseunzulänglichkeit neu begründet werden (z.B. Kauf von Heizmaterial, Büromaterial, nach der zeitlichen Zäsur), **§ 209 I Nr. 2 InsO.** Denn ohne Begründung neuer Masseverbindlichkeiten ist eine wirtschaftlich vernünftige Abwicklung nicht zu erreichen; als Ausgleich fließt eine Gegenleistung in die Masse, so dass diese nicht verkürzt wird; würden die Neuverbindlichkeiten nicht vorrangig befriedigt, könnte der Insolvenzverwalter sie nicht eingehen, weil er sonst möglicherweise persönlich dafür haftet (§§ 60, 61 InsO).

cc) Als Neumasseverbindlichkeiten gelten auch: **193**

(1) **Verbindlichkeiten aus gegenseitigen Verträgen** (Austauschverträgen), wenn nach § 103 InsO die Erfüllung zur Insolvenzmasse verlangt wird (§ 55 I Nr. 2 Fall 1 InsO), falls der Verwalter sich *nach Anzeige* der Masseunzulänglichkeit für die Erfüllung entscheidet **(§ 209 II Nr. 1 InsO).**

> Beispiel — Der Schuldner hatte eine Maschine von X gekauft, aber noch nicht voll bezahlt und erhalten. Feststellung der Masseunzulänglichkeit am 1. .; verlangt der Verwalter Erfüllung (d.h. Lieferung) am 15.7., dann hat der Kaufpreisanspruch den Rang § 209 I Nr. 2, II Nr. 1 InsO. Verlangte er schon am 15.6. Erfüllung, hatte er sowieso (Zug um Zug) volle Zahlung zu leisten.

(2) **Verbindlichkeiten aus Dauerschuldverhältnissen gem. § 209 II Nr. 2 InsO.**

> Beispiel — Der Schuldner hatte eine Lagerhalle gemietet. Kündigungsfrist: jeweils mit zweimonatiger Frist zum Quartalsende. Der Verwalter zeigt am 15.9. die Masseunzulänglichkeit an; die Miete für die Zeit ab dem darauffolgenden 1.1. ist vorrangig, denn der Verwalter hätte zum 31.12. kündigen können.

(3) **Verbindlichkeiten aus Dauerschuldverhältnissen gem. § 209 II Nr. 3 InsO.**

> Beispiele — Nach Anzeige der Masseunzulänglichkeit arbeitet die Angestellte A weiter für den Insolvenzverwalter zwecks Insolvenzabwicklung. Ihr Lohnanspruch ist vorrangig. Nach Anzeige der Masseunzulänglichkeit nutzt der Insolvenzverwalter die Räume weiter; der Vermieter ist mit seiner Mietforderung Neumassegläubiger (BGH NJW-RR 2004, 772).

dd) Altmassegläubiger nach § 55 InsO, deren Ansprüche zur Zeit der Zäsur schon   **194** bestanden, **§ 209 I Nr. 3 InsO.** Dass Ansprüche von Gläubigern aus ungerechtfertigter Bereicherung der Masse (§ 55 I Nr. 3 InsO) erst jetzt befriedigt werden, dürfte verfassungswidrig sein (Art. 14 III GG); wenn jemand versehentlich eine falsche Kontonummer angegeben hat, so dass sein Geld auf ein Insolvenzkonto fließt, ist unvertretbar, dass er es nicht voll zurückbekommt. Evtl kann aber Aussonderung in Betracht kommen.

ee) Massegläubiger aus Sozialplan, § 123 II InsO.   **195**

ff) Altmassegläubiger nach §§ 100, 101 I 3 InsO (Unterhalt), § 209 I Nr. 3 InsO   **196** („unter diesen zuletzt …").

b) Innerhalb der Rangordnung gilt: zuerst wird der frühere Rang voll befriedigt; in   **197** der Rangklasse, zu deren voller Befriedigung die Insolvenzmasse nicht mehr ausreicht, erfolgt eine nur **verhältnismäßige Befriedigung** (§ 209 I InsO).

Es sind noch 10 000,– € vorhanden; die restliche Vergütung des Insolvenzverwalters beträgt 9000,– €; 4 Neumassegläubiger fordern je 1000,– €, also zusammen weitere 4000,– €. Dann erhält der Insolvenzverwalter seine Vergütung voll; die vier Neumassegläubiger erhalten je 25 % ausgeschüttet; die Altmassegläubiger bekommen nichts.

198 **c) Verhältnis des § 26 InsO zu §§ 207, 208 InsO:** bei § 208 InsO ist die Einstellung erst nach der restlichen Verwertung und Verteilung zulässig. Im Falle des § 26 InsO unterbleibt jegliche Tätigkeit eines Insolvenzverwalters. Bei § 207 InsO wird das Verfahren sofort eingestellt; Barmittel werden nach der Rangordnung des § 207 III 1 InsO verteilt; die sonstige Masse (z.B. Möbel, Geräte) wird an den Schuldner herausgegeben; es liegt im Ermessen des Verwalters, sie zu verwerten (z.B. damit er seine Vergütung wenigstens zum Teil erhält), § 207 III 2 InsO.

III. Geltendmachung der Masseansprüche

1. Keine Anmeldung zur Tabelle

199 Die Massegläubiger sind nicht Insolvenzgläubiger, schon deshalb nicht, weil sie i.d.R. bei Insolvenzeröffnung ohne Ansprüche sind. Für sie gelten daher die Beschränkungen der §§ 174 ff. InsO nicht, sie **melden ihre Forderungen nicht „zur Tabelle"** an, ihre Forderungen werden auch nicht „festgestellt". Sie teilen ihre Ansprüche einfach dem Insolvenzverwalter mit. Ein gerichtliches Verteilungsverfahren findet nicht statt. Der Insolvenzverwalter hat die Masseansprüche grundsätzlich in voller Höhe aus der Insolvenzmasse zu befriedigen, § 53 InsO, quotenmäßig im Falle des § 209 InsO.

2. Ausschluss von Massegläubigern

200 Wenn sich Massegläubiger erst nach den Verteilungen beim Insolvenzverwalter melden, können sie nur noch aus Überschüssen der Insolvenzmasse befriedigt werden (§ 206 InsO), also (weil solche Überschüsse nicht vorkommen) faktisch nicht mehr.

3. Bestreiten des Masseanspruchs

201 **Bestreitet der Insolvenzverwalter** einen **Masseanspruch**, so kann der Massegläubiger gegen ihn Klage erheben und nach Erlangen eines obsiegenden Urteils in die Masse vollstrecken.

4. Vollstreckung

202 Massegläubiger können einen Titel gegen den Insolvenzverwalter erwirken und in die Masse vollstrecken. Für Sozialplangläubiger (§§ 111 ff. BetrVG) ist dies nicht zulässig (§ 123 III 2 InsO), weil diese Gläubiger unechte Massegläubiger sind (ihre Ansprüche rühren aus dem schon *vor* Eröffnung bestehenden Arbeitsverhältnis her). Für bestimmte Massegläubiger gilt ferner eine **Vollstreckungssperre** von 6 Monaten (§ 90 InsO).

G hat aufgrund einer Bestellung des Insolvenzverwalters (= Rechtshandlung) Büromaterial geliefert und wird nicht bezahlt; er kann einen Vollstreckungsbescheid erwirken und sofort vollstrecken. Wegen der Grundsteuer ab Eröffnung (§ 55 I Nr. 1 InsO: in anderer Weise durch Verwaltung begründet) müsste die Gemeinde dagegen 6 Monate mit der Vollstreckung warten. Ab Anzeige der Masseunzulänglichkeit können Massegläubiger, die nachrangig sind, nicht mehr vollstrecken.

5. Streitigkeiten über die Verteilung

Streitigkeiten über die Richtigkeit der erfolgten Verteilung können nur durch Prozesse zwischen den einzelnen Massegläubigern, nicht aber durch Prozesse der sich benachteiligt fühlenden Massegläubiger gegen den Insolvenzverwalter ausgetragen werden (RGZ 66, 329), da die im Prozess mit dem Insolvenzverwalter ergehende Entscheidung nicht allen Massegläubigern gegenüber Rechtskraft (§ 325 ZPO) schaffen würde (nicht überzeugend und daher str.).   **203**

6. Forthaftung des Schuldners

Inwieweit der **Schuldner,** der als Eigentümer der Masse auch Schuldner der Massegläubiger ist, den Massegläubigern bei unzureichender Masse während des Insolvenzverfahrens mit seinem insolvenzfreien Vermögen und nach Beendigung des Verfahrens **mit seinem ganzen Vermögen haftet**, ist streitig. Aus § 80 InsO ist zu folgern, dass der Verwalter den Schuldner nur beschränkt auf die Masse berechtigen und verpflichten kann; daraus ergibt sich: **204**

aa) Für die *Masseansprüche, die schon vor der Eröffnung bestanden haben* (z.B. Ansprüche aus zur Masse erfüllten gegenseitigen Verträgen), haftet der Schuldner persönlich und unbeschränkt. Wegen solcher Masseansprüche kann also, wenn sie aus der Masse nicht voll befriedigt werden, nach Beendigung des Insolvenzverfahrens in das Vermögen des Schuldners vollstreckt werden *(Kuhn/ Uhlenbruck* § 57 KO Rz. 10, 11).   **205**

bb) Für die *Masseansprüche, die erst nach der Eröffnung neu entstanden sind*, haftet der Schuldner nur mit den Resten der früheren Masse, soweit solche vorhanden sind *(Kuhn/Uhlenbruck* § 57 KO Rz. 11b).   **206**

Siebter Abschnitt

Die Aussonderung

I. Voraussetzungen des Aussonderungsrechts

207 Aussonderungsberechtigt ist, wer auf Grund eines *dinglichen* oder *persönlichen* Rechts geltend machen kann, dass ein Gegenstand nicht zur Insolvenzmasse gehört, weshalb er Anspruch auf Herausgabe dieses in der Insolvenzmasse befindlichen, aber dem Schuldner nicht gehörenden Gegenstandes hat, § 47 S. 1 InsO. Dem § 47 InsO entspricht bei der Einzelzwangsvollstreckung der § 771 ZPO.

1. Dingliche Berechtigungen

208 **a) Eigentum.** Jeder dem Schuldner nicht gehörende Gegenstand unterliegt der Aussonderung (§ 47 InsO), außer wenn der Gegenstand anfechtbar erworben ist und der Insolvenzverwalter die Anfechtung geltend macht (vgl. §§ 129 ff. InsO), d.h. dem Herausgabeverlangen des Dritten Anfechtung einwendet. Hauptfall der Aussonderung ist das Eigentum des Aussondernden.

> **Beispiele** In der Masse des Schuldners S befindet sich ein Pkw, den der Schuldner beim Autohaus G gemietet hatte; beim Uhrmacher S ist eine Uhr, die er nur zwecks Reparatur von G erhielt; der S ist auf Grund Leihe, Verwahrung oder Geschäftsbesorgungsvertrag in den Besitz fremder Sachen gekommen. G kann jeweils aus § 985 BGB vom Insolvenzverwalter Herausgabe verlangen, wen4,23n dieser Besitz hat.

209 **b) Forderungen.** Nicht nur körperliche Sachen, sondern **auch Rechte,** die dem Schuldner nicht (mehr) zustehen, können ausgesondert werden. Mit der Abtretung (§ 398 BGB) scheidet die Forderung aus dem Vermögen des Abtretenden (Zedenten) aus, der Abtretungsempfänger (Zessionar) kann sie daher aussondern (§ 47 InsO). Wird eine Forderung mehrfach abgetreten, ist grundsätzlich nur die erste Abtretung wirksam (Prioritätsgrundsatz).

> **Beispiel** Lange vor Insolvenzeröffnung hat S Außenstände an B abgetreten. Der Insolvenzverwalter will diese Forderungen eintreiben und für die Masse in Anspruch nehmen. B kann gegen den Insolvenzverwalter auf *Feststellung* seines Gläubigerrechts klagen. Vgl. RGZ 98, 143.

210 Stellt die **Pensionsrückstellung** nur einen Bilanzposten dar, ist sie nicht „fremd" und kann nicht ausgesondert werden. Anders ist es, wenn die Pensionen aus rechtlich selbstständigen Pensionskassen (Verein, GmbH, Stiftung) bezahlt werden *(Braun/Bäuerle* § 35 Rz. 25 ff.).

211 **c) Vorbehaltseigentum.** Der Kaufvertrag ist unbedingt; die Übereignung erfolgt nach §§ 929 ff. BGB, wobei sich Käufer (K; Schuldner) und Verkäufer (V) einig sind, dass der Eigentumsübergang erst mit vollständiger Zahlung des Kaufpreises erfolgt (vertragsgemäßer Eigentumsvorbehalt; vgl. § 449 BGB). Denkbar ist aber auch, dass im Kaufvertrag kein Eigentumsvorbehalt (EV) vereinbart wurde, so dass an sich der V zu unbedingter Übereignung verpflichtet wäre; V hält sich aber nicht daran, sondern bietet die Einigung nur unter Vorbehalt des Eigentums an, z.B. indem er bei Übergabe einen Lieferschein mit EV beifügt (vertragswidriger EV, einseitiger nachträglicher EV); akzeptiert K, erwirbt er unter EV (BGH NJW 1975, 1699; *Palandt/Bassenge*, BGB, § 929 Rz. 29 m.w.N).

Beim Eigentumsvorbehalt hat V bis zum Bedingungseintritt noch auflösend bedingtes Eigentum; der Vorbehaltseigentümer V ist zur Aussonderung seines Eigentums (§ 985 BGB) berechtigt, falls nicht der Insolvenzverwalter nach § 103 InsO in den Vertrag eintritt und den Restkaufpreis zahlt.

d) Sicherungseigentum. Hier überträgt ein Schuldner (S) einem Gläubiger (G) durch **212** Vertrag das Eigentum an einer beweglichen Sache (z.B.) mittels Besitzkonstitut, wobei vereinbart wird, dass die Übereignung nur zur Sicherung einer Schuld geschieht und Rückübereignung (oder automatischer Rückfall des Eigentums) erfolgt, wenn die Schuld getilgt ist. Dem G soll also das Eigentum nicht endgültig gehören, es soll auch nicht seinen Gläubigern als Haftungsobjekt dienen. Daraus folgt:

aa) Im **Insolvenzverfahrens des Gläubigers** (Sicherungsnehmers) kann der Schuld- **213** ner aussondern, wenn er die gesicherte Forderung erfüllt (unstr., *Palandt/Bassenge*, BGB, § 930 Rz. 36; RGZ 94, 307); denn damit entfällt der Sicherungszweck, die Bedingung für den Rückfall des Eigentums an den Schuldner ist eingetreten.

> **Beispiel**
> B hat der Lieferantin S ein Auto zur Sicherung ihrer Forderung übereignet. Er kann im Insolvenzverfahren über die Lieferantin S, wenn er die Forderung bezahlt, die Aussonderung des Autos verlangen.

bb) Im **Insolvenzverfahren des Schuldners** (Sicherungsgebers) ist zwar formell der **214** Gläubiger voller Eigentümer, trotzdem gibt ihm § 51 Nr. 1 InsO kein Aussonderungsrecht, sondern *nur ein Absonderungsrecht*, anders als bei § 771 ZPO. Vgl. BGH NJW 2008, 3142. Zur Verwertung vgl. § 170 II InsO.

Grund: Der Gläubiger kann nach der Abrede nicht den vollen *Wert* der übereigneten Sache beanspruchen, sondern *nur bis zur Höhe* seiner gesicherten Forderung, also wie bei einem Pfandrecht. Verwertung vgl. § 166 InsO.

Bei in AGB vereinbarten Sicherungsübereignungen ist eine Inhaltskontrolle erforderlich. Durch eine Übersicherung kann der Sicherungsgeber unangemessen benachteiligt werden, so dass die Sicherungsübereignung unwirksam ist. Ein dem Sicherungsgeber zustehender Freigabeanspruch kann in solchen Fällen die Übereignung gleichwohl wirksam sein lassen (BGHZ 117, 374; ZIP 1994, 309).

e) Vorausabtretung beim Factoring. Bei Factoring tritt der Unternehmer (Zedent) die **215** Forderungen gegen seine Kunden (im voraus, global; durch einen Rahmenvertrag) auf den Faktor (Zessionar; z.B. Bank) ab, § 398 BGB. Der Faktor zahlt dafür (bei Entstehung der Forderung) den Nennwert abzüglich Provision an den Unternehmer und zieht die Forderungen ein. Man unterscheidet weiter:

aa) Beim **echten Factoring** trägt der Faktor des Delkredere-Risiko (d.h. das Risiko, **216** dass eine Forderung uneinbringlich ist). Rechtlich liegt ein gewöhnlicher Forderungskauf vor (BGHZ 69, 257; 72, 20; *Palandt/Grüneberg* § 398 Rz. 39). Im Insolvenzverfahren des Unternehmers kann der Faktor diese Forderungen daher **aussondern** (§ 47); denn er erwarb sie nicht nur zur Befriedigung (*Braun/ Bäuerle* § 47 Rz. 52; für Absonderung *Häsemeyer* Rz. 11.13).

217   **bb)** Beim **unechten Factoring** trägt der Unternehmer das Delkredere-Risiko. Rechtlich gewährt daher der Faktor dem Unternehmer nur ein Darlehen, das der Unternehmer bei Uneinbringlichkeit der Forderungen zurückzahlen muss. Da die Vorausabtretung nur zur Sicherung erfolgt, kann der Faktor im Insolvenzverfahren des Unternehmers lediglich **abgesonderte** Befriedigung (§ 51 Nr. 1 InsO) verlangen (HK-InsO/ *Eickmann* § 47 Rz. 16, 9).

Beispiel   Unternehmer S tritt Forderungen gegen 50 Kunden über nominal 100 000,– € an die Bank (= Faktor) ab; die Bank zahlt ihm dafür 91 000,– €. Kann die Bank alle Forderungen einziehen, hat sie 9000,– € verdient. Erzielt die F-Bank nur 80 000,– €, weil einige Kunden zahlungsunfähig sind und war echtes Factoring vereinbart, hat die F-Bank 11 000,– € Verlust; war unechtes Factoring vereinbart, verlangt sie die 11 000,– € von S und hat somit keinen Verlust. Es ist offenkundig, dass beim echten Factoring die Bank-Provision viel höher sein muss als beim unechten.

218   **f)** Bei **Kollision zwischen Factoring-Globalzession und verlängertem Eigentumsvorbehalt** gilt: *Echtes Factoring:* die Globalzession ist nicht wegen Sittenwidrigkeit nichtig (BGHZ 69, 254); denn der Forderungsverkauf (wenn auch mit Abschlag) ist eine vom Lieferanten dem Unternehmer gestattete Art der Forderungseinziehung. *Unechtes Factoring:* wenn die Globalzession an den Lieferanten (der unter Eigentumsvorbehalt liefert) zeitlich der Abtretung an den Faktor vorgeht, ist diese Abtretung an den Faktor von der Einzugsermächtigung nicht mehr gedeckt, also ebenso sittenwidrig wie die an andere Geldkreditgeber (BGHZ 58, 364; umstritten, vgl. *Palandt/ Grüneberg* § 398 Rz. 38, 39).

219   **g) Leasinggut.** Es gibt keinen Leasing-Vertrag im BGB. Leasing ist ein Mischvertrag, weshalb es darauf ankommt, was im Einzelnen vereinbart wurde. Handelt es sich um eine entgeltliche Gebrauchsüberlassung, d.h. um eine Art Mietvertrag, kann der Leasinggeber (meist: Bank) als Eigentümer der beweglichen Sache im Insolvenzverfahren des Leasing-Nehmers (Kunde) das Leasinggut aussondern. Jedoch hat der Insolvenzverwalter das Wahlrecht nach § 103 InsO: wählt er Erfüllung sind die vor dem Insolvenzantrag fälligen Leasingraten Insolvenzforderungen, die nach Eröffnung fälligen Raten Masseschuld (§ 55 II Nr. 2 InsO); wählt der Insolvenzverwalter Nichterfüllung sind die vor dem Insolvenzantrag fälligen Raten und der Schadensersatzanspruch Insolvenzforderung (*Palandt/Weidenkaff* Rz. 73 vor § 535). Beim sog. Finanzierungsleasing (*Palandt/Weidenkaff* Rz. 39 vor § 535) ist es nicht anders (*Braun/Bäuerle* § 47 Rz. 52; h.M.; str.), weil auch hier nur Gebrauchsüberlassung (verbunden mit Kaufoption) im Vordergrund steht und die Kalkulationsmethode der Bank für den Kunden belanglos ist.

220   **h) Uneigennützige Treuhand** (Verwaltungstreuhand). Das Verhältnis dient hier den Interessen des Treugebers; nur formal wird eine Rechtsstellung übertragen.

Beispiel   Der Treugeber überträgt sein Vermögen einem Anwalt (Treuhänder) zur Abwicklung eines außergerichtlichen Vergleichs; eine Forderung wird zur Einziehung an einen Treuhänder abgetreten.

aa) Fällt der Treuhänder in Insolvenz, kann der Treugeber die übereigneten Gegen-   **221**
stände und Rechte aussondern, d.h. Rückübertragung fordern; denn diese Rechte stehen nur formell im Eigentum des Schuldners, gehören dagegen materiell nicht zur Insolvenzmasse (BGH NJW-RR 1993, 301; BGH ZIP 2003, 1613/5; *Braun/Bäuerle* § 47
Rz. 61). Zu Treuhandkonten vgl. BGH NZI 2011, 371.

bb) Im Insolvenzverfahren des Treugebers gehört das Treugut zur Insolvenzmasse   **222**
(BGH NJW 1962, 1200; HK-InsO/*Eickmann* § 47 Rz. 14); das Treuhandverhältnis erlischt mit Verfahrenseröffnung, §§ 115, 116 InsO.

> **Beispiel** Hat A seine Forderung dem B *zur Einziehung* abgetreten und wird über das Vermögen des B
> das Insolvenzverfahren eröffnet, kann A die Aussonderung der Forderung, d.h. die Rückabtre-
> tung, verlangen.

i) Anderkonto. Bestimmte Berufsgruppen, die fremde Gelder verwalten, z.B. ein-   **223**
ziehen (Rechtsanwälte, Steuerberater usw.), können bei einer Bank ein Anderkonto
(Treuhandkonto) eröffnen. Das Guthaben ist Treugut. Anderkonten gehören daher im
Insolvenzverfahren des Treuhänders (z.B. des Anwalts) nicht zur Masse (BGH NJW
1965, 1048). Nach den Bank-AGBs lässt die Bank ab Insolvenzeröffnung nur noch
Insolvenzverwalter und Kontoinhaber *gemeinsam* über das Anderkonto verfügen.

j) Mietkautionen. Hat der Mieter eine Kaution geleistet und der Vermieter nach   **224**
§ 551 III BGB das Geld getrennt von seinem Vermögen angelegt, hat der Mieter im Insolvenzverfahren des Vermieters ein Aussonderungsrecht (OLG Düsseldorf NJW 1988,
782). Legt der Vermieter das Geld nicht getrennt an, hat der Mieter nur eine einfache
Insolvenzforderung *(BGH NJW 2008, 1152).*

2. Persönliches Recht

Ob der Herausgabeanspruch sich auf ein dingliches oder *persönliches* Recht gründet,   **225**
ist gleichgültig (§ 47 S. 1 InsO).

> **Beispiel** Der Verleiher (Hinterleger, Vermieter) hat den Anspruch auf Herausgabe der verliehenen
> (hinterlegten, vermieteten) Sache. Er hat deshalb im Insolvenzverfahren des Entleihers
> (Verwahrers, Mieters) auch dann ein Aussonderungsrecht, wenn er nicht der Eigentümer der
> Sache ist. §§ 546, 604 I; 985 BGB.

3. Verschaffungsansprüche

Ein Anspruch auf die Herausgabe des Gegenstandes muss gegen den Schuldner be-   **226**
stehen. Ansprüche, die nicht auf Herausgabe, sondern auf **Leistung oder Verschaf-
fung** einer Sache gehen, begründen kein Aussonderungsrecht.

> **Beispiele** Der Anspruch des Käufers auf Übereignung der gekauften Sache (§ 433 II BGB) begründet im
> Insolvenzverfahren keinen Anspruch auf Aussonderung der Sache (gehört vielmehr zur Fall-
> gruppe § 103 InsO); der Anspruch aus § 812 BGB gibt kein Aussonderungsrecht.
>
> **Ausnahmen:** Im Insolvenzverfahren des Kommissionärs hat der Kommittent ein Aussonde-
> rungsrecht hinsichtlich der Forderungen des Kommissionärs aus den für Rechnung des Kom-

mittenten abgeschlossenen Geschäften, obgleich diese Forderungen rechtlich dem Kommissionär zustehen und der Kommittent nur einen Verschaffungsanspruch hat, § 392 II HGB. Ferner: Treuhandverhältnisse (s. oben 1h).

II. Geltendmachung des Aussonderungsrechts

227   Das Aussonderungsrecht wird unabhängig vom Insolvenzverfahren geltend gemacht (§ 47 S. 2 InsO); es wird nicht zur Tabelle angemeldet. Der Insolvenzverwalter hat die Pflicht, fremde Sachen an die Berechtigten herauszugeben, sobald er die Masse in Besitz genommen hat (vgl. § 148 InsO). Er kann die Aussonderung gegebenenfalls durch Insolvenzanfechtung abwehren. Verzögert er die Herausgabe, kann die Masse schadensersatzpflichtig werden (§ 55 I Nr. 1 InsO).

> **Beispiel:** Der von S gemietete Pkw wird dem Mietwagenunternehmer B erst nach längerer Korrespondenz herausgegeben, so dass B Mietausfälle hat.

In manchen Fällen braucht der Verwalter die Genehmigung der Gläubigerversammlung bzw des Gläubigerausschusses (§§ 160, 161 InsO). Kosten der Aussonderung (z.B. Transport) fallen der Masse zur Last (BGHZ 104, 307; 127, 166; str.).

1. Herausgabe

228   Der Eigentümer kann die Herausgabe des auszusondernden Gegenstandes vom Insolvenzverwalter verlangen, wenn der Gegenstand sich noch in Natur in der Insolvenzmasse befindet. Klage gegen den Insolvenzverwalter (z.B. gestützt auf § 985 BGB) ist zulässig (Gerichtsstand: § 19a ZPO); ein bei Eröffnung schon anhängiger Rechtsstreit über den Gegenstand kann vom Insolvenzverwalter wieder aufgenommen werden (§ 240 ZPO; §§ 85, 86 InsO), Vollstreckung in die Masse ist zulässig. § 89 InsO steht dem nicht entgegen, weil der Aussonderungsberechtigte kein Insolvenzgläubiger im Sinne von § 38 InsO ist. Aus einem Alttitel gegen den Schuldner kann auch während des Insolvenzverfahrens nach Umschreibung (§ 727 ZPO) in die Masse vollstreckt werden. Wenn der Insolvenzverwalter die Sache dem Eigentümer freiwillig herausgibt, wird in der Praxis oft von **Freigabe** gesprochen; es handelt sich nur um eine unechte Freigabe (bei der echten wird eine Sache dem Schuldner gegeben, d.h. in insolvenzfreies Vermögen überführt).

> **Beispiel:** B hat bei dem Schuldner S Wertpapiere aufbewahrt. Lehnt der Insolvenzverwalter die Herausgabe der Wertpapiere ab, so kann B gegen ihn auf Herausgabe klagen (§ 985 BGB) und das Urteil in die Insolvenzmasse vollstrecken.

2. Forderungen

229   Bei Forderungen kommt eine Klage gegen den Insolvenzverwalter auf Feststellung, dass der Aussonderungsberechtigte Forderungsinhaber ist, in Frage, wenn sich der Insolvenzverwalter rühmt, Gläubiger zu sein, und bei den Drittschuldnern Ungewissheit besteht. Die streitenden Gläubiger könnten auch nach § 75 ZPO gegeneinander klagen. Der Schuldner kann bei Ungewissheit, wer sein Gläubiger ist, hinterlegen (§ 372 BGB).

III. Ersatzaussonderung

Sie findet statt, wenn der auszusondernde Gegenstand vom Schuldner oder vom Ver-   **230**
walter veräußert worden ist, § 48 InsO.

1. Voraussetzungen

a) Veräußerung eines Gegenstandes (bzw. Rechts, Einzug einer fremden Forderung),   **231**
der nach § 47 InsO ausgesondert hätte werden können,

- *vor* Insolvenzeröffnung durch den Schuldner (bei Veräußerung nachher: unwirksam, weil der Schuldner kein Verfügungsrecht mehr hat, § 81 I InsO) oder
- *nach* Insolvenzeröffnung durch den Verwalter.

b) Entgeltlichkeit der Veräußerung („Gegenleistung"); hatte der Schuldner die frem-   **232**
de Sache verschenkt, hat der Berechtigte nur einen Schadenersatzanspruch, der gewöhnliche Insolvenzforderung (§ 38 InsO) ist; ferner hat er Ansprüche aus §§ 816 I 2,
818 BGB gegen den Empfänger. Eine Verschenkung durch den Insolvenzverwalter
wäre unwirksam, weil sie außerhalb seiner Kompetenz liegt (§ 80 InsO).

c) Die Veräußerung war **unberechtigt** (denn § 48 InsO will einen Ersatz für eine ver-   **233**
eitelte Aussonderung geben). Eine solche Berechtigung war vorhanden, wenn dem
Schuldner als Vorbehaltskäufer die *Weiterveräußerung* der Vorbehaltsware *gestattet*
war (BGHZ 27, 306; 30, 181; 68, 199; 82, 50). Der Insolvenzverwalter ist nur berechtigt, wenn die Ermächtigung vom Rechtsinhaber (z.B. dem Eigentümer) stammt;
dem Schuldner erteilte Ermächtigungen sind mit der Eröffnung des Verfahrens erloschen (BGH NJW 1953, 217; *Häsemeyer* Rz. 11.25), gehen also nicht auf den Verwalter
über.

2. Fallgestaltungen

Beispiel

K hat dem Uhrmacher S eine Uhr zur Reparatur gegeben. S veräußert die Uhr an den gutgläu-   **234**
bigen C. Dann wird über das Vermögen des S das Insolvenzverfahren eröffnet.

a) Hat C die **Gegenleistung** (Kaufpreis) **noch nicht erbracht,** kann K vom Verwalter die Abtretung der Forderung auf den Kaufpreis verlangen, § 48 S. 1 InsO, § 398 BGB.

b) Ist die **Gegenleistung bereits** von C (vor oder nach Eröffnung) **erbracht** worden, ist zu
unterscheiden:

(1) Ist die Gegenleistung **noch unterscheidbar** in der Masse (z.B. bei Tausch, bei Einzahlung
auf ein Anderkonto, Treuhandkonto; bei Einzahlung auf ein Konto, wenn auf dem Auszug ein-
zeln gebucht wird: spätere Abbuchungen stehen der Unterscheidbarkeit nicht entgegen, BGH
NJW 1999, 1709), kann K die Gegenleistung vom Insolvenzverwalter herausverlangen, § 48 S. 2
InsO. Zur Einzahlung auf ein Konto vgl. HK-InsO/*Eickmann* § 48 Rz. 9; BGH NJW-RR 2003, 1375
(Verwalterkonto); zum Kontokorrent BGHZ 58, 260.

(2) Ist die Gegenleistung **nicht mehr unterscheidbar** in der Masse (z.B. bei Barzahlung in
die Kasse), hat K bei Leistung nach Eröffnung allenfalls einen Anspruch aus § 55 1 Nr. 1 oder
3 InsO. Daneben haftet evtl. der Verwalter, weil er den Erlös ununterscheidbar vermengt hat,
§ 60 InsO. Bei Leistung vor Eröffnung hat K einen Schadensersatzanspruch als gewöhnliche
Insolvenzforderung (*Reischl* Rz. 302).

IV. **Sonderfälle**

1. **Sog. Verfolgungsrecht**

235   Das sog. Verfolgungsrecht (Recht des Verkäufers, die Herausgabe der verkauften Ware auch dann vom Insolvenzverwalter zu verlangen, wenn die Ware schon vor der Insolvenzeröffnung dem Schuldner übereignet war), früher § 44 KO, ist der InsO unbekannt. Besonderheit: Art. 73 EKG bei internationalen Käufen.

2. **Ehegatten**

236   Ein **Ehegatte** kann im Insolvenzverfahren des anderen Ehegatten sein eigenes Vermögen aussondern (bei Zugewinngemeinschaft und Gütertrennung; bei Gütergemeinschaft vgl. §§ 332–334 InsO). Im Beweis, welche Gegenstände sein Vermögen sind, ist er jedoch durch die Vermutung des § 1362 I BGB beschränkt. Der nicht insolvente Ehegatte muss somit sein Eigentum voll beweisen und kann sich nicht auf § 1006 BGB berufen.

3. **Bildung eines Gläubigerpools**

237   Den Aussonderungs- und Absonderungsberechtigten fällt es manchmal schwer, ihre Rechte dem Insolvenzverwalter nachzuweisen, so wenn der Schuldner Gegenstände an mehrere Gläubiger sicherungsübereignet hat, die Übereignungen und Abtretungen aber nicht bestimmt genug waren oder sich überschneiden.

Hier steht dann zwar fest, dass mehrere Gläubiger diese Rechte haben, unklar aber ist, wem bzw. wem zu welchem Teil. Diese *Gläubiger können* dann *untereinander* einen *Vertrag schließen,* dass sie ihre Sicherungsrechte in eine BGB-Gesellschaft (den „Pool", englisch) einbringen zwecks gemeinsamer Rechtsverfolgung *(Eickmann* Insolvenz-RHdB 63 Rz. 5; *Braun/Bäuerle* § 47 Rz. 12). *Zweck:* Behebung von Beweisschwierigkeiten, Verringerung des Prozessrisikos. Der Pool kann nicht mehr Rechte haben, als die ihm angeschlossenen Gläubiger haben. Andererseits wirkt die Poolbildung nicht gegenüber den hieran nicht beteiligten Gläubigern, kann diesen also keine Rechte entziehen (BGH ZIP 1982, 543). Die Mitglieder des Pools vereinbaren unter sich, wer welchen Anteil an den Erlösen erhält.

Achter Abschnitt
Die Absonderung

I. Allgemeines

1. Absonderungsberechtigte

Absonderungsberechtigt ist, wer einen bereits zur Zeit der Insolvenzeröffnung begrün- **238**
deten Anspruch auf vorzugsweise Befriedigung aus einem bestimmten Massegegenstand hat, §§ 49-52 InsO. Während die *Aussonderung* sich auf Gegenstände bezieht,
die nicht zur Insolvenzmasse gehören, bezieht sich die *Absonderung* auf Gegenstände, die zur Masse gehören. Dem Absonderungsrecht entspricht bei der Einzelzwangsvollstreckung die Klage nach § 805 ZPO.

a) Der Anspruch auf vorzugsweise Befriedigung muss schon *vor* der Insolvenzeröff- **239**
nung erworben sein. *Nach* der Insolvenzeröffnung kann ein Absonderungsrecht nur
mit Willen des Insolvenzverwalters oder ausnahmsweise durch gutgläubigen Erwerb
gemäß §§ 91, 106 InsO entstehen, ferner durch Zwangsvollstreckung von Massegläubigern in Massegegenstände.

b) Der Anspruch auf vorzugsweise Befriedigung muss von der Insolvenzordnung als **240**
Absonderungsrecht anerkannt sein, vgl. unten II (§§ 49 ff. InsO).

Für einzelne Sonderfälle ist in neueren Gesetzen ein einem Absonderungsrecht ähnliches „Insolvenzvorrecht" geschaffen worden, das einer bestimmten Gruppe von
Insolvenzgläubigern das Recht auf bevorzugte Befriedigung aus einer Sondermasse
gewährt.

Hierhin gehört:

- das Insolvenzvorrecht der *Bankkunden* an gewissen Wertpapierbeständen im Insolvenzverfahren über die Bank. Vgl. § 32 DepotG;
- das Insolvenzvorrecht der *Pfandbriefgläubiger* an den Deckungshypotheken im
  Insolvenzverfahren über die Hypothekenbank. Vgl. § 35 HypothekenbankG;
- das Insolvenzvorrecht der *Versicherten* an dem Prämienreservefonds im Insolvenzverfahren des Versicherungsunternehmens. Vgl. § 77 VersicherungsaufsichtsG.

2. Ausübung des Absonderungsrechts

Das Absonderungsrecht wird unabhängig vom Insolvenzverfahren geltend gemacht, **241**
also in der gleichen Weise wie vor der Insolvenzeröffnung ausgeübt, z.B. durch
Zwangsversteigerung, Pfandverkauf. Absonderungsrechte müssen nach § 28 II InsO
dem Verwalter mitgeteilt werden. Die absonderungsberechtigten Forderungen gelten
in entsprechender Anwendung des § 41 InsO als fällig (evtl. unter Abzug des Zwi-
schenzinses). Vgl. BGHZ 31, 337. Ob der Absonderungsberechtigte oder der Insolvenzverwalter die Gegenstände *verwertet,* ist in §§ 166, 173 InsO geregelt (weitgehendes

Verwertungsrecht des Verwalters; Verwertungsaufschub; Kostenbeiträge der Absonderungsberechtigten; vgl. §§ 165–173; Rn. 458).

242 **Besonderheiten** bestehen bezüglich der Verwertung, wenn nach einem Insolvenzplan vorgegangen wird (§ 217 InsO) oder beim Personenkreis des § 304 InsO ein vereinfachtes Insolvenzverfahren durchgeführt wird (§ 313 III 2 InsO).

Normales Insolvenzverfahren	Normales Insolvenzverfahren mit Insolvenzplan	Vereinfachtes Verfahren
§§ 49–52, 166 I, 173 I Verwertung durch Insolvenzverwalter bzw. Gläubiger	§§ 49–52, 217, 223 Verwertung je nach Plan	§§ 49–52, 304, 312 II, 313 III Verwertung durch Gläubiger, nicht durch Treuhänder

3. Feststellungsverfahren

243 Ein förmliches Feststellungsverfahren (wie bei Insolvenzforderungen) gibt es für Absonderungsrechte **nicht** (wohl aber für die Forderung, wenn – wie meist – der Absonderungsberechtigte zugleich Insolvenzgläubiger ist). Gläubiger haben auch kein Widerspruchsrecht dagegen, dass der Insolvenzverwalter ein Absonderungsrecht akzeptiert (vgl. § 178 InsO). Sie sind aber durch die Haftung des Insolvenzverwalters davor geschützt, dass der Verwalter hier leichtfertig vorgeht (§ 60 I 1 InsO). **Streitigkeiten** über das Bestehen von Absonderungsrechten werden durch Zivilprozess zwischen dem angeblich Absonderungsberechtigten und dem Insolvenzverwalter ausgetragen. Der Absonderungsstreit läuft praktisch wie der Aussonderungsstreit (vgl. Rn. 227 ff.); in Frage kommen z.B. Feststellungsklagen, Herausgabeklagen zwecks Verwertung.

4. Absonderungsberechtigte Insolvenzgläubiger

244 Der Absonderungsberechtigte ist entweder zugleich Insolvenzgläubiger

> **Beispiel:** G hat dem S ein Darlehen gegeben und zur Sicherung von S ein Pfand erhalten; § 52 S. 1 InsO

oder nicht.

Beispiel
> S hat dem X ein Pfand gewährt, Schuldner ist aber die Schwester des S; s. unten 5.
> Wer *auch* einen *persönlichen Anspruch* gegen den Schuldner und mithin eine Insolvenzforderung *hat,* muss seine Forderung in *voller* Höhe anmelden (§ 175 InsO); auch die Feststellung zur Tabelle erfolgt in voller Höhe. Er kann allerdings eine **Insolvenzquote** nur beanspruchen, § 52 S. 2 InsO:

245 **a)** Für den Betrag, mit dem er *bei der abgesonderten Befriedigung* ausfällt (Grundsatz der Ausfallhaftung); der Betrag ist nach § 190 I InsO nachzuweisen.

Beispiel
> Der Schuldner S hatte dem B für ein Darlehen von 3000,– € einen Ring verpfändet. B kann zwar das Darlehen im Insolvenzverfahren des S anmelden, wird aber bei der Verteilung der Masse erst berücksichtigt, wenn auf Grund der Versteigerung des verpfändeten Ringes feststeht, dass er einen Ausfall erlitten hat. Sind bei der Versteigerung des Ringes 2000,– € erzielt worden, so wird die Darlehensforderung des B im Insolvenzverfahren nur mit dem Restbetrag (1000,– €) berücksichtigt. B bekommt also, wenn 15 % Insolvenzquote verteilt werden, 150,– €.

Somit erhält B (falls er selbst verwertet, also keinen Kostenbeitrag zahlen muss, §§ 170, 171 InsO) insgesamt 2150,– €. Verwertet der Insolvenzverwalter, ist der Kostenbeitrag und eventuell die Umsatzsteuer (Mehrwertsteuer) noch abzuziehen, § 171 II 3 InsO.

Hätte B nicht die **Doppelstellung als Absonderungsberechtigter und Insolvenzgläubiger**, sondern wäre er nur Absonderungsberechtigter, erhielte er nur 2000,– €. Würde B ganz auf abgesonderte Befriedigung verzichten (unten b), erhielte er 450,– € (15 % von 3000,– €).

b) Oder: Für den Betrag, dessentwegen er *auf abgesonderte Befriedigung* verzichtet.   **246**

5. Persönlicher Schuldner nicht zugleich Sicherungsgeber

Wenn *persönlicher Schuldner und Sicherungsgeber nicht identisch* sind, ist § 43 InsO zu beachten.   **247**

Beispiel

X ist Darlehensgläubiger. S hat dem X ein Pfand gewährt, Schuldner des X ist aber die Schwester des S, die W.

a) Im Insolvenzverfahren über S ist X nur absonderungsberechtigt, soweit nicht W die Schuld erfüllt; X ist nicht Insolvenzgläubiger. Der Regressanspruch S gegen W fällt in die Insolvenzmasse (§ 35 InsO).

b) Im Insolvenzverfahren über W ist X Insolvenzgläubiger.

c) Wird über das Vermögen von S und W das Verfahren eröffnet, kann X in beiden Verfahren den vollen Betrag anmelden, § 43 InsO.

6. Ersatzabsonderung

Analog § 48 InsO hat der Gläubiger einen Anspruch auf abgesonderte Befriedigung aus der unterscheidbar vorhandenen Gegenleistung, wenn sein Absonderungsrecht unberechtigt vom Schuldner oder Verwalter vereitelt wurde (BGHZ NZI 2006, 700; NJW 2010, 2585; *Ganter* NZI 2005, 1); eine gesetzliche Regelung fehlt. Denn der Absonderungsberechtigte soll nicht schlechter stehen als ein aussonderungsberechtigter Eigentümer.   **248**

> **Beispiele:** Veräußerung von Sicherungseigentum, von Vorbehaltseigentum, von Zubehör bei der Hypothekenhaftung (§ 866 ZPO, §§ 1120 ff. BGB).

II. Die einzelnen Absonderungsberechtigten

1. Absonderungsrechte an Grundstücken, § 49 InsO

a) Hierhin gehören die Personen, die ein Recht auf Befriedigung aus einem Grundstück oder einem sonstigen, der **Immobiliarvollstreckung** unterliegenden Gegenstand haben. Wer demnach absonderungsberechtigt ist, bestimmen §§ 10–14 ZVG: z.B.   **249**

- Realsteuerberechtigte (z.B. Gemeinde wegen der Grundsteuer), § 10 I Nr. 3 ZVG;
- Grundpfandberechtigte (z.B. **Grundschuld,** Hypothek), § 10 I Nr. 4 ZVG;
- persönliche Gläubiger, welche die Beschlagnahme des Grundstücks erwirkt haben (§ 20 ZVG) in der Reihenfolge ihres Beitritts zum Versteigerungsverfahren, §§ 10 I Nr. 5, 11 II ZVG. Allerdings muss dieses Absonderungsrecht schon längere

Zeit (mehr als ein Monat) vor Eingang des Eröffnungsantrags erworben worden sein, § 88 InsO.

250   **b) Gegenstand der abgesonderten Befriedigung sind:** Grundstücke (bebaut oder unbebaut), Miteigentumsanteile an Grundstücken, grundstücksgleiche Rechte (wie Eigentumswohnung, Erbbaurecht), mithaftende bewegliche Gegenstände (z.B. Zubehör) gem. §§ 864, 865 ZPO mit §§ 1120 ff., 93 ff., 97 BGB; bestimmte Schiffe und Flugzeuge (§§ 162 ff. ZVG; §§ 171a ff ZVG).

251   **c)** Die **Rangfolge** bei mehreren Berechtigten richtet sich §§ 10 ZVG, 879–881 BGB.

2.   Pfandgläubiger, § 50 InsO

Der **Rang** bei mehreren Absonderungsberechtigten (z.B. mehreren Pfandgläubigern) richtet sich grundsätzlich nach der Priorität der Rechtsbestellung (z.B. § 804 III ZPO). Die Reihenfolge in §§ 50, 51 InsO ist jedenfalls keine Rangfolge.

252   **a) Vertragspfandgläubiger.** Solche Pfandrechte entstehen durch rechtsgeschäftliche Verpfändung von beweglichen Sachen (§§ 1204 ff. BGB) oder Rechten, insbesondere von Forderungen (§§ 1273 ff., 1279 ff. BGB).

Verpfändung von Forderungen kommt vor als dem Drittschuldner offengelegte Verpfändung oder als ihm (zunächst) verheimliche Verpfändung.

253   **b) Gesetzliche Pfandgläubiger,** z.B. Vermieter, § 562 BGB; Verpächter, § 592 BGB; Werkunternehmer, § 647 BGB; Frachtführer, § 441 HGB; Spediteur, § 464 HGB; Gastwirt, § 704 BGB.

Das Pfandrecht muss vor Eröffnung des Insolvenzverfahrens entstanden sein, sonst kann es wegen § 91 I InsO nicht mehr entstehen.

Das Absonderungsrecht besteht wegen der *vollen* durch das Pfandrecht gesicherten Forderungen. Ausnahmsweise kann aber das gesetzliche Pfandrecht des **Vermieters** und Verpächters nicht geltend gemacht werden wegen der länger als ein Jahr vor der Insolvenzeröffnung rückständigen Mietforderungen und wegen des infolge einer Kündigung des Insolvenzverwalters entstehenden Schadensersatzanspruchs, § 50 II InsO, § 562 BGB.

Beispiel Der Schuldner S, über dessen Vermögen am 1.7.2010 das Insolvenzverfahren eröffnet wird, hatte von B einen Laden bis zum 31.12.2011 fest gemietet. Der Mietzins ist seit dem 1.1.2009 rückständig. Kündigt der Insolvenzverwalter gem. § 109 InsO (§ 543 BGB) zum 31.12.2010, so gilt für die Ansprüche des B folgendes:
- Die Mietzinsforderung vom 1.1. bis 30.6.2009 ist eine reine Insolvenzforderung, weil sie länger als ein Jahr vor der Insolvenzeröffnung zurückliegt, § 50 II InsO.
- Die Mietzinsforderung vom 1.7.2009 bis 30.6.2010 ist eine *Insolvenzforderung mit Absonderungsrecht* an den dem gesetzlichen Pfandrecht unterliegenden Sachen, § 50 I InsO.
- Die Mietzinsforderung vom 1.7. bis 31.12.2010 ist eine *Masseforderung*, § 55 I Nr. 2 Alt. 2 InsO.
- Die Schadensersatzforderung für die Zeit vom 1.1.2011 bis 31.12.2011 ist eine reine Insolvenzforderung, § 38 InsO.

Verwertung beim Vermieterpfandrecht: § 166 InsO. Schafft der Insolvenzverwalter die Sachen zwecks Verwertung weg, kann der Vermieter trotz § 562 BGB nicht widersprechen.

c) Pfändungspfandgläubiger. Derartige Pfandrechte entstehen, wenn der Gerichtsvollzieher eine Sache gepfändet hat (§ 808 ZPO) bzw wenn das Vollstreckungsgericht eine Forderung durch Beschluss gepfändet hat (§§ 828, 829, 846, 857 ZPO). Die Pfändung muss aber mehr als einen Monat vor dem Eröffnungsantrag bewirkt worden sein (§ 88 InsO), sonst ist sie (insolvenzrechtlich) unwirksam.

254

3. Weitere Absonderungsberechtigte, § 51 InsO

a) Sicherungsübereignung von Sachen, § 51 Nr. 1 InsO. Hier überträgt der Schuldner durch Einigung und Besitzkonstitut (§ 930 BGB) das Eigentum an einer beweglichen Sache zur Sicherung einer bestimmten Forderung an den Gläubiger (z.B. Bank); ferner wird eine (schuldrechtliche) Sicherungsabrede geschlossen, in welcher z.B. die Nutzungsbefugnis, Verwertungsbefugnis usw geregelt sind. Der Sicherungsnehmer (Bank) ist, wenn der Sicherungsgeber in Insolvenz fällt, hinsichtlich der gesicherten Forderung Insolvenzgläubiger. Er kann daher im Insolvenzverfahren des Sicherungsgebers (Kunde) keine Aussonderung der ihm sicherungsweise übereigneten Sache, sondern nur vorzugsweise Befriedigung aus der Sache verlangen; § 51 Nr. 1 InsO. Im Insolvenzverfahren des Gläubigers (Bank, Sicherungsnehmer) dagegen kann der Kunde gegen Tilgung seiner Schuld aussondern.

255

Beispiel

Der Schuldner S hatte der Bank B ein Auto zur Sicherung einer Darlehensforderung gemäß § 930 BGB übereignet. S wird insolvent. Das Auto wird verwertet, aus dem Erlös wird das Darlehen an B zurückbezahlt. Reicht der Erlös hierzu nicht aus, kann B den Ausfall als Insolvenzforderung geltend machen, d.h. zur Tabelle anmelden.

b) Sicherungsabtretungen verschiedenster Art, § 51 Nr. 1 InsO

aa) Sicherungsabtretung. Bei dieser Abtretung erlangt der Zessionar (Abtretungsempfänger) im Außenverhältnis zum Schuldner alle Gläubigerrechte; im Innenverhältnis zum Zedenten (Abtretender) darf der Zessionar nur nach Maßgabe des Sicherungszwecks über die Forderung verfügen. Drei Personen sind beteiligt: Schuldner, Gläubiger dieses Schuldners (= Sicherungsgeber; Zedent; selbst Schuldner eines anderen Gläubigers); Gläubiger des Zedenten (= Sicherungsnehmer; Zessionar). In der Regel handelt es sich um **Globalzessionen,** d.h. jemand tritt alle gegenwärtigen und künftigen Forderungen ab.

256

- Im Insolvenzverfahren des Sicherungsnehmers kann der Sicherungsgeber aussondern, wenn er die Forderung erfüllt.

- Im Insolvenzverfahren des Sicherungsgebers hat der Sicherungsnehmer nur ein Absonderungsrecht, § 51 Nr. 1 InsO. Der Insolvenzverwalter kann also die Forderung einziehen und Feststellungs- und Verwertungskosten einbehalten (§§ 166 II, 170, 171 InsO).

Beispiel

K kauft ein Auto beim Autohändler V. V tritt die Kaufpreisforderung an die Bank B ab zur Sicherung diverser Kredite der Bank an V. K ist Schuldner; V ist Sicherungsgeber; die Bank ist Sicherungsnehmer. Wird V insolvent, hat die Bank nur ein Recht auf abgesonderte Befriedigung an der Forderung.

257   **bb) Verlängerter Eigentumsvorbehalt.** Hier hat sich der Verkäufer das Eigentum vorbehalten, dem Käufer aber die Weiterveräußerung, den Einbau oder die Verarbeitung der gelieferten Sache gestattet, gleichzeitig jedoch mit ihm vereinbart, dass ihm der Käufer seinen **(künftigen) Kaufpreisanspruch**/Werklohnanspruch gegen den Kunden abtritt oder er als Hersteller im Sinne des § 950 BGB gilt (es liegt also ein Bündel von Verträgen vor). Ein solcher verlängerter Eigentumsvorbehalt berechtigt den Eigentümer/Verkäufer nicht zur Aussonderung der Sache nach § 47 InsO, sondern nur zur Absonderung nach § 51 Nr. 1 InsO (so schon BGH NJW 1957, 750), weil er nur pfandrechtsartige Sicherungszwecke verfolgt; der Verkäufer will nicht sein Eigentum erhalten, sondern sich aus der übertragenen Forderung oder der neu geschaffenen Sache befriedigen können.

> **Beispiel**
>
> Großhändler L liefert dem Spengler S Installationsmaterial für Heizungseinbau unter verlängertem Eigentumsvorbehalt (Vorausabtretung der Werklohnansprüche); S baut das Material im Haus des K ein. Im Insolvenzverfahren des S kann sich L am Werklohnanspruch des S gegen K absondern befriedigen, d.h. den Betrag bei K kassieren.

258   **cc)** Die **Vorausabtretung** *künftiger* **Forderungen** zu Sicherungszwecken (Globalzession; Vorausabtretungsklausel) ist **zulässig,** wie aus § 185 II BGB gefolgert werden kann (Ausnahme: § 91 InsO). Voraussetzungen sind u.a.: (1) Es darf kein vereinbartes Abtretungsverbot (im *Beispiel*: zwischen S und K) entgegenstehen; solche Verbote finden sich in der Praxis z.B. in Einkaufsbedingungen (Allgemeine Geschäftsbedingungen) des Endabnehmers (z.B. eines Kaufhauses). Über unzulässige Abtretungsverbote vgl. z.B. § 354a HGB. (2) Die künftige Forderung muss bestimmt oder bestimmbar sein (BGHZ 32, 365). (3) Die Vorausabtretung darf nicht sittenwidrig sein (BGHZ 26, 178; ZIP 1993, 105), z.B. wegen Übersicherung oder weil sie vom Abtretenden grobe Vertragsverletzungen verlangt.

259   **dd) Konkurrenz:** hat S im Rahmen des verlängerten Eigentumsvorbehalts seine künftigen Forderungen an die Kunden an seinen Lieferanten abgetreten, zugleich aber (vorher oder nachher) diese künftigen Forderungen an eine Bank abgetreten, dann gilt das Prioritätsprinzip (BGHZ 26, 193; 32, 363): die früheste Abtretung ist wirksam. Nach der Rechtsprechung (BGHZ 30, 152; streitig; dazu *Picker* JuS 1988, 377) ist aber eine zur Sicherung eines Kredits vereinbarte Globalzession künftiger Kundenforderungen an eine Bank in der Regel sittenwidrig und daher nichtig (§ 138 BGB), soweit sie nach dem Willen der Vertragspartner auch Forderungen umfassen soll, die S seinem Lieferanten aufgrund vorläufigen Eigentumsvorbehalts künftig abtreten muss (sog. Vertragsbruchtheorie). Vgl. *Palandt/Grüneberg* BGB § 398 Rz. 28.

> **Beispiel**
>
> Der Großhändler L liefert Leder unter verlängerten Eigentumsvorbehalt an S, der Mäntel herstellt und verkauft; lässt sich die Bank alle Forderungen des S an seine Kunden abtreten, verleitet sie den S zum Vertragsbruch, wenn sie weiß, dass S Leder von L nur unter Forderungsabtretung an L geliefert erhält.

260   **c) Zurückbehaltungsrechte wegen Verwendungen, § 51 Nr. 2 InsO.** Hierhin gehören: solche wegen notwendiger, nützlicher Verwendungen auf eine im Besitz befindliche Sache (§§ 994, 996, 1000 ff. BGB). Das Absonderungsrecht besteht an den zurückbehaltenen beweglichen Gegenständen wegen der Forderung der Zurückbehaltungsberechtigten. Das Zurückbehaltungsrecht nach § 273 BGB und das vertragliche

Zurückbehaltungsrecht dagegen sind als persönliche Rechte im Insolvenzverfahren *ohne Wirkung.* Daher können Rechtsanwälte und Steuerberater nicht wegen ihrer Honoraransprüche die Handakten oder die Buchungsunterlagen zurückbehalten (OLG Stuttgart ZIP 1982, 80).

d) Handelsrechtliche Zurückbehaltungsrechte, § 51 Nr. 3 InsO. Nämlich wenn ein   261
Kaufmann gegen einen anderen Kaufmann aus beiderseitigem Handelsgeschäft fällige Forderungen hat und bewegliche Sachen des Schuldners in seinen Besitz gelangten, §§ 369 ff. HGB. Das Zurückbehaltungsrecht muss vor Eröffnung entstanden sein, § 91 InsO.

e) Öffentliche Kassen, § 51 Nr. 4 InsO, bezüglich gewisser Abgaben. Darunter fallen   262
z.B. *Zölle* und *Verbrauchsteuern* (wie Tabaksteuer, Biersteuer), nicht aber die Umsatzsteuer, weil hier keine Sachhaftung vorliegt. § 51 InsO wird durch § 76 II Abgabenordnung 1977 erweitert, so dass eine vorherige Beschlagnahme nicht erforderlich ist.

4. Gemeinschaftsgenossen

a) Hierhin gehören die Personen, die mit dem Schuldner in einer Vermögensgemein-   263
schaft (Gesellschaft, Miteigentum usw.) stehen.

b) Das *Absonderungsrecht besteht an dem Anteil des Schuldners,* der außerhalb des   264
Insolvenzverfahrens durch Auseinandersetzung ermittelt wird, wegen der sich auf die Gemeinschaft gründenden Forderungen, § 84 I 2 InsO.

Beispiel

B und der Schuldner S sind *Miteigentümer eines Autos* zu je ½, das sich in der Insolvenzmasse befindet. B hat an Reparaturen für das Auto 1000,– € aufgewendet, S nichts. Wegen des Anspruchs auf anteilige Erstattung dieses Betrages kann B abgesonderte Befriedigung aus dem Erlösanteil verlangen, der bei der Verwertung des Autos dem S zusteht. Wird das Auto für 9000,– € verwertet, entfallen auf S 4500,– € abzüglich 500,– € Reparaturanteil (= 4000,– €), so dass B 5000,– € (4500,– + 500,–) vom Erlös erhält. Er erhält auf seine Forderung (500,– €) also nicht nur die Quote.

Neunter Abschnitt
Die Aufrechnung

I. Allgemeines

265 Das Recht zur Aufrechnung wird durch das Insolvenzverfahren grundsätzlich nicht berührt. Ein kraft Gesetzes (z.B. BGB) oder auf Grund einer Vereinbarung (auch in Allgemeinen Geschäftsbedingungen) zur Zeit der Eröffnung zur Aufrechnung befugter Insolvenzgläubiger braucht also seine Forderung nicht im Insolvenzverfahren anzumelden (§§ 174 ff. InsO), sondern kann gegenüber dem Insolvenzverwalter die Aufrechnung erklären. § 94 InsO.

Diese Regelung erklärt sich daraus, dass es unbillig wäre, den Gläubiger, der auch etwas zur Masse schuldet, zur vollen Bezahlung seiner Schuld zu zwingen, ihn aber wegen seiner Forderung gegen den Schuldner auf die Insolvenzquote zu verweisen. Das Gesetz behandelt deshalb den Aufrechnungsberechtigten so, als ob er wegen seiner Forderung ein Absonderungsrecht an der Gegenforderung des Schuldners hätte und lässt die Aufrechnungsbefugnis bestehen. Trotzdem hat der Gläubiger keinen Kostenbeitrag nach §§ 170, 171 InsO zu erstatten.

266 Nach den Aufrechnungsvorschriften des BGB (§§ 387 ff. BGB) sind Voraussetzungen einer Aufrechnung: Gegenseitigkeit, Gleichartigkeit, Vollwirksamkeit und Fälligkeit; Erfüllbarkeit der Hauptforderung. Dabei wird die Forderung, *gegen die* aufgerechnet wird, als Hauptforderung (Passivforderung; Forderung des Insolvenzschuldners gegen den Gläubiger) bezeichnet, die Forderung, *mit der* aufgerechnet werden soll, als Gegenforderung (Aufrechnungsforderung, Aktivforderung; Forderung des Insolvenzgläubigers gegen den S) bezeichnet, was verwirrend ist. Der Aufrechnende (d.h. der Insolvenzgläubiger) ist Gläubiger der Gegenforderung und Schuldner der Hauptforderung.

II. Bei Verfahrenseröffnung bestehende Aufrechnungslage

1. Aufrechnung kraft Gesetzes

267 Wenn die gesetzlichen Voraussetzungen (§§ 387 ff. BGB) zur Zeit der Eröffnung vorliegen, kann der Gläubiger auch noch nach Eröffnung aufrechnen, § 94 Alt. 1 InsO; auch der Schutz des § 406 BGB wirkt fort. Wenn die Aufrechnung nach gesetzlichen Bestimmungen ausgeschlossen ist (z.B. §§ 390, 393, 394 BGB), kann der Gläubiger nicht aufrechnen; er kann *seine* Forderung nur zur Tabelle anmelden und muss an den Insolvenzverwalter seine Schuld voll begleichen. Ist die Aufrechnung durch Vertrag ausgeschlossen, gilt dies auch für das Insolvenzverfahren. Die Vertragsauslegung kann aber ergeben, dass ein solches Verbot im Falle der Insolvenz nicht gelten soll (BGH NJW 1978, 2244), z.B. wenn es in AGB enthalten ist (BGH NJW 1984, 357).

2. Aufrechnung aufgrund Vereinbarung

Auch in diesem Fall kann der Gläubiger aufrechnen, § 94 Alt. 2 InsO. Darunter fallen **268** z.B. Saldierungsvereinbarungen im Verkehr mit Banken; eine Unzulässigkeit nach § 96 I Nr. 3 InsO kommt gleichwohl in Betracht. Ferner sind vertragliche Aufrechnungserweiterungen denkbar, die (vorbehaltlich der Anfechtung, § 96 I Nr. 3 InsO) auch im Insolvenzverfahren wirksam sind.

Beispiel
Die Warenlieferantin S hatte aus Lieferungen an B eine Forderung. Zum Konzern des B gehört auch die S-AG. Die S-AG hatte Forderungen gegen S. Die Einkaufsbedingungen des B (= AGB) enthielten eine *Konzernverrechnungsklausel,* wonach B berechtigt war, gegen die Forderungen des S mit Forderungen aufzurechnen, die Konzernunternehmen des B zustehen. Die S-AG ermächtigte den B zur Aufrechnung, B erklärte *nach* Insolvenzeröffnung die Aufrechnung. Diese Aufrechnung war nach der Konkursordnung unzulässig, wenn und weil B bei Abtretung der Forderungen (von S an B) auch nicht hätte aufrechnen können (BGHZ 81, 15); diese Auffassung gilt auch, wenn die Sache unter die InsO fällt (BGH NJW 2004, 3185; HK-InsO/*Eickmann* § 94 Rz. 27).

III. Eintritt der Aufrechnungslage während des Verfahrens

Die Aufrechnung setzt voraus, dass eine bestimmte Aufrechnungslage besteht (§ 387 ff. **269** BGB; oben I) und dass der Aufrechnende die Aufrechnungserklärung (§ 388 BGB) abgibt. Denkbar ist, dass die Aufrechnungslage bei Eröffnung des Verfahrens noch nicht besteht, aber bis zur Beendigung des Verfahrens eintritt. § 95 InsO regelt diese Situation.

1. Bedingte Forderungen

a) *Auflösend bedingte Forderungen* können ohne Einschränkung aufgerechnet wer- **270** den, da es in der InsO keine diesbezügliche Einschränkung gibt.

b) *Aufschiebend bedingte Forderungen* des Insolvenzgläubigers können erst nach Eintritt der Bedingungen aufgerechnet werden (§ 95 I 1 InsO). Die Forderung des Gläubigers muss außerdem *vor* der Forderung des Insolvenzschuldners durch den Eintritt der Bedingung fällig werden, § 95 I 3 InsO.

c) Sonderregelungen: z.B. §§ 96 II, 110 III, 114 II, 294 III InsO.

2. Ungleiche Fälligkeit

§ 95 I 1 InsO kann die Aufrechnung erst erfolgen, wenn die Fälligkeit eingetreten ist. **271** Weil nach § 95 I 2 InsO der § 41 InsO nicht gilt, kann der Gläubiger seine *später* fällige Forderung nicht abgezinst sofort zur Verrechnung verwenden. Die Forderung des Gläubigers muss außerdem *vor* der Forderung des Insolvenzschuldners fällig werden, § 95 I 3 InsO. Denn hier wäre der Gläubiger zuerst zur Durchsetzung berechtigt gewesen; in diesem Vertrauen wird er geschützt.

Verfahrenseröffnung am 1.7. Gläubiger G hat eine Forderung gegen Insolvenzschuldner S, fällig erst am 1.11. Die Forderung des S gegen G war bereits seit 1.6. fällig. Hier kann G nicht mehr aufrechnen: Er muss seine Schuld an den Insolvenzverwalter zahlen; seine Forderung kann er zur Tabelle anmelden und erhält nur die Quote.

Anders wäre es, wenn die Forderung des G am 1.6. fällig war, die des S am 1.8.: Dann könnte G aufrechnen.

3. Ungleichartigkeit

272   Bei Ungleichartigkeit der Forderungen (z.B. auf Geld – auf Gesangsdarbietung) zur Zeit der Eröffnung kann die Aufrechnung erst erfolgen, wenn die Gleichartigkeit eingetreten ist, § 95 I 1 InsO. Eine Umrechnung auf den Schätzwert erfolgt nicht (§§ 95 I 2, 45 InsO). Die Forderung des Gläubigers muss außerdem *vor* der Forderung des Insolvenzschuldners durch den Eintritt der Gleichartigkeit fällig werden, § 95 I 3 InsO (zu § 96 II InsO vgl. Rn. 274). Da es kaum Fälle gibt, in denen sich Individualansprüche in Geldansprüche verwandeln, hat die Vorschrift wohl keine Bedeutung.

Schuldet der Gläubiger dem Schuldner die Lieferung von Waren und hat er von dem Schuldner 1500,– € Darlehen zu fordern, so muss er die Waren liefern und kann die Darlehensforderung nur als Insolvenzforderung geltend machen.

4. Verschiedene Währungen

273   Im BGB-Aufrechnungsrecht wird teils die (irrige) Auffassung vertreten, eine €-Verbindlichkeit und eine Fremdwährungsforderung seien nicht gleichartig (KG NJW 1988, 2181; vgl. § 244 BGB). Für das Insolvenzrecht stellt § 95 II InsO klar, dass Forderungen in frei konvertiblen Währungen (z.B. € gegen Dollar; z.B. nicht € gegen Korea-Won) gleichartig und damit aufrechenbar sind.

IV. Unzulässige Aufrechnung

274   Die Aufrechnung ist in folgenden Fällen unzulässig, wobei § 96 eine abschließende Regelung ist (BGH NJW 2004, 3118). Ausnahme in § 96 II InsO; die Regelung soll für den Tag der Verfahrenseröffnung die Funktionsfähigkeit der Bank-Zahlungssysteme gewährleisten.

1. § 96 I Nr. 1 InsO

275   Wenn ein **Insolvenzgläubiger erst nach der Eröffnung etwas zur Insolvenzmasse schuldig geworden** ist, § 96 I Nr. 1 InsO. Denn hier konnte der Gläubiger bei Eröffnung noch nicht auf die Aufrechnung vertrauen.

A hat eine Darlehensforderung von 1000,– € gegen die Insolvenzmasse. A erkennt, dass die Insolvenzquote nur 3 % betragen wird, er also nur 30,– € erhalten wird. Er kauft deshalb von dem Insolvenzverwalter einen Massegegenstand für 1000,– €, um den Kaufpreis durch Aufrechnung mit seiner Darlehensforderung zu tilgen. Die Aufrechnung ist unzulässig, weil sie gegen den Grundsatz der Gleichbehandlung der Insolvenzgläubiger verstoßen würde.

2. § 96 I Nr. 2 InsO

Wenn der Insolvenzgläubiger seine **Forderung erst nach der Eröffnung von einem** **276**
anderen Gläubiger erworben hat, § 96 I Nr. 2 InsO. Erfasst sind auch Gesamtrechts-
nachfolgen durch Erbschaft (RGZ 51, 397). Auch hier konnte der Gläubiger bei Eröffnung noch nicht auf die Tilgung durch Aufrechnung vertrauen.

> **Beispiel**
>
> A hat eine Darlehensforderung von 1000,– € gegen den Schuldner, B schuldet dem Schuldner
> 1000,– €. A erhält daher, wenn die Insolvenzquote nur 4 % beträgt, nur 40,– €; B dagegen
> muss die 1000,– € voll zur Masse zahlen. Deshalb kauft B nun die Forderung des A für 600,– €
> an, um mit dieser Forderung seine Schuld an die Insolvenzmasse zu tilgen. Die Aufrechnung
> ist unzulässig, weil sonst die Masse mittels Verschiebung einer Insolvenzforderung um 960,– €
> geschädigt würde.

A erhält nur die Quote, B muss voll zahlen.

3. § 96 I Nr. 3 InsO

Wenn ein Insolvenzgläubiger die Möglichkeit der **Aufrechnung durch eine anfecht-** **277**
bare Rechtshandlung (§§ 130, 133, 134 InsO) erlangt hat, § 96 I Nr. 3 InsO. Dies ist
der Fall, wenn die Begründung der Aufrechnungslage alle nach §§ 129 ff. InsO erfor-
derlichen Merkmale erfüllt (BGH NJW 2004, 3118; Beispiel BGH NJW-RR 2005, 125).
Das Vertrauen des Gläubigers auf die bei Eröffnung an sich bestehende Aufrechnungslage erscheint hier nicht schutzwürdig. Eine Geltendmachung der Insolvenzanfechtung
ist nicht erforderlich, weil die Aufrechnung ohne Wirkung ist.

> **Beispiel**
>
> **(1):** Y ist dem S (über dessen Vermögen das Insolvenzverfahren eröffnet wurde) Geld schuldig.
> Wenige Tage vor der Eröffnung erwirbt er durch Abtretung eine Forderung des Z an S, um sich
> durch Aufrechnung voll befriedigen zu können.
>
> **(2):** S hatte bei einer Bank ein Girokonto, das mit 5000,– € verschuldet war. Am 13.5. stellte S
> die Zahlungen ein und teilte dies der Bank mit. Am 14.5. ging auf das Konto eine Zahlung eines
> Kunden des S (5000,– €) ein. Nach Eröffnung des Insolvenzverfahrens am 20.5. will die Bank
> die Aufrechnung erklären; unzulässig, weil der Gutschriftsanspruch massezugehörig war (vgl.
> BGHZ 58, 108; 86, 349 zu §§ 53, 55 KO; HK-InsO/*Eickmann* § 96 Rz. 10).
>
> **(3):** Der Insolvenzverwalter hatte die Hauptforderung nicht vor Ablauf der Verjährungsfrist des
> § 146 I InsO durch Klageerhebung geltend gemacht, worauf sich der Anfechtungsgegner berief.
> Dann kann der Insolvenzverwalter die Unzulässigkeit der Aufrechnung nach § 96 I Nr. 3 InsO
> nicht mehr durchsetzen (BGH NJW-RR 2007, 1643).

4. § 96 I Nr. 4 InsO

Nr. 4 betrifft Neugläubiger. Wenn ein Gläubiger, dessen Forderung aus dem **freien** **278**
Vermögen des Schuldners zu erfüllen ist, etwas zur Insolvenzmasse schuldet, dann
kann er nicht aufrechnen, § 96 I Nr. 4 InsO. Dies beruht auf der Trennung Insolvenzmasse – insolvenzfreies Vermögen.

> **Beispiel**
>
> G ist dem S (über dessen Vermögen das Insolvenzverfahren eröffnet wurde) Geld schuldig;
> nach Eröffnung kauft S bei G ein und zahlt nicht. Aufrechnung unzulässig.

V. Streit um die Wirksamkeit einer Aufrechnung

279   Schuldet G der Insolvenzmasse Geld, will aber nicht zahlen, weil er Aufrechnung behauptet, wird er vom Insolvenzverwalter auf Zahlung zur Masse verklagt. In der Klageerwiderung kann er Aufrechnung einwenden. Vom Zivilgericht wird dann die Wirksamkeit der Aufrechnung nachgeprüft. Im Prüfungsverfahren nach §§ 174 ff. InsO wird die Wirksamkeit dieser Form der Aufrechnung nicht überprüft.

Zehnter Abschnitt
Wirkungen der Insolvenzeröffnung

I. Übergang des Verwaltungs- und Verfügungsrechts

Durch die Insolvenzeröffnung wird das zur Insolvenzmasse gehörige Vermögen des Schuldners zugunsten der Insolvenzgläubiger geschützt. Das Vermögen des Schuldners besteht nach der Insolvenzeröffnung aus **zwei Massen**, nämlich aus der Insolvenzmasse, die seiner Verfügung entzogen ist und aus dem insolvenzfreien Vermögen, über das er frei verfügen kann (z.B. unpfändbare Sachen). **280**

Für die Insolvenzmasse gilt, weil sie ein Sondervermögen darstellt, der Grundsatz der dinglichen Surrogation: Jeder Erwerb auf Grund von Masserechten (z.B. die von dem Insolvenzverwalter auf Außenstände eingezogenen Beträge, die Erlöse aus dem Verkauf von Massegegenständen) fällt ohne weiteres in die Insolvenzmasse. Erwirbt z.B. der Verwalter im Rahmen seiner Verwaltungtätigkeit ein Grundstück, dann ist im Grundbuch der Schuldner als Eigentümer einzutragen und der Insolvenzvermerk (§ 32 InsO) hinzu zu setzen.

1. Verwaltungs- und Verfügungsrecht des Schuldners

Der Schuldner verliert mit der Insolvenzeröffnung die Befugnis, sein zur Insolvenzmasse gehöriges Vermögen zu verwalten und darüber zu verfügen, § 80 I InsO; das Recht geht auf den Insolvenzverwalter über (Ausnahme: Eigenverwaltung nach § 270 I InsO). Selbst die Zustimmung zur Zusammenveranlagung von Ehegatten bei der Einkommensteuer (§ 1353 I BGB; § 26 I 1 EStG) kann anstelle des insolventen Ehegatten nur der Insolvenzverwalter erteilen (BGH FamRZ 2011, 210). Der Übergang tritt auch ein, wenn vor Eröffnung anderweitige einstweilige Verfügungen gegen den Schuldner ergingen (§ 80 II 1 InsO). **281**

Beispiel Dem Schuldner ist vor Eröffnung des Insolenzverfahrens durch einstweilige Verfügung (§§ 935, 940 ZPO) untersagt worden, eine Sache zu veräußern, die ein Gläubiger für sich beansprucht. Ein solches Verbot bindet den Insolvenzverwalter nicht (§ 80 II 1 InsO), er kann darüber verfügen.

Weitere Auswirkungen des Übergangs dieser Befugnisse auf den Insolvenzverwalter sind: Pflicht des Schuldners, dem Insolvenzverwalter Auskünfte zu erteilen (§ 97 I, II InsO) und Pflicht, sich zur Verfügung zu stellen (§ 97 III InsO), Pflicht zur eidesstattlichen Versicherung nach § 98 InsO (und § 153 II InsO bezüglich der Vermögensaufstellung), Postsperre nach § 99 InsO. **282**

Dagegen bleibt der Schuldner Eigentümer der Insolvenzmasse und ihr mittelbarer Eigenbesitzer (der Verwalter ist Fremdbesitzer), er behält Rechtsfähigkeit, Geschäftsfähigkeit (kann sich also neu verpflichten) und Prozessfähigkeit (er verliert nur die Prozessführungsbefugnis bezüglich des *insolvenzbefangenen* Vermögens an den Verwalter). Er bleibt ferner wechselfähig und behält die Kaufmannseigenschaft, weiter **283** das aktive und passive Wahlrecht. Bestimmte gegen ihn ergangene Maßnahmen bleiben bestehen (§ 80 II 2 InsO).

Vor Verfahrenseröffnung sind aufgrund von Titeln bewegliche Sachen des Schuldners gepfändet worden bzw unbewegliche Sachen (Grundstücke) nach dem ZVG zwecks Zwangsversteigerung beschlagnahmt worden. Die Eröffnung lässt diese Rechte unberührt, sie geben ein Recht zur abgesonderten Befriedigung (§§ 49 ff. InsO; Ausnahme § 88 InsO: sog. Rückschlagsperre).

2. Neue Verpflichtungen des Schuldners

284   Nach Eröffnung kann der Schuldner neue Verpflichtungen eingehen; dafür haftet aber nicht die Insolvenzmasse, sondern sein insolvenzfreies Vermögen (das aber i.d.R. unpfändbar ist). Neugläubiger können in die Insolvenzmasse nicht vollstrecken (§ 91 I InsO); aus § 89 I InsO kann nicht der Umkehrschluss gezogen werden, *Neugläubiger* könnten, da sie nicht Insolvenzgläubiger sind, in das *sonstige* Vermögen des Schuldners vollstrecken. In der Regel haben sie kein rechtlich geschütztes Interesse an der Eröffnung eines weiteren Insolvenzverfahrens (BGH NJW-RR 2004, 1349).

3. Neue Verfügungen des Schuldners

285   Verfügungen, die der Schuldner *nach* der Insolvenzeröffnung über zur Insolvenzmasse gehörende Gegenstände vornimmt, sind unwirksam (§ 81 I 1 InsO). Verfügungen sind z.B.: Übereignung von Sachen, Abtretung von Forderungen, Bestellung eines Pfandrechts, eines Leibgedings, Verzicht auf Rechte, Schulderlass, Kündigung von Dauerschuldverhältnissen, Ermächtigung Dritter zu Verfügungen, Inhaltsänderung von Rechten.

286   Die frühere Streitfrage, ob es sich um ein absolutes oder relatives Verbot handelt, ist durch den Wortlaut des § 81 InsO erledigt. Es handelt sich um ein *absolutes* Verbot, dessen *Schutz* so *weit* reicht, wie es das *Interesse* der Insolvenzgläubiger verlangt. Auch Dritte können sich auf die Unwirksamkeit berufen.

Der Schuldner tritt nach Eröffnung eine zur Masse gehörige Forderung gegen D an X ab. Dann kann sich auch der Drittschuldner D gegenüber dem Zessionar X auf die aus § 81 InsO sich ergebende Unwirksamkeit der Abtretung stützen (RGZ 83, 189) und die Zahlung an X verweigern.

Eine nach § 81 InsO unwirksame *Verfügung* des Schuldners *wird wirksam* bei Insolvenzbeendigung (wenn der Massegegenstand nicht verwertet wurde), bei Freigabe des betroffenen Gegenstandes durch den Verwalter oder bei Genehmigung durch den Verwalter (vgl. § 185 II BGB).

287   **a)** Wird die **Unwirksamkeit der Verfügung vom Insolvenzverwalter geltend gemacht**, dann kann er die Sache wieder zur Masse ziehen (z.B. den Erwerber der Sache aus § 985 BGB auf Herausgabe verklagen). In diesem Falle ist eine in die Masse gelangte Gegenleistung zurückzugewähren, soweit die Masse bereichert ist (Masseschuld), § 81 I 3 InsO. Behält sich der Schuldner aber unredlicherweise die Gegenleistung, erhält der Erwerber vom Insolvenzverwalter nichts.

b) Am Tage der Insolvenzeröffnung vorgenommene Verfügungen gelten bis zum　**288**
Beweis des Gegenteils als *nach* der Insolvenzeröffnung vorgenommen, § 81 III InsO.

Beispiel — Über das Vermögen des S ist am 2. 1. um 12 Uhr das Insolvenzverfahren eröffnet worden. S hat am gleichen Tage dem B ein Auto für 12 000,– € verkauft und übereignet. Der Insolvenzverwalter kann von B die Herausgabe des Autos verlangen, außer wenn B nachweist, dass das Auto ihm vor 12 Uhr übereignet worden ist (dann aber u. U. Insolvenzanfechtung). Muss B das Auto an den Insolvenzverwalter herausgeben, so muss ihm der Insolvenzverwalter den Kaufpreis aus der Masse zurückzahlen, *falls* die Gegenleistung in die Masse gelangt ist (d.h. wenn S den Kaufpreis in die Firmenkasse legte). Andernfalls hat B nur einen Schadensersatzanspruch gegen S persönlich, z.B. aus § 280 BGB, nicht aber eine Insolvenzforderung (weil er bei Eröffnung noch nicht Gläubiger war, § 38 InsO) oder eine Masseforderung.

c) Der **gute Glaube des Erwerbers** wird nur in beschränktem Umfang geschützt.

aa) Bei **beweglichen Sachen** werden gutgläubige Erwerber nicht geschützt.　**289**

Beispiel — Über das Vermögen des S wird das Insolvenzverfahren eröffnet. X weiß hiervon nichts und erwirbt am Tag nach der Insolvenzeröffnung von S eine Maschine. Der Insolvenzverwalter kann von X die Herausgabe der Maschine verlangen, § 985 BGB. – Hatte aber X anschließend die Maschine an den gutgläubigen D *weiterveräußert,* wurde D Eigentümer, § 932 BGB. Abhandenkommen (§ 935 BGB) fehlt, solange der Verwalter den Besitz noch nicht ergriffen hat, vgl. § 148 I InsO.

bb) Bei **Grundstücken** und Grundstücksrechten (sowie eingetragenen Schiffen, Flug-　**290**
zeugen) wird der gute Glaube an die Richtigkeit des Grundbuchs geschützt, solange
der Insolvenzvermerk noch nicht im Grundbuch eingetragen ist, § 81 I 2 InsO mit
§ 892 BGB.

Beispiel — **(1):** Der Schuldner S tritt kurz nach der Insolvenzeröffnung eine Briefhypothek an B ab. B hat die Hypothek vollgültig erworben, außer wenn zur Zeit der Abtretung der Insolvenzvermerk bereits im Grundbuch eingetragen war oder B die Insolvenzeröffnung kannte.

(2): Der Schuldner lässt nach der Insolvenzeröffnung ein Grundstück an B auf. Ist das Grundstück vor Eintragung des Insolvenzvermerks auf B umgeschrieben worden, so ist, außer wenn B bei Stellung des Eintragungsantrags die Insolvenzeröffnung kannte, der Eigentumserwerb auch den Insolvenzgläubigern gegenüber wirksam. Möglicherweise kann aber der Insolvenzverwalter die Übereignung anfechten, §§ 129 ff. InsO.

Die Fallgruppe § 81 I 1 InsO mit § 892 BGB setzt also voraus:　**291**

(1) Veräußerung *nach* Insolvenzeröffnung;

(2) Veräußerung an einen, der nichts von der Insolvenzeröffnung weiß;

(3) im Grundbuch ist der Insolvenzvermerk noch nicht eingetragen.

Liegen diese Voraussetzungen vor, *weiß* aber *der Grundbuchbeamte von der Insolvenzeröffnung* (z.B. weil das Ersuchen des Insolvenzgerichts um Eintragung des Insolvenzvermerks bereits einging, § 32 InsO), dann hat er die *Eintragung abzulehnen,* weil er dem Erwerber nicht zu einem materiell unberechtigten Erwerb aufgrund seines guten Glaubens verhelfen darf, sondern die Verfügungsmacht im Zeitpunkt der Eintragung prüfen muss (h.M., KG NJW 1973/56). Die a.A. (z.B. *Kuntze/Ertl/Herrmann/Eickmann* GBO § 19 Rdn. 100) meint, dadurch werde der Grundsatz des § 17 GBO (Eintragung in der Reihenfolge des Eingangs) durchbrochen, der Rechtspfleger des Grundbuchamts könne also eintragen.

II. Einzelvollstreckung

1. Unzulässigkeit der Einzelvollstreckung

292   Ein **Insolvenzgläubiger** (§ 38 InsO) kann *während* des Insolvenzverfahrens aus einem Titel keine Einzelvollstreckung gegen den Schuldner vornehmen (§ 89 I InsO). Zwangsvollstreckung bedeutet: Maßnahmen nach §§ 803 ff. ZPO, aber auch Arrest und einstweilige Verfügung. Altgläubiger, die schon vor Insolvenzeröffnung rechtskräftige Vollstreckungstitel (z.B. Urteil, Vollstreckungsbescheid) gegen den Schuldner erlangt haben, können ihre *Forderung zur Tabelle anmelden*, §§ 87, 174 ff. InsO. **Neugläubiger** sind schutzlos; sie können (da sie nicht Insolvenzgläubiger sind) nichts anmelden, in Nichts vollstrecken (vgl. § 91 I InsO), erst nach Beendigung des Insolvenzverfahrens gegen den Schuldner vorgehen.

293   **a)** Unzulässig sind auch Arreste und Zwangsvollstreckungen in die Insolvenzmasse und in das (sonstige =) **insolvenzfreie Vermögen**, § 89 I InsO. Letzteres spielt in der Praxis keine Rolle: denn der Neuerwerb gehört zur Insolvenzmasse (§ 35 InsO) und das insolvenzfreie Vermögen ist unpfändbar (§ 36 InsO).

294   **b)** Unzulässig ist ferner die Eintragung einer Zwangsvormerkung (d.h. einer durch **einstweilige Verfügung** angeordneten Vormerkung) bei Grundstücken und Grundstücksrechten (sowie eingetragenen Schiffen), die zur Insolvenzmasse gehören, § 89 I InsO, §§ 883, 885 BGB, 935 ZPO.

Beispiel   Der Schuldner hat ein Grundstück verkauft und der Käufer hat vor der Insolvenzeröffnung eine einstweilige Verfügung erwirkt, welche die Eintragung einer Auflassungsvormerkung anordnet. Nach der Insolvenzeröffnung kann der Käufer die Vormerkung nicht mehr eintragen lassen.

295   **c)** § 89 I InsO gilt auch für Insolvenzgläubiger, die auf eine Teilnahme am Insolvenzverfahren verzichtet haben oder ihre Forderung nicht zur Tabelle anmelden. Das Verbot gilt auch für *nachrangige* Insolvenzgläubiger (§ 39 InsO), z.B. für die Zinsen ab Eröffnung des Verfahrens.

296   **d)** Ob § 89 I InsO auch **Zwangsvollstreckungen in das Auslandsvermögen** eines inländischen Schuldners verbietet, ist streitig, aber wegen des Zwecks, eine Masseverringerung zu verhindern, zu bejahen (BGHZ 95, 256; 88, 147 zu § 14 KO; MünchKomm/ *Breuer* InsO § 89 Rn. 19; a.A. OLG Hamm ZIP 1982, 1343). Freilich ist das nur durchsetzbar, wenn der ausländische Staat unsere Insolvenzeröffnung anerkennt. Ein inländischer Insolvenzgläubiger muss daher das, was er durch eine im Ausland zulässige (aber an sich wegen § 89 InsO verbotene) Zwangsvollstreckung erlangt, nach § 812 BGB (Eingriffskondiktion) an den Insolvenzverwalter herausgeben.

297   **e) Zwangsvollstreckungen in künftige Lohnforderungen** sind unwirksam (§ 89 II 1 InsO), sowohl für Insolvenzgläubiger wie für Neugläubiger. Denn die künftigen Bezüge sollen für die Restschuldbefreiung reserviert werden. *Ausnahme:* Gläubiger von Unterhaltsforderungen (z.B. geschiedene Frau, Kinder) oder Deliktsgläubiger können in den Teil der Bezüge, der für diese Gläubiger erweitert pfändbar ist (§§ 850d, 850f II ZPO), vollstrecken, § 89 II 2 InsO.

G ist von S vorsätzlich zusammengeschlagen und schwer verletzt worden. Das Gericht hat ihm ein Schmerzensgeld von 10 000,– € zugesprochen. S (der spätere Insolvenzschuldner) verdient nur 1025,– € monatlich, ist also nach § 850c ZPO unpfändbar. Deshalb hatte G einen Beschluss des Vollstreckungsgerichts erwirkt (§ 850f II ZPO), wonach er monatlich 100,– € pfänden darf (dem G bleiben also nur noch 925,– € monatlich). Diese 100,– € darf G auch weiterpfänden, wenn über das Vermögen des S das Insolvenzverfahren eröffnet wird.

Ergänzungen enthält § 114 III InsO. Die Regelung besagt, dass eine Pfändung der Bezüge nur für rund einen Monat nach der Verfahrenseröffnung noch Bestand hat; die Verweisung auf § 88 InsO bedeutet, dass eine Pfändung in der kritischen Phase überhaupt keine Wirkung entfaltet und die Verweisung auf § 89 II 2 InsO, dass Unterhalts- und Deliktsgläubiger mit Altpfändungen trotz Insolvenzeröffnung zeitlich unbeschränkt in den Zwischenbereich (im *Beispiel*: die 100,– €) weiterpfänden dürfen. **298**

f) Zwangsvollstreckungen in künftige Mietforderungen unterliegen (im Insolvenzverfahren über den Vermieter) ähnlichen Beschränkungen, § 110 II 2 InsO. **299**

2. Zulässige Vollstreckungen

a) Absonderungsberechtigte. Vollstreckungsmaßnahmen in das bewegliche Vermögen sind zulässig, wenn **300**

- der Gläubiger schon vor der Insolvenzeröffnung mit der Vollstreckung begonnen hat und bereits ein Pfändungspfandrecht (§ 804 ZPO) erlangte; dazu ist bei Sachpfändung Inbesitznahme durch den Gerichtsvollzieher notwendig (§ 808 I ZPO), bei der Lohnpfändung und Pfändung sonstiger Forderungen die Zustellung des Pfändungsbeschlusses an den Drittschuldner (§§ 829 III, 846 ZPO), bei sonstigen Vermögensrechten ebenfalls die Zustellung (§ 857 II ZPO). Die Vorpfändung (§ 845 ZPO) allein dagegen begründet noch kein Aussonderungsrecht; wird die Vorpfändung früher als drei Monate vor Eingang des Insolvenzantrags ausgebracht, fällt die Hauptpfändung dagegen in den von § 131 InsO erfassten Bereich, richtet sich die Anfechtung insgesamt nach § 131 InsO (BGH NJW 2006, 1870).
- Diese Sicherung muss vor dem letzten Monat (Fristberechnung § 139 InsO) vor dem Eingang des Eröffnungsantrags erlangt sein, § 88 InsO. Beim Arrest ist es unschädlich, wenn die Zustellung des Arrestbefehls an den Schuldner (innerhalb der Frist des § 929 III ZPO) nachfolgt und erst in der Sperrfrist erfolgt (vgl. *Häsemeyer* Rz. 10.37).

Liegen diese Voraussetzungen vor, dann hat der Gläubiger ein Absonderungsrecht, § 50 I InsO.

G hat aus einem Urteil gegen S vollstreckt und am 3.4. vom Gerichtsvollzieher ein dem Schuldner S gehöriges Auto pfänden lassen. Am 20.5. wird aufgrund Antrags vom 10.5. das Insolvenzverfahren über S eröffnet. G kann auch nach der Insolvenzeröffnung die Zwangsvollstreckung in das Auto weiterbetreiben, es also versteigern lassen und sich am Erlös befriedigen.

Sicherungen, die in der kritischen Phase entstanden sind, sind dagegen *unwirksam* („Rückschlagsperre"; § 88 InsO); die Unwirksamkeit tritt bei Beginn des Verfahrens und unabhängig von dessen Ausgang ein und verlangt keine Anfechtungshandlung des Verwalters. **301**

b) Massegläubiger

302 **aa)** Massegläubiger (§§ 53–55 InsO), deren Forderung *durch eine Rechtshandlung des Insolvenzverwalters begründet* worden sind, haben Anspruch auf volle Befriedigung aus der Masse und können den Insolvenzverwalter verklagen und aus dem Urteil in die Masse vollstrecken, Umkehrschluss aus § 90 I InsO.

> **Beispiel:**   Der Insolvenzverwalter kauft Büromaterial ein und zahlt es nicht.

303 **bb)** Masseansprüche, die ohne Zutun des Verwalters entstanden sind, unterliegen einem auf 6 Monate zeitlich begrenzten Vollstreckungsverbot, § 90 I InsO. Damit soll der Verwalter in der ersten Zeit Bewegungsspielraum erhalten.

> **Beispiel:**   Lohnansprüche eines Arbeitnehmers, dem der Verwalter sofort nach Eröffnung gekündigt hat und der während der Kündigungsfrist nicht mehr beschäftigt wird.

304 **c)** Die **Aussonderungsberechtigten** können in den Massegegenstand, der ihnen gehört, vollstrecken, vgl. § 38 InsO.

3. Durchsetzung der Vollstreckungsverbote

305 Werden die Vollstreckungsverbote nicht beachtet, kann der Insolvenzverwalter Erinnerung (§ 766 ZPO) einlegen. Darüber entscheidet wegen der Sachnähe das Insolvenzgericht (§ 89 III InsO), nicht das Vollstreckungsgericht. Es kann auch einstweilige Anordnungen erlassen (§ 766 I 2 i.V.m. § 732 II ZPO; § 89 III 2 InsO). Bei Streit um Massezugehörigkeit: Klage nach § 771 ZPO. Gegen Eintragungen im Grundbuch: Eintragung eines Amtswiderspruchs (§§ 53 I 1, 71 I GBO).

III. Sonstiger Rechtserwerb

1. Rechtserwerb Dritter

306 Auch ein Rechtserwerb Dritter an den zur Insolvenzmasse gehörenden Gegenständen, der ohne Mitwirkung des Schuldners (d.h. ohne Verfügung) und nicht durch Zwangsvollstreckung *nach* der Insolvenzeröffnung erfolgt, ist den Insolvenzgläubigern gegenüber unwirksam (§ 91 I InsO).

> **Beispiel**   Rechtserwerb kraft Gesetzes (z.B. Ersitzung, § 937 BGB) oder infolge von Rechtshandlungen Dritter; Rechtserwerb von Neugläubigern durch Vollstreckung in die Insolvenzmasse; Rechtserwerb aufgrund mehraktiger Erwerbstatbestände, wenn die Verfügungen vom Schuldner noch vor Eröffnung vorgenommen wurden.

§ 81	§ 89	§ 91
Rechtserwerb Dritter nach Eröffnung durch Verfügung des Schuldners	Rechtserwerb Dritter nach Eröffnung durch Zwangsvollstreckung tatbestand zur Gänze vor Insolvenzeröffnung vollendet ist.	Rechtserwerb Dritter auf sonstige Weise. § 91 ist nicht anwendbar, wenn der Erwerbs-

2. Ausnahmen

Nicht erfasst von § 91 I InsO sind: **307**

- Rechtserwerb, der auf einer Handlung des Insolvenzverwalters beruht;
- Rechtserwerb am *insolvenzfreien* Vermögen (S kann daher seine Zahnbürste verpfänden; § 36 InsO i.V.m. § 811 ZPO);
- Rechtserwerb, wenn der gesamte Erwerbstatbestand schon *vor* Insolvenzeröffnung legt.

> **Beispiel:** S verpfändet seine wertvolle Uhr vor Eröffnung zur Sicherung einer künftigen Forderung, die dann erst nach Eröffnung entsteht (vgl. § 1204 BGB).

- Bei aufschiebend bedingtem Rechtserwerb *vor* Eröffnung und Bedingungseintritt *nach* Eröffnung ist § 91 I InsO nicht einschlägig; der Erwerb kann sich wirksam noch nach Insolvenzeröffnung vollenden.

> **Beispiel** S (späterer Schuldner) verkauft unter Eigentumsvorbehalt an K. Das Anwartschaftsrecht entsteht somit vor Eröffnung. Durch Zahlung der letzten Kaufpreisrate tritt (nach Eröffnung) die Bedingung ein (§§ 449, 929 S. 1, 158 I BGB). Der Käufer K erwirbt mit Zahlung das Eigentum, wenn zum Wirksamwerden nur noch der Bedingungseintritt notwendig war, weil § 161 I 2 BGB als Sonderregelung gegenüber § 91 I InsO anzusehen ist (BGH ZIP 2006, 87; NJW 1977, 247).

3. Rechtserwerb an Grundstücken

Eine Ausnahme gilt ferner für den Rechtserwerb an Grundstücken und Grundstücks-   **308**
rechten (sowie eingetragenen Schiffen, Flugzeugen) durch Eintragung im Grundbuch.

a) *Ist vor der Insolvenzeröffnung* die *dingliche Einigung* über den Rechtserwerb bin-   **309**
dend *erklärt und der Eintragungsantrag gestellt* worden, so wird das Recht mit der nach der Insolvenzeröffnung erfolgenden Eintragung vollgültig erworben. Das Grundbuchamt muss die Eintragung vornehmen. §§ 878 BGB, 91 II InsO.

> **Beispiel** Der Schuldner S hat dem B vor der Insolvenzeröffnung ein Grundstück aufgelassen und den Eintragungsantrag beim Grundbuchamt gestellt. Die dann durch die Insolvenzeröffnung eintretende Verfügungsbeschränkung des S kann den Rechtserwerb durch B nicht verhindern. Wegen der etwaigen Anfechtung der Übereignung vgl. §§ 129 ff. InsO.

Die **Fallgruppe § 91 InsO mit § 878 BGB** setzt somit **voraus**:   **310**
(1) Der *Eintragungsantrag* ging vor Insolvenzeröffnung beim Grundbuchamt ein, § 13 I 2 GBO;
(2) Die *Bindung an die Einigung* ist vor Eröffnung eingetreten; §§ 873 II, 875 II, 877 BGB. Hierfür nennt § 873 II BGB vier Alternativen, von denen die letzte praktisch bedeutsam ist: der Schuldner muss dem Gläubiger die Eintragungsbewilligung (§§ 19, 28, 29 GBO) ausgehändigt haben (bzw. der hierzu ermächtigte Notar); bei Vorlage durch den Gläubiger/Erwerber geht das Grundbuchamt hiervon aus *(Palandt/Bassenge § 873 Rz. 16)*.

Da die wesentlichen Erwerbsvoraussetzungen hier vor Insolvenzeröffnung vorlagen   **311**
und eine evtl. Arbeitsüberlastung des Grundbuchamts nicht zu Lasten des Erwerbers gehen darf, ist der Erwerber noch einzutragen, selbst wenn der Insolvenzvermerk, § 32

InsO, (unter Verstoß gegen §§ 17, 45 GBO) bereits eingetragen ist. Auf eine Redlichkeit des Erwerbers kommt es nicht an. Der Grundsatz, dass das Grundbuchamt eine Eintragung abzulehnen hat, wenn dem Bewilligenden zur Zeit der Eintragung die Verfügungsmacht (§ 80 InsO) fehlt, wird durch § 878 BGB eingeschränkt (nicht aber durch § 892 II BGB). Ob die Voraussetzungen vor Eröffnung vorlagen, zeigt der Zeitvergleich: die Uhrzeit ist im Eröffnungsbeschluss angegeben (§ 27 II Nr. 3 InsO) und auf dem Eintragungsantrag vermerkt (§ 13 I 2 GBO).

312   **b)** Ist erst *nach* der *Insolvenzeröffnung* die dingliche *Einigung* über den Rechtserwerb bindend erklärt *oder* der *Eintragungsantrag* gestellt worden, so kann das Recht durch Eintragung und guten Glauben an die Richtigkeit des Grundbuchs vollwirksam erworben werden. Das Grundbuchamt muss aber die Eintragung ablehnen, wenn ihm die Insolvenzeröffnung bekannt ist. §§ 892 BGB, 91 II InsO.

Beispiel   Der Schuldner S lässt vor oder nach der Insolvenzeröffnung ein Grundstück an den B auf, der den Eintragungsantrag erst nach der Insolvenzeröffnung, von der ihm nichts bekannt geworden ist, stellt. Das Ersuchen des Insolvenzgerichts um Eintragung des Insolvenzvermerks liegt dem Grundbuchamt noch nicht vor, als B den Eintragungsantrag stellt. Dann erwirbt B mit der Eintragung im Grundbuch vollwirksam das Eigentum an dem Grundstück. Das Grundbuchamt muss aber, wenn ihm die Tatsache der Insolvenzeröffnung bekannt ist, die Eintragung des B ablehnen, weil durch die Insolvenzeröffnung das Grundstück für spätere Verfügungen des Schuldners „gesperrt" wird.

313   Bei **§ 91 II InsO mit § 892 BGB** liegen die wesentlichen Erwerbsvoraussetzungen teils vor, teils nach Insolvenzeröffnung. *§ 892 BGB* schützt den Erwerb vom Nichtberechtigten und *verlangt* daher *guten Glauben* des Erwerbers. Der Grundsatz, dass die Verfügungsmacht des Bewilligenden bei Eintragung vorliegen muss, wird bei § 892 II BGB nicht durchbrochen. Ist der Insolvenzvermerk eingetragen oder dem GBA die Eröffnung sonst bekannt, erfolgt keine Eintragung mehr (h.M., RGZ 71, 38; str., vgl. oben Rn. 308 ff.).

Übersicht (vereinfacht):

	bei Grundstücken:	
§ 81 I 2 mit § 892 BGB	**§ 91 II mit § 892 BGB**	**§ 91 II mit § 878 BGB**
Erwerb von Rechten durch gutgläubige Dritte durch Verfügung des S nach Eröffnung	Eintragungsantrag und nicht bindende Einigung – oder bindende Einigung ohne Eintragungsantrag liegen vor Eröffnung	bindende Einigung und Eingang des Eintragungsantrags vor Eröffnung

IV. **Leistungen an den Schuldner**

314   Eine Leistung, die *nach* der Insolvenzeröffnung *an den Schuldner* (statt an den Insolvenzverwalter) gemacht wird, befreit den Leistenden nur ausnahmsweise (§ 82 InsO), nämlich:

315   **a)** wenn der Leistende gutgläubig ist, d.h. wenn ihm bei der Leistung die Insolvenzeröffnung unbekannt ist.

Für die Beweislast gilt folgendes (§ 82 S. 2 InsO):

- Ist vor der öffentlichen Bekanntmachung der Insolvenzeröffnung geleistet, so muss der Insolvenzverwalter den bösen Glauben des Leistenden nachweisen.

- Ist nach der öffentlichen Bekanntmachung der Eröffnung geleistet worden, so muss der Leistende seinen guten Glauben nachweisen.

b) wenn die Leistung zur Insolvenzmasse gelangt ist.   **316**

Beispiel

B zahlt trotz Kenntnis der Insolvenzeröffnung ein Darlehen an den Schuldner S zurück. Die Zahlung befreit ihn den Insolvenzgläubigern gegenüber nur dann, wenn der Insolvenzverwalter von dem Schuldner die gezahlte Summe erhält. Andernfalls kann der Insolvenzverwalter nochmalige Zahlung an die Insolvenzmasse verlangen. B kann dann die erste Zahlung als ungerechtfertigte Bereicherung von S persönlich zurückfordern. Insoweit ist B nicht Insolvenzgläubiger, weil das Rückforderungsrecht erst nach der Insolvenzeröffnung entstanden ist.

V. Einfluss auf schwebende Prozesse

Der Schuldner verliert durch die Eröffnung des Insolvenzverfahrens die Prozessführungsbefugnis an den Insolvenzverwalter, vgl. § 80 InsO. Dieser muss die Erfolgsaussichten überprüfen und braucht dazu Zeit. Deshalb werden nach § 240 ZPO die anhängigen Prozesse, welche die Insolvenzmasse betreffen, unterbrochen. Die Unterbrechung endet mit der Aufnahme, spätestens mit der Beendigung des Insolvenzverfahrens.   **317**

Die Bestellung eines vorläufigen Verwalters unterbricht nur bei Bestellung eines **„starken"** Verwalters im Sinne von § 240 S. 2 ZPO, nicht bei einem **„schwachen"** Verwalter ohne Verwaltungs- und Verfügungsrecht, sondern nur mit „Zustimmungsvorbehalt", § 21 II Nr. 2 2. Alt. InsO (BGH NJW 1999, 2822).

Prozesse, die keine Beziehungen zur Insolvenzmasse haben, gehen dagegen *weiter,* z.B. ein *Ehescheidungsprozess* des Schuldners, ein Sorgerechtsstreit wegen der Kinder, ein Strafprozess wegen Unfallflucht.

Hinsichtlich der Aufnahme der Prozesse sind zu unterscheiden:

1. Aktivprozesse

Hier wird ein zur Aktivmasse (Insolvenzmasse) gehörendes Recht geltend gemacht (z.B. der spätere Schuldner hatte einen Kaufpreis eingeklagt). Im Regelfall wird der *Schuldner hier Kläger* sein, doch kommt es auf die Parteirolle nicht an, sondern auf den Verfahrensgegenstand, so dass auch eine Feststellungsklage gegen den S darunter fallen kann. Im Einzelfall kann die Abgrenzung Aktiv-/Passivprozess schwierig sein (vgl. BGH NJW-RR 2005, 989).   **318**

a) Der **Insolvenzverwalter kann den Aktivprozess aufnehmen**, § 85 I 1 InsO, § 250 ZPO. Er wird es tun, wenn er die Prozessaussichten für gut hält. *Gewinnt er* den Prozess, kommt der Ertrag in die Masse. *Verliert der Verwalter* den Prozess, sind die Prozesskosten (§ 91 ZPO) Masseschuld, § 55 I Nr. 1 InsO. Das Prozessergebnis wirkt über das Insolvenzverfahren hinaus.   **319**

320   **b) Lehnt der Verwalter die Aufnahme ab,** kann der Schuldner oder der Gegner den Prozess aufnehmen, § 85 II InsO. Der streitige Anspruch ist durch die Ablehnung i.d.R. insolvenzfreies Vermögen des Schuldners geworden. *Gewinnt der Schuldner,* ist der Ertrag insolvenzfrei (der Verwalter haftet dann aber u.U. wegen der leichtsinnigen Ablehnung der Aufnahme, § 60 InsO); *verliert er,* sind die gesamten Prozesskosten Neuschulden des Schuldners. Die Fortführung durch den Schuldner scheitert meist daran, dass er (wegen seiner Zahlungsunfähigkeit) seinen Anwalt nicht mehr bezahlen kann und wegen mangelnder Erfolgsaussicht keine Prozesskostenhilfe (§ 114 ZPO) erhält.

2. Passivprozesse

321   Dies sind die Prozesse, die gegen den Schuldner anhängig sind (hier ist der *Schuldner* i.d.R. *Beklagter*):

322   **a) Prozesse,** die **von Aussonderungsberechtigten, Absonderungsberechtigten wegen der abgesonderten Befriedigung und Massegläubigern** angestrengt sind, können von dem Insolvenzverwalter oder dem Gegner aufgenommen werden, § 86 InsO.

Beispiele   Die Klage des Eigentümers E einer in der Masse befindlichen Sache gegen den Schuldner auf Herausgabe, § 985 BGB; sowohl E wie der Insolvenzverwalter können den Prozess aufnehmen. Bei den Absonderungsberechtigten ist zu unterscheiden: wer nur seine Forderung, die nach §§ 49–51 InsO abgesichert ist, eingeklagt hat (z.B. Klage auf Zahlung), ist Insolvenzgläubiger und fällt nicht unter § 86 InsO, sondern unter § 87 InsO. Lediglich wenn es um das Recht zur abgesonderten Befriedigung geht, liegt ein Fall des § 86 InsO vor (z.B. Klage des Gläubigers auf Herausgabe des sicherungsübereigneten Pkw zwecks Verwertung).

323   **aa)** Nimmt der Insolvenzverwalter hier auf und erkennt den Anspruch des Klägers *sofort* an (weil er den Prozess aus der Sicht des Beklagten für aussichtslos hält), dann hat im Regelfall nach § 91 ZPO der Beklagte die *Kosten* zu tragen, diese Kosten wären also an sich Masseschulden. § 86 II InsO regelt aber, dass der Kostenerstattungsanspruch des Klägers gegen den beklagten Insolvenzverwalter nicht Masseforderung ist (§§ 53–55 InsO), sondern gewöhnliche Insolvenzforderung (§ 38 InsO).

324   **bb)** Denkbar ist aber auch, dass im Anerkenntnisurteil (§ 307 ZPO) ohnehin nach § 93 ZPO die Kosten dem Kläger auferlegt werden, z.B. weil der beklagte Schuldner selbst keinen Anlass zur Klageerhebung gab.

325   **cc)** Verliert der Verwalter den Prozess, sind die Kosten *Masseschulden,* § 55 I Nr. 1 InsO.

326   **b) Prozesse,** die **von Insolvenzgläubigern** angestrengt sind, bleiben zunächst unterbrochen, weil die Insolvenzgläubiger ihre Forderungen nur innerhalb des Insolvenzverfahrens durch Anmeldung und Prüfung ihrer Forderungen verfolgen können, §§ 87, 174 ff. InsO. Zu einer Aufnahme des Prozesses kommt es nur, wenn die Forderung im Prüfungstermin bestritten wird.

327   **aa)** Wird die Forderung von dem Insolvenzverwalter oder einem anderen Gläubiger bestritten, so kann der Prozess zwecks Feststellung der Forderung gegen den Bestreitenden aufgenommen werden, § 180 II InsO.

bb) Wird die Forderung von dem Schuldner bestritten, so kann der Prozess vom Gläu- **328** biger gegen den Schuldner aufgenommen werden, § 184 I 2 InsO.

Zweck: Zwar erhält der Gläubiger trotz des Bestreitens durch den Schuldner die Insolvenzquote, er bekommt aber nach Aufhebung des Insolvenzverfahrens keinen Tabellenauszug als Vollstreckungstitel (§ 201 II InsO). Um Zeit zu gewinnen, kann der Gläubiger jetzt schon gegen den Schuldner klagen, dann die Tabellenberichtigung betreiben (§ 183 II InsO) und so zum Vollstreckungstitel kommen. Die Fristsetzung in § 184 II InsO entspricht § 179 II InsO.

VI. Erfüllung schwebender Verträge

1. Gegenseitige Verträge im Allgemeinen

a) Ist ein gegenseitiger Vertrag (§ 320 ff. BGB) im Zeitpunkt der Insolvenzeröffnung **329** **von einer Seite schon ganz erfüllt,** so gelten die **allgemeinen Vorschriften.**

aa) Hat der Vertragsgegner des Schuldners ganz **erfüllt,** so kann er seine Leistung **330** nicht aus der Masse zurückverlangen, sondern nur seinen Gegenanspruch als Insolvenzforderung geltend machen, § 38 InsO.

> **Beispiel:** Hatte B das verkaufte Auto vor der Insolvenzeröffnung dem S vorbehaltlos übereignet, so muss er sich wegen seines Kaufpreisanspruchs gegen S mit der Insolvenzquote begnügen; er kann das Auto nicht zurückverlangen (vgl. § 105 S. 2 InsO).

bb) Hat der Schuldner ganz erfüllt, so muss der Vertragsgegner seine Leistung an **331** die Insolvenzmasse erbringen.

> **Beispiel:** S hat ein Auto von B gekauft und vor der Eröffnung des Insolvenzverfahrens über sein (S) Vermögen bezahlt. B muss das Auto an den Insolvenzverwalter liefern, nicht an S, vgl. § 82 InsO.

b) Haben **beide Teile den Vertrag noch nicht voll erfüllt,** wäre es unbillig, wenn der **332** Vertragspartner des Schuldners voll erfüllen müsste, seinerseits aber nur die Insolvenzquote erhielte (sog. funktionelles Synallagma, § 320 BGB). Hier bringt § 103 InsO eine Lösung.

Zweck des § 103 InsO ist, den Vertragspartner des Schuldners möglichst lange zu schützen (BGHZ 68, 383). Die **rechtstechnische Funktionsweise des § 103 InsO** ist umstritten. Früher wurde angenommen, die Eröffnung des Insolvenzverfahrens lasse die Erfüllungsansprüche unberührt; erst die Erfüllungsablehnung wandle den Vertrag um, so dass an seine Stelle ein einseitiger Anspruch des Vertragsgegners auf Schadensersatz wegen Nichterfüllung trete (*Bork* InsolvenzR Rz. 156). Die jetzt h.M. gibt der Erfüllungsablehnung nur eine deklaratorische Bedeutung (*Uhlenbruck/Berscheid* § 103 Rz. 85; BGH NJW 1988, 1790; NJW 1989, 1282). Der BGH (NJW 2002, 2783) sagt: „Die Eröffnung des Insolvenzverfahrens bewirkt kein Erlöschen der Erfüllungsansprüche aus gegenseitigen Verträgen im Sinn einer materiell-rechtlichen Umgestaltung. Vielmehr verlieren die noch offenen Ansprüche im Insolvenzverfahren ihre Durchsetzbarkeit, soweit sie nicht auf die anteilige Gegenleistung für vor Verfahrenseröffnung erbrachte Leistungen gerichtet sind. Wählt der Verwalter Erfüllung, so erhalten die zunächst nicht durchsetzbaren Ansprüche die Rechtsqualität von originären Forderungen der und gegen die Masse." Vgl. dazu *Becker* InsolvenzR Rz. 1101. Zum Ganzen vgl. *Marotzke*, Gegenseitige Verträge im neuen Insolvenzrecht, 2001.

aa) Anwendungsbereich des § 103 InsO

333   (1) § 103 InsO ist anwendbar auf gegenseitige Verträge im Sinne des § 320 BGB, auf beide Seiten verpflichtende Verträge also, z.B. Kaufvertrag, Tausch, Werkvertrag, Werklieferung, verzinslicher Darlehensvertrag, soweit sie Gegenstände betreffen, die zur Insolvenzmasse gehören. *Vollständige Erfüllung* liegt vor, wenn die geschuldete Leistung erbracht ist, der Leistungs*erfolg* also eingetreten ist.

(2) Nur beschränkt anwendbar ist § 103 InsO auf die in §§ 104 ff. InsO genannten Verträge. Außerdem gehen Sondervorschriften vor, z.B. im Versicherungsrecht § 16 VVG (BGH NJW-RR 2004, 460); im Gesellschaftsrecht § 728 BGB (*Uhlenbruck/Berscheid* § 103 Rz. 50).

(3) Nicht anwendbar ist § 103 InsO

- auf einseitig ganz erfüllte Vertrage (oben a);
- auf einseitig verpflichtende Verträge, z.B. unverzinsliches Darlehen, Schenkung, unentgeltliche Bürgschaft; beim *verzinslichen* Darlehen mit Auszahlung vor Insolvenz des Darlehensgebers ist § 103 InsO ebenfalls nicht anwendbar (§ 108 II InsO); desgleichen nicht bei Insolvenz des Darlehensnehmers (§§ 103, 108 InsO unanwendbar);
- auf unvollkommen zweiseitige Schuldverhältnisse wie Leihe (der Verleiher kann also im Insolvenzverfahren des Leihers aussondern, § 47 InsO; §§ 598, 604 BGB).

Die Unanwendbarkeit folgt daraus, dass § 103 InsO den Gedanken des § 320 BGB insolvenzrechtlich zur Geltung bringt.

334   **bb) Das Wahlrecht des Insolvenzverwalters.** Ist ein gegenseitiger Vertrag im Zeitpunkt der Insolvenzeröffnung von beiden Seiten noch nicht voll erfüllt, hat der Insolvenzverwalter das *Wahlrecht,* ob er die *Erfüllung verlangen* oder *ablehnen* will, § 103 I InsO. Das Wahlrecht wird durch einseitige empfangsbedürftige *Willenserklärung* (§§ 130 ff. BGB) gegenüber dem Vertragsgegner ausgeübt; die Wahl ist unwiderruflich, allerdings kommt eine Anfechtung nach §§ 119 ff. BGB in Frage. Die Erklärung muss nicht ausdrücklich erfolgen, auch stillschweigend oder durch konkludentes Verhalten kann das Wahlrecht ausgeübt werden, z.B. durch Fortbezug von Leistungen (BGHZ 81, 92). Die Erklärung hat (jedenfalls beim Erfüllungsverlangen) Gestaltungswirkung.

335   **cc)** Der **Vertragsgegner kann** den Verwalter **zur Ausübung des Wahlrechts zwingen,** indem er ihn dazu auffordert (§ 103 II 2 InsO):

- äußert sich der Verwalter fristgerecht, ist seine Wahl bindend;
- äußert er sich nicht *unverzüglich* (d.h. ohne schuldhaftes Zögern, § 121 I BGB) oder äußert er sich überhaupt nicht, gilt dies als Ablehnung, § 103 II 3 InsO.

Macht der andere Teil von dieser Möglichkeit *keinen* Gebrauch, ist der Schwebezustand grundsätzlich nicht zeitlich begrenzt; der Verwalter hat keine Erklärungspflicht.

336   **dd)** Der Verwalter hat das **Wahlrecht** so **auszuüben**, wie es *für die Masse vorteilhaft ist.*

(1) **Verlangt der Insolvenzverwalter Erfüllung** des Vertrags, muss er auch selbst aus   337
der Masse erfüllen, § 55 I Nr. 2 Alt. 1 InsO.

Beispiel

V hat dem S ein Oldtimer-Auto für 25 000,– € verkauft. Über das Vermögen des S wird das Insolvenzverfahren eröffnet, bevor bezahlt und das Auto übergeben ist, der Vertrag also von einer Seite ganz erfüllt ist. Der Insolvenzverwalter wird die Erfüllung des Kaufvertrages verlangen, wenn er das Auto für mehr als 25 000,– € weiterverkaufen kann. Wählt er Erfüllung, muss er aus der Insolvenzmasse den vollen Kaufpreis an V zahlen und V muss das Auto an den Verwalter liefern (Zug um Zug). Zahlt der Verwalter nicht, obwohl er Erfüllung wählte, kann V seine Forderung gegen den Verwalter einklagen (also keine Anmeldung zur Tabelle!) und in die Masse vollstrecken. Reicht die Masse zur Erfüllung nicht, haftet der Verwalter (der trotzdem Erfüllung wählte!) selbst nach § 61 InsO.

(2) **Lehnt der Insolvenzverwalter die Erfüllung ab** (oder schweigt er auf eine nach   338
§ 103 II InsO erfolgte Aufforderung hin), wird der Vertrag nicht aufgelöst. Früher sagte der BGH (NJW 1997, 2184), dass als Folge der Insolvenzeröffnung die Hauptleistungspflichten aus beiderseits noch nicht erfüllten Verträgen mit Wirkung für und gegen die Masse „erlöschen". Diese „Erlöschenstheorie" hat der BGH 2002 (NJW 2002, 2783) aufgegeben. Die Erfüllungsablehnung hat nach jetzt h.M. keine Gestaltungswirkung mehr (trotz des Wortlauts von §§ 103 II 2, 107 II 1 InsO). An die Stelle des gegenseitigen Schuldverhältnisses ist ab Eröffnung des Insolvenzverfahrens (nach a.A. ab Ablehnung der Erfüllung durch den Verwalter) der einseitige Anspruch des Vertragsgegners auf Schadensersatz getreten, § 103 II 1 InsO (vgl. BGHZ 68, 380). Der Schadensersatzanspruch des Vertragspartners folgt nicht dem Grunde nach aus § 103 II 1 InsO, sondern aus den BGB-Vorschriften über den gegenseitigen Vertrag. Die Anspruchshöhe wird wie bei § 280 BGB berechnet: abstrakt oder konkret; entgangener Gewinn bzw. entstandener Schaden (Differenztheorie).

Beispiel

Lehnt der Insolvenzverwalter die Erfüllung des Autokaufvertrags zwischen S und dem Verkäufer V ab, behält V das Auto und kann seinen Schaden (z.B. entgangenen Gewinn) als Insolvenzforderung zur Tabelle anmelden (§§ 187, 174 ff. InsO); er erhält darauf die Insolvenzquote.

Muss der Vertragspartner bei Teilleistungen aus ungerechtfertigter Bereicherung die   339
empfangenen Leistungen zurückerstatten, kann er davon seinen Schaden abziehen, weil dies nur Rechnungsposten bei der Schadensermittlung sind (BGHZ 68, 380; NJW BGH ZIP 2000, 237; *Uhlenbruck/Berscheid* § 103 Rz. 87).

Beispiel

Bauunternehmer S vereinbart mit E Umbauarbeiten zu einem billigen Festpreis. *Nach Durchführung eines Teils* der Arbeiten wird das Insolvenzverfahren über S eröffnet, der Verwalter des S lehnt die restliche Erfüllung ab und verlangt 6000,– € für die Teilleistung. E wendet ein, durch die Beendigung der Arbeiten mit einem anderen Unternehmer sei der Umbau 8000,– € teurer gekommen. – Hier kann E mit seinem Schadensersatzanspruch gegen die Ansprüche der Masse aus Bereicherung oder Teilvergütung aufrechnen (§ 94 InsO), so dass der Verwalter nichts mehr erhält, E aber den Rest als Insolvenzforderung anmelden kann und die Quote erhält (§ 38 InsO). Dieses Ergebnis folgt auch aus dem Gedanken des § 104 II 3 InsO; ein Fall des § 105 InsO liegt nicht vor.

Die Erfüllungsansprüche sind auch nach Insolvenzbeendigung ausgeschlossen, weil der Vertrag umgewandelt wurde.

2. Fixgeschäfte, Finanztermingeschäfte

340   **a)** Bestimmte **Fixgeschäfte** vertragen keine Verzögerung, der Insolvenzverwalter hat daher hier kein Wahlrecht nach § 103 InsO. Der Geschäftsgegner kann ggf den Preisunterschied als einfache Insolvenzforderung geltend machen (§ 104 I InsO); welcher Preis dabei maßgeblich ist, ergibt sich aus § 104 III InsO.

341   **b)** Dasselbe gilt für bestimmte **Finanzdienstleistungen**, § 104 II InsO, z.B. (*insbesondere*) Devisen- und Indextermingeschäfte, Termingeschäfte mit Wertpapieren und Gold, Optionen. Kursspekulationen durch den Insolvenzverwalter sollen nicht zugelassen werden, weshalb das Wahlrecht des Verwalters ausgeschlossen wird. § 104 II 3 InsO will sicherstellen, dass im Insolvenzfall alle noch nicht erfüllten Ansprüche aus zwischen zwei Parteien bestehenden Finanzgeschäften saldiert werden können. Wenn einige Geschäfte aus der Gesamtbeziehung schon voll erfüllt sind, andere noch nicht, soll nicht eine getrennte Betrachtung der Einzelgeschäfte möglich sein.

Abs. 2 S. 2 Nr. 2 meint mit *vergleichbaren Rechten* z.B. nicht verbriefte Schuldbuchforderungen; Nr. 4 (*mittelbar*) gestattet die Anknüpfung an einen Wertpapier-Index (z.B. DAX; Dow Jones; SP); Nr. 5: *andere Rechte*: z.B. Forderung auf Lieferung von Silber. – Übergangsrecht für alte Geschäfte: Art. 106 EGInsO.

3. Teilbare Leistungen

342   **a) Dauerleistungen** können erfolgen:

- aufgrund immer wieder erneuten Vertragsschlusses (**Wiederkehrschuldverhältnis**; z.B. täglicher Einkauf von Brot beim selben Bäcker, monatlicher Einkauf von Heizöl).
  Da eine Kette von Verträgen vorliegt, findet mit der Insolvenzeröffnung eine *Zäsur* statt: Forderungen aus Lieferungen an den Insolvenzschuldner *vor* Eröffnung sind gem. § 38 InsO Insolvenzforderungen; für die Zeit *nach* Eröffnung kann der Verwalter einen neuen Vertrag schließen, den er dann nach § 55 I Nr. 1 InsO voll zu erfüllen hat; oder:
- aufgrund eines einheitlichen Vertrages (**Sukzessivlieferungsvertrag**). Infolge eines Bezugsvertrags liefert der eine Teil eine bestimmte Menge Waren in Raten, der andere Teil zahlt i.d.R. in Raten. Da ein einheitlicher Vertrag vorliegt, kann der Verwalter den Vertrag an sich nur im Ganzen ablehnen oder erfüllen; verlangt er Erfüllung, muss er grundsätzlich auch die Lieferungen *vor* Insolvenzeröffnung aus der Masse bezahlen. Hierzu bringt aber § 105 InsO eine *abweichende* Regelung.

343   **b) Voraussetzungen des § 105 InsO:**

- die geschuldeten Leistungen sind teilbar, z.B. fortlaufende Lieferung von Gegenständen wie Bier, Strom, Wasser, Gas, Fernwärme; auch bei Werkverträgen *kann* Teilbarkeit vorliegen (BGH NJW 2002, 2783 bejaht im Regelfall die **Teilbarkeit von Bauleistungen**, z.B. Erstellung eines Einkaufszentrums); für die Teilbarkeit reicht es grundsätzlich aus, wenn sich die erbrachte Leistung feststellen und bewerten lässt (BGH NJW 2002, 2783; dazu *Huber* NZI 2002, 467);
- der Gläubiger hat seinen Teil zur Zeit der Eröffnung bereits erbracht.

Folge ist, dass der Lieferant den Preis für die Lieferungen bis zum Eröffnungstag nur als Insolvenzforderung geltend machen kann; dies gilt auch dann, wenn der Verwalter weitere Erfüllung fordert (§ 105 S. 1 InsO). Die Lieferungen nach Eröffnung sind dagegen vom Verwalter voll aus der Masse zu bezahlen (§ 55 I Nr. 2 Alt. 1, 103 I InsO). Es tritt also eine **Vertragsspaltung** ein, die Masse muss nur für solche Leistungen aufkommen, die unmittelbar an sie erbracht wurden; für die früheren Leistungen erhält der Vertragspartner nur die Insolvenzquote.

Die Unterscheidung *Wiederkehrschuldverhältnis – Sukzessivlieferungsvertrag* spielt somit im Insolvenzrecht bei der Vertragsabwicklung keine Rolle mehr. Das neue Problem ist, wann Teilbarkeit im Sinne von § 105 InsO vorliegt.

Folge ist weiter, dass der Lieferant seine Leistungen nicht aus der Masse zurückverlangen kann, selbst wenn für den Fall der Nichterfüllung ein Rücktrittsrecht vereinbart wurde (§ 105 S. 2 InsO).

> **Beispiel**
> Die Brauerei G liefert an den Wirt S aufgrund Bezugsvertrags jede Woche den Bedarf. Wenn sie am 10.1. noch 3 Fässer Bier (ohne Eigentumsvorbehalt) geliefert hat und am 13.1. das Insolvenzverfahren eröffnet wurde, kann sie nicht Rückgabe der vollen Fässer verlangen.

c) Stromlieferungsverträge. Sie sind der Hauptanwendungsfall.   **344**

Normaltarif: Die Stromlieferungen *vor* Insolvenzeröffnung sind gewöhnliche Insolvenzforderungen (§§ 38, 105 S. 1 InsO), die *nachher* Masseschulden, § 55 1 Nr. 2 InsO. Deshalb muss am Eröffnungstag der Zähler abgelesen werden und sind hohe Vorauszahlungen für das E-Werk wichtig. Das Energieunternehmen darf die Weiterlieferung von Strom nicht davon abhängig machen, dass die alte Rechnung *voll* bezahlt wird; aufgrund des öffentlich-rechtlichen Kontrahierungszwangs (EnergiewirtschaftsG 2005) besteht Lieferungspflicht. Beim Sonderkundenvertrag (mit verbilligtem Tarif) ist die Rechtslage ebenso (BT-Drucks. 12/2443); dadurch soll dem Verwalter die Fortführung des Betriebs zu den gleichen Kosten-Bedingungen erleichtert werden.

4. Vormerkung

a) Ein Gläubiger, der gegen den Schuldner einen durch Vormerkung im Grundbuch   **345** gesicherten Anspruch hat, kann vom Insolvenzverwalter Erfüllung verlangen, § 106 InsO. § 103 InsO ist insoweit verdrängt. Die Vormerkung (§ 883 BGB) kann auf Grund von Bewilligung oder einstweiliger Verfügung (§§ 885 BGB, 935 ZPO) oder eines Urteils entstanden sein. Nach § 91 II InsO, § 878 BGB kann auch die Eintragung der Vormerkung ins Grundbuch *nach* Insolvenzeröffnung genügen.

> **Beispiel**
> Der Schuldner S (ein Grundstückseigentümer) hat dem K vor der Insolvenzeröffnung ein Grundstück verkauft. K hat den Kaufpreis bezahlt und, weil S die Auflassung verzögerte, auf Grund einer einstweiligen Verfügung *vor der Insolvenzeröffnung eine Auflassungsvormerkung* bei dem verkauften Grundstück *eintragen* lassen. Auf Grund dieser Vormerkung kann K von dem Insolvenzverwalter die Auflassung des Grundstücks verlangen. Das Wahlrecht gemäß § 103 InsO steht dem Insolvenzverwalter nicht zu.

b) § 106 I 2 InsO klärt das Verhältnis zu § 103 InsO und besagt: die Vormerkung ist   **346** auch dann „insolvenzfest" (vgl. BGH NJW 2002, 213), wenn der Schuldner dem Gläubiger gegenüber weitere Verpflichtungen übernommen hat; die Ansprüche des Käufers werden aber auf die Übereignung beschränkt.

Beispiel

Bauträger S verkauft an K in einem einheitlichen Vertrag ein Grundstück mit einem darauf zu errichtenden Haus (sog. *Bauträgervertrag*). Für K wird eine Vormerkung eingetragen. Dann wird über das Vermögen des S das Insolvenzverfahren eröffnet; mit dem Hausbau ist noch nicht begonnen worden. – Der Insolvenzverwalter lehnt die Vertragserfüllung ab (§ 103 InsO). Der Übereignungsanspruch bezüglich des (unbebauten) Grundstücks ist durch Vormerkung gesichert, K kann die Übereignung erzwingen, § 106 I 2 InsO.

Bezüglich der Werkleistungen (Hausbau) kann der Verwalter die Erfüllung ablehnen, § 103 InsO, vgl. BGHZ 79, 103; Letzteres ist im Einzelnen streitig (vgl. *Uhlenbruck/ Berscheid* § 106 Rz. 39). Doch will § 106 InsO nur die Vormerkung insolvenzfest machen, nicht sonstige davon trennbare Vereinbarungen.

5. Kauf unter Eigentumsvorbehalt

347 Der Kaufvertrag (§ 433 BGB) ist hier unbedingt geschlossen, die Übertragung des Eigentums erfolgt aber unter der aufschiebenden Bedingung vollständiger Kaufpreiszahlung (§§ 449, 158 I, 929 BGB). Vor vollständiger Zahlung ist der Kaufvertrag noch nicht beiderseits voll erfüllt: der Käufer hat den Kaufpreis noch nicht ganz bezahlt, der Verkäufer hat die Sache zwar dem Käufer übergeben und bedingt übereignet, aber den Leistungserfolg (Eigentumsübergang) noch nicht erfüllt; V bleibt Eigentümer, K hat nur ein Anwartschaftsrecht. Da es unbillig wäre, wenn der Käufer, obwohl zahlungswillig, die Sache herausgeben müsste, ist in § 107 InsO der Kauf unter Eigentumsvorbehalt teils abweichend von § 103 InsO geregelt.

a) Insolvenz des Vorbehaltsverkäufers

348 **aa)** Hatte der Schuldner vor Eröffnung dem Käufer den Besitz an der Sache übertragen, kann der Käufer die Erfüllung des Kaufvertrages verlangen, § 107 I 1 InsO (abweichende Vereinbarungen sind unwirksam, § 119 InsO). Er muss dann die restlichen Kaufpreisraten an den Insolvenzverwalter zahlen und führt so den Bedingungseintritt herbei; der Käufer erlangt das Eigentum an der Ware. Der Verwalter kann also die Anwartschaft des Käufers nicht durch eine Ablehnung der Erfüllung des Kaufvertrages zerstören. Solange der Käufer vertragstreu bleibt (d.h. zahlt), ist der Verwalter nicht berechtigt, die Kaufsache zurückzuverlangen. Das Anwartschaftsrecht ist also *insolvenzfest.*

349 **bb)** Erfüllt der Käufer den Vertrag nicht, kann der Insolvenzverwalter vom Vertrag zurücktreten (§ 449 BGB) und (da der Verkäufer noch Eigentümer ist) Herausgabe der Sache vom Käufer verlangen, § 985 BGB. Der Käufer kann seinen Anspruch auf Rückzahlung seiner Kaufpreisraten und evtl. Schadensersatz nur als gewöhnliche Insolvenzforderung geltend machen und erhält darauf die Quote.

350 **cc)** War dem Schuldner (Käufer) vor Eröffnung der Besitz an der Sache noch nicht übertragen, bleibt es bei § 103 InsO.

351 **dd)** § 107 I 2 InsO entspricht § 106 I 2 InsO (Vormerkung): auch wenn der Verkäufer weitere Pflichten übernommen hat (z.B. Wartung der Sache), kann der Käufer die Erfüllung des Kaufvertrages erlangen.

b) Insolvenz des Vorbehaltskäufers

aa) Hatte der Schuldner (Käufer) vor Eröffnung den Besitz an der Sache erhalten, hat der Insolvenzverwalter das Wahlrecht des § 103 InsO: **352**

(1) Wählt der Insolvenzverwalter Erfüllung, muss er aus der Masse (§ 55 I Nr. 2 Alt. 1 InsO) die restlichen Raten an den Verkäufer zahlen, damit tritt die Bedingung ein und der Schuldner (Käufer) erlangt das Eigentum; dieses fällt in die Masse, der Verwalter kann darüber verfügen.

(2) Lehnt der Insolvenzverwalter die Erfüllung ab, erlischt dadurch der Erfüllungsanspruch und das Anwartschaftsrecht des Schuldners (Käufers), der Verkäufer kann sein Eigentum aussondern, § 47 InsO. Außerdem kann V Schadensersatz wegen Nichterfüllung, aber nur als Insolvenzgläubiger, fordern, § 103 II 1 InsO. Die vom Schuldner (Käufer) schon bezahlten Raten kann der Insolvenzverwalter vom Verkäufer aus Bereicherungsrecht (entspr. § 812 BGB) zurückverlangen; hiervon kann aber der Verkäufer seinen Schadensersatz (z.B. entgangenen Gewinn) abziehen (BGHZ 68, 380).

Ob also der Verkäufer Teilzahlungen an die Masse zurückzahlen muss oder eine Schadensersatzforderung zur Tabelle anmelden kann, hängt davon ab, ob die empfangenen Zahlungsraten den Schaden des Verkäufers übersteigen oder nicht.

bb) Wurde der Insolvenzverwalter vom Verkäufer zur Erklärung, wie er wählt, aufgefordert, *muss* dies nicht wie bei § 103 II 2 InsO *unverzüglich* geschehen, sondern erst nach dem Berichtstermin (§ 156 InsO). Sinn der Regelung ist, dass die Ware von den Lieferanten nicht sofort aus dem Geschäft des Schuldners herausgezogen werden kann, damit eine Fortführung und Sanierung des Geschäfts des Schuldners erleichtert wird. Bei verderblichen Sachen wie Obst oder Saisonartikeln wie Osterhasen (§ 107 II 2 InsO) dagegen bleibt es bei der Regel des § 103 II 2 InsO. **353**

6. Miete und Pacht

Hier ist zwischen beweglichen und unbeweglichen Gegenständen sowie zwischen Insolvenz des Mieter und des Vermieters zu differenzieren. **354**

Übersicht:

Miete *beweglicher* Sachen. Insolvenz von **Mieter oder Vermieter**	Miete *beweglicher* Gegenstände, falls Refinanzierungssicherung	Miete *unbeweglicher* Sachen + Räume. Insolvenz des Mieters		Miete *unbeweglicher* Sachen + Räume. Insolvenz des Vermieters
Wahlrecht des Verwalters nach § 103. Bei Insolvenz des Mieters Kündigungssperre für den Vermieter, § 112. Ausnahme: § 108 I 2	Vertrag bleibt bei Insolvenz des Vermieters bestehen, § 108 I 2	Objekt war dem Mieter noch nicht überlassen: beiderseitiges Rücktrittsrecht, § 109 II	Objekt war dem Mieter schon überlassen: Kündigungsrecht nur des Verwalters, § 109 I. Kündigungssperre für den Vermieter nach § 112	Vertrag bleibt bestehen, § 108

355   **a)** Für Miet- und Pachtverhältnisse des Schuldners über **bewegliche Sachen** (z.B. ein Auto) und Rechte gilt § 108 InsO nicht; sie unterliegen daher dem Wahlrecht des Insolvenzverwalters (§ 103 InsO). Wenn der Insolvenzverwalter des Mieters nicht Erfüllung wählt, ist er zur Herausgabe verpflichtet (BGH NJW 2007, 1594). Das Fernsprechteilnehmerverhältnis wird wie ein Mietverhältnis behandelt (BGHZ 39, 35). § 112 InsO gilt für Miete von beweglichen und unbeweglichen Gegenständen.

356   **b)** Bei Miet- oder Pachtverhältnissen über **unbewegliche Gegenstände oder Räume** (z.B. ein Laden, eine Wohnung) hat der Insolvenzverwalter dagegen kein Wahlrecht im Sinne von § 103 InsO; sie bestehen trotz Insolvenzeröffnung zu den bisherigen Bedingungen fort (§ 108 I InsO).

aa) Der Schuldner ist Mieter

357   (1) Ist der unbewegliche Mietgegenstand (bzw **Raum**) dem Schuldner zur Zeit der Eröffnung **noch nicht überlassen,** dann kann sowohl der Verwalter wie der Vermieter vom Vertrag zurücktreten. § 109 II 1 InsO. Zur Abgabe der Erklärung kann der andere Teil gezwungen werden, indem er dazu aufgefordert wird: der Rücktritt vom Vertrag ist nur binnen zwei Wochen möglich, § 109 II 3 InsO.

-    Tritt der Verwalter zurück, kann der andere Teil seinen Schadensersatzanspruch als gewöhnliche Insolvenzforderung zur Tabelle anmelden, § 109 II 2 InsO. Auch der Mietrückstand aus der Zeit bis zur Eröffnung ist nur Insolvenzforderung, § 108 III InsO.

-    Erfolgt kein (wirksamer) Rücktritt, besteht der Vertrag fort; die Neu-Ansprüche sind dann aus der Masse zu erfüllen (§ 55 I Nr. 1, 2 InsO); der eventuelle Rückstand ist Insolvenzforderung (§ 108 III InsO).

358   (2) Ist der **Mietgegenstand dem Schuldner bereits überlassen,** kann der Insolvenzverwalter mit *gesetzlicher* Frist kündigen, auch wenn im Vertrag eine andere Frist vereinbart war (§ 109 I 1 InsO). Kündigt der Verwalter, kann der Vermieter seinen Schadensersatzanspruch als gewöhnliche Insolvenzforderung zur Tabelle anmelden, §§ 38, 109 I 3 InsO.

> **Beispiel**
>
> Hauseigentümer E hat dem S Räume zum Betrieb eines Lebensmittelmarktes für 10 Jahre (2006–2015) vermietet. Am 2.3.2010 wird über S das Insolvenzverfahren eröffnet. Der Insolvenzverwalter kann bis 30.3. zum 30.6.2010 kündigen (§ 109 I 1 InsO, entgegen § 580a II BGB). Den Mietausfall ab 1.7.2010 bzw den Schaden, weil nur eine billigere Neuvermietung möglich ist, kann E nur als Insolvenzforderung geltend machen. Wegen der Mietzinsforderung von der Insolvenzeröffnung bis zur Beendigung des Vertrags (30.6.) ist der Vermieter *Massegläubiger* (§ 55 I Nr. 2 zweite Alt. InsO), wegen der Mietzinsforderung aus dem letzten Jahr vor der Insolvenzeröffnung einfacher Insolvenzgläubiger; in beiden Fällen kann aber der Vermieter sein *Vermieterpfandrecht* an den eingebrachten Sachen des Mieters (z.B. Ladeneinrichtung) geltend machen (§ 562 BGB), somit ein Absonderungsrecht, § 50 I InsO. Bezüglich der Verwertung dieser Sachen durch den Verwalter sind §§ 165, 173 InsO zu beachten.

359   Bei **Wohnungsmiete** sind bei einer Kündigung durch den Vermieter die Mieterschutzbestimmungen (§§ 573 ff. BGB, § 112 InsO) zu beachten. Der Insolvenzverwalter des Wohnungsmieters kann eine sog. **Freigabeerklärung** (§ 109 I 2 InsO) abgeben (Folge: Mietschulden ab dem in § 109 I 1 InsO genannten Zeitpunkt können nicht mehr als Masseverbindlichkeit geltend gemacht werden). Haben Ehegatten gemeinsam Räume

gemietet, bildet das Mietverhältnis eine Einheit und kann nur einheitlich gekündigt werden; fällt nur der Ehemann in Insolvenz, kann daher der Insolvenzverwalter nicht nach § 109 InsO kündigen (BGHZ 26, 102 zu § 19 KO).

(3) **Kündigungssperre.** Das Unternehmen des Schuldners soll möglichst lange als wirtschaftliche Einheit erhalten bleiben, damit ein Verkauf oder eine Sanierung möglich ist. Deshalb werden Sachen, die unter Eigentumsvorbehalt an den Schuldner geliefert worden sind, zunächst im Verfügungsbereich des Verwalters gehalten (§ 107 II InsO), ebenso Sachen, an denen Absonderungsrechte bestehen (§ 159 InsO). Desgleichen sollen gemietete Räume, Maschinen usw dem Verwalter nicht aufgrund von Zahlungsrückständen des Schuldners entzogen werden können (§ 112 InsO). Die Vorschrift gilt auch für mietähnliche Leasingverträge.

§ 112 Nr. 1 InsO: Der Vermieter kann dem Mieter (= Insolvenzschuldner) *nach* Eröffnung nicht mehr wegen Verzug mit Mietforderungen, der *vor* dem Eröffnungsantrag eingetreten ist, kündigen (vgl. § 543 BGB).

§ 112 Nr. 2 InsO: Verschlechterung der Vermögensverhältnisse ist in manchen Mietverhältnissen als Kündigungsgrund vereinbart und durch Nr. 2 ausgeschlossen. Die Regelung ist nicht abdingbar, § 119 InsO.

bb) Der Schuldner ist Vermieter

Der Insolvenzverwalter ist **an den Mietvertrag gebunden,** sowohl wenn die Mietsache dem Mieter bereits überlassen ist wie auch im gegenteiligen Fall. Die Insolvenz des Vermieters gibt dem Mieter kein Sonderkündigungsrecht (BGH NJW-RR 2002, 946). Der Verwalter zieht den Mietzins zur Masse ein; gekündigt werden kann nach Vertrag bzw. BGB-Fristen. Vorausverfügungen des Schuldners über den Mietzins sind im Insolvenzverfahren zum Schutz der Gläubiger nur mit Beschränkungen wirksam, § 110 I InsO. Dies ist sinnvoll, weil auch gegenüber Erwerbern (§§ 573 ff. BGB) und Hypothekengläubigern (§ 1123 BGB) sowie sonstigen Gläubigern (AnfG) Vorausverfügungen nur sehr beschränkt wirksam sind. **360**

Solche **Verfügungen** des Vermieters sind z.B. die Einziehung der Miete, § 110 II 1 InsO, ferner die Abtretung, Verpfändung, Nießbrauchbestellung, Erlass, Stundung. Gleichgestellt ist die Pfändung durch Zwangsvollstreckung, auch Verfügungen durch Arrest oder einstweilige Verfügung (§ 110 II 2 InsO). Eine schon im Mietvertrag vereinbarte Vorauszahlung, die zum Aufbau eines Hauses bestimmt war (z.B. Baukostenzuschuss), ist aber dem Insolvenzverwalter gegenüber unbeschränkt wirksam (BGHZ 6, 202). Vorauszahlungen bei Miete beweglicher Sachen (z.B. Auto-Miete) sind unbeschränkt wirksam, weil § 110 InsO nur unbewegliche Gegenstände oder Räume betrifft. **361**

Beispiel Der Vermieter V hat dem M am 1.1. einen Laden für 5 Jahre vermietet und sich die Miete für 1 Jahr vorauszahlen lassen. Am 10.4. wird das Insolvenzverfahren über V eröffnet. Die Vorausverfügung ist nur noch für den April wirksam, ab Mai muss M wieder Miete an den Insolvenzverwalter zahlen. Wegen der Doppelzahlung hat M einen Bereicherungsanspruch gegen V (einfache Insolvenzforderung).

Aufrechnung. Der Mieter muss nach § 110 I InsO auf jeden Fall die Miete ab dem nächsten Monat (nach Eröffnung, z.B. am Monatsanfang) an den Insolvenzverwalter **362**

zahlen. Mit seinen Gegenforderungen gegen den Vermieter kann er nur diese Mietforderungen zum Erlöschen bringen, nicht die Mietforderungen ab dem übernächsten Monat (§ 110 III 1 InsO), falls die allgemeinen Aufrechnungsvoraussetzungen (§§ 95, 96 Nr. 2 bis 4 InsO) vorliegen.

Da in § 110 III 2 InsO auf § 96 Nr. 1 InsO *nicht* verwiesen wurde, heißt das, dass der Mieter in diesem bescheidenen Umfang auch mit erst *nach* Eröffnung entstandenen Forderungen aufrechnen kann.

363 **Veräußerung des Mietobjekts (Hauses).** Veräußert der Insolvenzverwalter das vermietete Grundstück, so kann der Erwerber vorzeitig mit der gesetzlichen Frist kündigen (§ 111 InsO), soweit nicht bei Mietverhältnissen über Wohnraum der Kündigungsschutz der §§ 549 I, 573, 574, 574a–c, 575 II, III, 575a BGB eingreift. Zum Eintritt des Erwerbers in ein bestehendes Mietverhältnis vgl. §§ 566, 578, 581 II BGB.

364 **c) Leasingverträge und andere refinanzierte Mietverhältnisse.** Leasing ist eine Sonderform der entgeltlichen Gebrauchsüberlassung von Wirtschaftsgütern (vgl. *Palandt/ Weidenkaff* 37 vor § 535); es handelt sich um einen atypischen Mietvertrag (BGH NJW 1990, 1113). Dabei kommt es auf den Vertragsinhalt an, nicht auf die Bezeichnung. **Vertrag mit Option:** Beim Finanzierungsleasingvertrag *mit Kaufoption* kann der Leasingnehmer bis zu einem bestimmten Termin erklären, ob er die Sache kaufen will. Wird der Leasingnehmer während der Grundmietzeit und ohne dass die Option ausgeübt worden ist, insolvent, ist Mietrecht anzuwenden (BGHZ 71, 189 zu § 19 KO), weil die mietrechtlichen Regelungen das Schwergewicht gegenüber den kaufrechtlichen haben.

365 **aa) Immobilienleasing** fällt unter § 108 I 1 InsO (Miete unbeweglicher Sachen, oben b).

366 **bb) Leasing beweglicher Sachen** wird, wenn es sich inhaltlich im wesentlichen um einen Mietvertrag behandelt, wie Miete beweglicher Sachen behandelt (oben a).

> **Beispiel**
> Die Fa. All-Leasing hat einen in ihrem Eigentum stehenden (nicht refinanzierten) Pkw an K verleast und wird dann insolvent. Der Verwalter kann nach § 103 wählen, ob er den Vertrag weitererfüllt oder nicht.

367 **cc) Leasing von Gegenständen, die refinanziert sind:** Diese Verträge werden nach § 108 I 2 InsO wie Mietverträge über unbewegliche Gegenstände behandelt.

> **Beispiel**
> Die Fa. All-Leasing hat einen Pkw gekauft. Den Kaufpreis hat sie dadurch aufgebracht, dass sie einen Kredit bei der B-Bank aufnahm; zur Sicherheit hat sie der B- Bank das Eigentum am Pkw übertragen. Dann hat die All-Leasing den Pkw an den Kunden K verleast (vermietet). Hierauf wird über das Vermögen der All-Leasing das Insolvenzverfahren eröffnet. Wegen § 108 I 2 InsO gelten nicht die Regeln über bewegliche Sachen (d.h. Wahlrecht des Verwalters), sondern § 108 I 1: der Vertrag bleibt bestehen. K (Leasingnehmer) nutzt den Pkw weiter und zahlt weiterhin seine Raten an den Insolvenzverwalter.

7. Arbeits- und Dienstverhältnisse

Dienstverhältnis ist der Oberbegriff: darunter fallen das Arbeitsverhältnis und sonstige **368** Dienstverhältnisse, z.B. mit dem GmbH-Geschäftsführer oder dem AG-Vorstand, Ausbildungsverhältnisse.

a) Kündigungsgrund. Die Insolvenzeröffnung als solche berührt ein Arbeitsverhältnis **369** nicht; es besteht fort, § 108 I InsO. Die Eröffnung stellt ferner keinen wichtigen Grund für eine *fristlose* Kündigung dar. Die ordentliche Kündigung ist aber gegeben.

b) Kündigungsfrist. Ist der Arbeitgeber („Dienstberechtigter") insolvent geworden, **370** kann das (angetretene; str.; vgl. *Uhlenbruck/Berscheid* § 113 Rz. 7; a.A. HK-InsO/*Marotzke* § 108 Rz. 2) Arbeitsverhältnis vom Insolvenzverwalter des Arbeitgebers und vom Arbeitnehmer ordentlich gekündigt werden, § 113 S. 1 InsO; auch bei Verträgen auf Lebenszeit oder mit vereinbarter Unkündbarkeit. Es gilt eine Frist von drei Monaten zum Monatsende, § 113 S. 2 InsO, wenn nicht vertraglich eine *kürzere* Frist vereinbart war. Auch längere gesetzliche, einzelvertragliche oder tarifvertragliche Kündigungsfristen verkürzen sich auf drei Monate *(BAG NJW 1999, 1571; Hess/Weis/ Wienberg* Rz. 431; str.).

c) Kündigungsschutz. Die *sozialen Kündigungsschutzbestimmungen gelten* auch für **371** den Insolvenzverwalter: Beteiligung des Betriebsrats (§ 102 BetrVG), Kündigungsschutzgesetz (§ 1 III KSchG: soziale Auswahl zu beachten, BAG NJW 1983, 1341; § 17 KSchG bei Massenentlassungen), Mutterschutzgesetz (§ 9 MuSchG), Schwerbehindertenrecht (§§ 85, 91 SGB IX). Gekündigte Arbeitnehmer können sämtliche Unwirksamkeitsgründe (mit Ausnahme der Sozialwidrigkeit, § 4 S. 1 KSchG) nur binnen drei Wochen mit Kündigungsschutzklage geltend machen (§ 4 KschG). Über **Betriebsvereinbarungen** und **Betriebsänderungen** vgl. §§ 120–122, 125–128 InsO.

d) Schadensersatz, § 113 S. 3 InsO. Kündigt der Insolvenzverwalter des insolventen **372** Arbeitgebers, hat der Arbeitnehmer bei vorzeitiger Beendigung des Vertrages einen Schadensersatzanspruch, aber nur als einfache Insolvenzforderung nach § 38 InsO. Höhe: der durch die vorzeitige Kündigung entgangene Verdienst.

> **Beispiel**
> A ist beim Schlossbesitzer (und späteren Schuldner) S mit einer einzelvertraglich vereinbarten Kündigungsfrist von 12 Monaten als Gärtnerin angestellt. Der Insolvenzverwalter kündigt ihr mit einer Frist von drei Monaten, § 113 S. 2 InsO. A kann den entgangenen Lohn für die weiteren 9 Monate als Insolvenzforderung anmelden, wird wegen des schlechten Ranges aber in der Regel nur wenige Prozente oder nichts bekommen.

e) Lohnanspruch

aa) Lohnansprüche für die Zeit nach Insolvenzeröffnung bis zum Ablauf der Kündi- **373** gungsfrist sind *Masseforderungen*, § 55 I Nr. 2 Alt. 2 InsO;

bb) Lohnansprüche der weiterbeschäftigten Arbeitnehmer (z.B. Buchhalter für die Abrechnung) für die Zeit nach Eröffnung sind Masseforderungen nach § 55 I Nr. 1 InsO;

cc) Schadensersatzansprüche nach § 113 S. 3 InsO sind Insolvenzforderungen (§ 38 InsO).

dd) Lohnansprüche für die letzten drei Monate vor Insolvenzeröffnung (oder Abweisung der Eröffnung mangels Masse): hierfür besteht nach §§ 183 ff. SGB III ein Anspruch des Arbeitnehmers auf **Insolvenzgeld** (Nettolohn, § 185 SGB III) gegen die Bundesagentur für Arbeit, d.h. das frühere „Arbeitsamt". Die Auszahlung wird häufig von einer Bank vorfinanziert.

Die Mittel für das Insolvenzgeld werden von den Berufsgenossenschaften usw. (Unfallversicherungsträger) aufgebracht, die sie ihrerseits von ihren Mitgliedern (den Arbeitgebern) erhalten, § 358 ff. SGB III (Mitwettbewerber müssen also letztlich ihren früheren Konkurrenten finanzieren). Der Arbeitnehmer hätte an sich wegen dieses Lohnanspruchs nur eine Insolvenzforderung (§ 108 II InsO). Durch Stellen des Antrags auf Insolvenzausfallgeld geht sein Anspruch auf die Bundesanstalt für Arbeit über (§§ 187, 324 III SGB III); diese meldet ihre Forderung dann als Insolvenzforderung (§ 55 III InsO) zur Tabelle an (§ 174 ff. InsO). So erhält der Arbeitnehmer schnell und sicher den Lohn für diese Zeitspanne.

Noch ältere Lohnrückstände sind Insolvenzforderungen, § 108 II InsO.

374   **Übersicht:**

Lohnrückstände, die älter als drei Monate vor Eröffnung sind	Rückstand drei Monatslöhne vor Eröffnung	Lohn weiterbeschäftigter Arbeitnehmer	Lohn nicht weiterbeschäftiger Arbeitnehmer bis zum Ablauf der Kündigungsfrist	Schadensersatz wegen vorzeitiger Kündigung
Insolvenzforderung, § 108 II	zahlt die Bundesagentur für Arbeit § 55 III	Masseforderung § 55 I Nr. 1	Masseforderung § 55 I Nr. 2	Insolvenzforderung, § 113 I 3

375   **f) Sozialversicherungsbeiträge.** Rückständige Pflichtbeiträge für den Zeitraum, für den von der Agentur (Arbeitsamt) Insolvenzgeld bezahlt wurde, entrichtet die Bundesagentur für Arbeit auf Antrag der gesetzlichen Krankenkasse (z.B. AOK) oder Ersatzkasse (§ 208 I SGB III); diese Kasse bleibt aber verpflichtet, den Betrag beim Insolvenzschuldner einzuziehen. Noch ältere Rückstände bleiben gewöhnliche Insolvenzforderungen (§ 38 InsO).

Für weiterbeschäftige bzw neueingestellte Arbeitnehmer hat der Insolvenzverwalter Sozialversicherungsbeiträge als Masseverbindlichkeit zu zahlen, ebenso für die gekündigten Arbeitnehmer bis zum Ablauf der Kündigungsfrist (§ 55 I Nr. 1, 2 InsO).

376   **g) Sozialplan.** Bei *Betriebsstilllegung oder Betriebsänderung* ist durch Arbeitgeber und Betriebsrat ein Sozialplan aufzustellen, §§ 111 ff. BetrVG; danach erhalten die Arbeitnehmer für den Verlust ihres Arbeitsplatzes eine Abfindung in Höhe einiger Monatslöhne.

377   **aa) Sozialplan des Insolvenzverwalters.** Wird kein Plan aufgestellt, kommt Nachteilsausgleich nach § 113 I, III BetrVG in Betracht. Hat der Insolvenzverwalter nach Insolvenzeröffnung einen Sozialplan aufgestellt, dann gilt (kumulativ):

- Die Gesamthöhe der Sozialplanforderungen darf 2,5 Monatslöhne aller von der Entlassung betroffenen Arbeitnehmer nicht übersteigen (absolute Grenze), § 123 I

InsO; das betrifft aber nur die Summe: nicht jeder Arbeitnehmer bekommt 2,5 Monatslöhne, sondern je nach Plan der eine (z.B. langjährig beschäftigt mit Kindern) mehr, der andere (der z.B. bereits eine andere Stelle gefunden hat) weniger oder nichts.

- Zur Bezahlung (auch mehrerer Sozialpläne) darf nicht mehr als $^1/_3$ der zur Verteilung stehenden Masse verwendet werden (relative Grenze), § 123 II 2 InsO (zur Kürzung vgl. § 123 II 3 InsO). Kommt ein Insolvenzplan zustande (§§ 217 ff. InsO) gilt die relative Grenze nicht.

- Die Forderungen sind zwar nicht Insolvenzforderungen (§ 38 InsO), sondern Masseverbindlichkeiten, § 123 II 1 InsO (Folge: keine Anmeldung und Feststellung nach §§ 174 ff. InsO). Doch können die Arbeitnehmer deswegen nicht gegen den Insolvenzverwalter (d.h. in die Masse) vollstrecken (§ 123 III 2 InsO; bei sonstigen Masseverbindlichkeiten dagegen können die Gläubiger vollstrecken). Deshalb stehen sie faktisch im Rang *nach* den anderen Masseverbindlichkeiten (BT-Drucks. 12/2443): erst wenn diese befriedigt sind, wird der Sozialplan bedient.

bb) Sozialplan aus der Dreimonatsphase vor dem Verfahrensantrag. Er kann vom Insolvenzverwalter und/oder vom Betriebsrat widerrufen werden, (§ 124 I InsO); es kann dann vom Insolvenzverwalter ein neuer Plan nach den Regeln der §§ 123, 124 II, III InsO aufgestellt werden.   **378**

cc) Noch ältere Sozialpläne. Noch offene Forderungen daraus sind Insolvenzforderungen (§ 38 InsO).   **379**

h) Betriebsrente. Manche Unternehmer haben ihren Arbeitnehmern eine Betriebsrente zugesagt; diese Arbeitnehmer haben dann im Alter zwei Renten: die gesetzliche Altersrente und die Betriebsrente (sowie eventuell noch eine private Vorsorge). Früher entfiel die Betriebsrente bei Insolvenz des Unternehmens. Das Gesetz zur Verbesserung der betrieblichen Altersversorgung von 1974 (BetrAVG) sicherte die Betriebsrenten für den Insolvenzfall: bei Eröffnung des Insolvenzverfahrens über das Vermögen des Arbeitgebers, bei Antragsabweisung mangels Masse und in ähnlichen Fällen (§§ 7 ff. BetrAVG) haben die Versorgungsempfänger einen Anspruch gegen den *Träger der Insolvenzversicherung* (das ist der *Pensionssicherungsverein, Verein auf Gegenseitigkeit, Köln*) auf die Rente.   **380**

Dieser Träger mit derzeit 83 300 Mitgliedern und 1 274 000 Versorgungsberechtigten erhält seine Mittel durch öffentlich-rechtliche Pflicht-Beiträge aller Arbeitgeber, die selbst eine betriebliche Altersversorgung gewähren (§ 10 BetrAVG), falls sie insolvenzfähig sind (deshalb müssen die Kirchen, BVerfG 66, 1, und die öffentlich-rechtlichen Rundfunkanstalten, BVerfG 89, 151, keine solchen Beiträge zahlen; vgl. oben Rn. 41). Wiederum muss der Mitwettbewerber letztlich seine Konkurrenten mitfinanzieren (wenn der Elektro-Konzern A insolvent wird, braucht der Pensionssicherungsverein höhere Einnahmen, es steigen die Pflichtbeiträge aller Betriebsrentenbetriebe, auch des Elektro-Konzerns S). Die Ansprüche der Versorgungsempfänger gehen auf den Träger über, § 9 II BetrAVG.

i) Betriebsübergang. Veräußert der Insolvenzverwalter im Rahmen der Verwertung der Masse einen Betrieb oder Betriebsteil, ist § 613a BGB einschlägig. Die Fortführung des Betriebs durch den Insolvenzverwalter fällt nicht unter § 613a BGB, sondern unter § 55 I Nr. 1 InsO. Veräußert der Insolvenzverwalter den Betrieb, gilt § 128 InsO, der auf   **381**

§§ 125–127 InsO verweist; grundsätzlich gilt § 613a BGB auch in der Insolvenz, der Übergang der Arbeitsverhältnisse (§ 613a I BGB) und der Kündigungsschutz (§ 613a IV BGB) sind Sanierungshindernisse.

Manchmal wird eine **Qualifizierungsgesellschaft** (GmbH) gegründet, welche die Arbeitnehmer befristet einstellt, wobei das alte Arbeitsverhältnis aufgehoben wird. Die Arbeitnehmer erhalten dann Transferkurzarbeitergeld (§ 216a SGB III).

8. Auftrag und Geschäftsbesorgung

382 Aufträge und Geschäftsbesorgungsverträge, die der Schuldner erteilt hat, erlöschen mit der Insolvenzeröffnung, §§ 115 I, 116 InsO. Darunter fallen z.B. Verträge mit Rechtsanwälten, Architekten, Spediteuren, Vermögensverwaltern; der Girovertrag mit der Bank; Treuhandverträge. § 115 II, III InsO besagt, dass bei Notgeschäftsführung (§ 672 BGB) oder Unkenntnis vom Insolvenzverfahren (§ 674 BGB) das Auftragsverhältnis als fortbestehend gilt.

Honoraransprüche der Geschäftspartner für die Zeit vor Insolvenzeröffnung sind Insolvenzforderungen (§ 38 InsO), Ansprüche auf Erstattung von Aufwendungen (wie Fahrtkosten) nach Eröffnung können Masseforderungen (bei § 115 II InsO; § 672 BGB) bzw. Insolvenzforderungen (bei § 115 III 2; § 674 BGB) sein.

9. Bürgschaft

383 **a) Insolvenz des Schuldners.** Der Gläubiger kann (als Insolvenzgläubiger, § 38 InsO) seine Forderung zur Tabelle anmelden.

384 **aa)** Der Regressanspruch des Bürgen (aus § 774 II BGB, evtl. §§ 670, 683 BGB), der noch nichts an den Gläubiger zahlte, ist aufschiebend bedingt (Bedingung: Zahlung durch den Bürgen) und nicht anmeldbar, weil es sich um eine nur *einmal* zu zahlende Schuld handelt (BGH NJW 1985, 1160), § 44 InsO.

385 **bb)** Hat der Bürge *vor* Insolvenzeröffnung voll an den Gläubiger gezahlt, ist nur noch der Bürge Insolvenzgläubiger und kann voll anmelden.

386 **cc)** Bei Teilzahlungen des Bürgen ist zu unterscheiden:

(1) Hat der Bürge *vor* Insolvenzeröffnung nur *teilweise* an den Gläubiger bezahlt, nehmen beide (B und G) am Insolvenzverfahren des Schuldners teil: der Bürge wegen seiner Regressforderung (§ 774 II BGB), der Gläubiger wegen seiner Restforderung. Außerhalb des Insolvenzverfahrens aber kann der Gläubiger vom Bürgen den Betrag herausverlangen, um den seine Insolvenzquote ohne die Teilnahme des Bürgen höher ausgefallen wäre (RGZ 83, 401).

(2) Ist die *Teilzahlung nach Insolvenzeröffnung* erfolgt, ist § 43 InsO zu beachten; die Einrede der Vorausklage hat der Bürge jedenfalls nach § 773 I Nr. 3 BGB verloren, so dass er neben dem Hauptschuldner auf das Ganze haftet. § 43 InsO ähnelt § 774 1 2 BGB.

Die Forderung betrug 10 000,– €, der Bürge hat *nach* Insolvenzeröffnung 3000,– € bezahlt. Dann kann wegen § 43 InsO *der Gläubiger* trotzdem die *vollen 10 000,– €* anmelden und erhält darauf die Quote (BGHZ 27, 54 zu § 68 KO). Der *Bürge kann* trotz seiner Forderung von 3000,– € *nichts anmelden,* weil sonst ein Betrag von 3000,– € doppelt angemeldet würde, was mit § 38 InsO nicht zu vereinbaren ist.

Bei Vollzahlung des Bürgen an den Gläubiger *nach* Insolvenzeröffnung bestand der Regressanspruch des Bürgen schon bei Eröffnung aufschiebend bedingt und die Bedingung ist nun eingetreten. Der Bürge kann daher seine Regressforderung voll anmelden. § 43 InsO ist eine Schutzvorschrift zugunsten des Gläubigers, der nach voller Befriedigung des Schutzes nicht mehr bedarf (BGHZ 39, 319 zu § 68 KO).

b) Insolvenz des Bürgen. Der Gläubiger kann die Bürgschaftsforderung anmelden, der Insolvenzverwalter die Einreden des Bürgen erheben (Folge: §§ 322 BGB, 756 ZPO). **387**

c) Insolvenz des Gläubigers. Der Insolvenzverwalter des Gläubigers kann die Bürgschaftsforderung vom Bürgen beglichen verlangen, dieser hat die gewöhnlichen Einreden. **388**

10. Vollmachten

Eine vom Schuldner erteilte Vollmacht, die sich auf die Insolvenzmasse bezieht, erlischt (§ 117 I InsO; vgl. § 168 S. 1 BGB). Wenn aber die Vollmacht mit einem Geschäftsbesorgungsvertrag verknüpft ist und dieser wegen Notgeschäftführung fortbesteht (§ 115 II InsO), bleibt insoweit auch die Vollmacht bestehen (§ 117 II InsO). Wer die Eröffnung des Insolvenzverfahrens und damit das Erlöschen seiner Vollmacht ohne Verschulden nicht kennt, haftet nicht als Vertreter ohne Vertretungsmacht (§ 117 III InsO). **389**

11. Gesellschaften

Die BGB-Gesellschaft wird aufgelöst, wenn über das Vermögen eines Gesellschafters das Insolvenzverfahren eröffnet wird, § 728 II 1 BGB. Die Auseinandersetzung erfolgt außerhalb des Insolvenzverfahrens, § 84 I 1 InsO, d.h. nach §§ 731 ff. BGB. Der Anteil des Schuldners fällt in die Masse. Mitgesellschafter haben gemäß § 84 I 2 InsO ein Absonderungsrecht. Ob eine andere Gesellschaft durch die Eröffnung des Insolvenzverfahrens über das Vermögen eines Gesellschafters aufgelöst wird, ergibt sich aus BGB und HGB (§§ 728 BGB i.V.m. §§ 727 II 2, 3; 729 BGB; § 131 III Nr. 2 HGB für die OHG; § 161 II HGB für die KG; § 278 III AktG). § 118 InsO (betrifft OHG, KG etc., § 11 II Nr. 1 InsO) bestimmt, wann Ansprüche des geschäftsführenden Gesellschafters aus Geschäftsfortführung Insolvenz- bzw. Masseforderungen sind. Vgl. ferner Rn. 616 ff. **390**

12. **Verein**

391   **a)** Wird ein Mitglied eines *rechtsfähigen Vereins* insolvent, ist § 84 InsO nicht anwendbar, weil das Vereinsvermögen nicht gemeinschaftliches Vermögen der Mitglieder ist und die Mitgliedschaft als solche keinen Vermögenswert darstellt.

b) War der *Verein nicht rechtsfähig,* wird § 728 BGB als stillschweigend durch die Satzung ausgeschlossen angesehen, weil er auf den Verein nicht passt (HK-*Marotzke* § 118 Rz. 4). Das Mitglied hat beim Ausscheiden keinen Auseinandersetzungsanspruch, § 84 InsO ist unanwendbar.

Elfter Abschnitt
Die Insolvenzanfechtung

I. Zweck der Insolvenzanfechtung

1. Schmälerungen der Insolvenzmasse

Schmälerungen der Insolvenzmasse **in der Zeit** *nach* **Insolvenzeröffnung** werden   392
durch §§ 81, 82 InsO (Verfügungen des Schuldners), §§ 87, 89, 91 InsO (Maßnahmen
der Insolvenzgläubiger) verhindert. Durch Aussonderung, Absonderung, Aufrechnung,
Erzeugung von Masseverbindlichkeiten, sind gleichwohl noch Zugriffe möglich.

2. Beeinträchtigungen der Masse in der Zeit vor Eröffnung

Solche Beeinträchtigungen können durch Insolvenzanfechtung ausgeglichen werden,   393
§ 129 ff. InsO. Sie beruht auf dem Gedanken, dass die Insolvenzgläubiger auch schon
in der Zeit vor dem (erst mit der Insolvenzeröffnung eintretenden) Insolvenzbeschlag
geschützt werden müssen. Denn bei drohender Insolvenz suchen sich einzelne Gläubiger (z.B. durch eilige Zwangsvollstreckung, Arreste, Vereinbarungen mit dem Schuldner) zum Schaden der anderen Gläubiger abzusichern. Auch schafft der Schuldner oft
in Erwartung der Insolvenz Vermögensteile beiseite oder verschenkt sie an Angehörige. Alle diese Vorgänge können, weil sie die Insolvenzgläubiger unbillig benachteiligen, im Wege der Anfechtung rückgängig gemacht werden.

Die Insolvenzanfechtung bleibt auch nach Anzeige der Masseunzulänglichkeit (§ 208 III InsO) möglich (BGH NJW-RR 2001, 1699). Ein rechtswirksam für erledigt erklärter Eröffnungsantrag, der nicht
zu einer rechtskräftigen Insolvenzeröffnung geführt hat, ermöglicht aber keine Insolvenzanfechtung
(BGH NJW 2002, 515).

3. Anfechtungsgesetz

Die Insolvenzanfechtung ist zu unterscheiden von der Gläubigeranfechtung außerhalb   394
des Insolvenzverfahrens nach dem Anfechtungsgesetz, AnfG; diese dient der von einem *einzelnen* Gläubiger betriebenen Zwangsvollstreckung.

Beispiel Der Schuldner hat kurz vor dem Besuch des Gerichtsvollziehers ein wertvolles Gemälde – sein
letztes Besitztum – an einen Freund verschenkt; § 4 AnfG. Das Bild muss dem Gläubiger zur
Vollstreckung zur Verfügung gestellt werden, so, wie wenn es noch bei S wäre, § 11 AnfG.

4. Anfechtung nach §§ 119, 123, 142 BGB

Die Insolvenzanfechtung hat *nichts* zu tun mit der Anfechtung nach BGB; bei §§ 129 ff.   395
InsO werden keine Rechtsgeschäfte beseitigt, sondern es liegt (wenn die Voraussetzungen gegeben sind) kraft Gesetzes ein schuldrechtlicher Anspruch auf Rückgewähr
eines Vermögenswertes zur Insolvenzmasse vor.

II. **Voraussetzungen** der Insolvenzanfechtung

1. Rechtshandlung

Es muss eine Rechtshandlung vorliegen, § 129 I InsO.

396   **a) Rechtshandlungen** sind alle Handlungen, die Rechtsfolgen haben, einerlei ob die Folgen gewollt sind oder nicht. Zu den Rechtshandlungen gehören also:

- Rechtsgeschäfte.

  Beispiele
  Veräußerung von Gegenständen durch den Schuldner, Anerkennung einer Forderung, Verzicht auf ein Recht. Hinsichtlich der Anfechtbarkeit müssen Grundgeschäft und Erfüllungsgeschäft getrennt betrachtet werden; das erste gibt einen Anspruch, das zweite wendet einen Gegenstand zu (*Uhlenbruck/Hirte* § 129 Rz. 70). Auch die Zahlung des Arbeitnehmeranteils an den Sozialversicherungsträger ist grds. anfechtbar (BGH NJW 2005, 1118; 2002, 512). Ob sich daran etwas durch den neuen § 28e I 2 SGB IV geändert hat, ist umstritten (vgl. *Sterzinger* NZI 2008, 221; *Bräuer* ZInsO 2008, 169); s. unten.

- Rechtshandlungen des Schuldners.

  Beispiele
  Hinnahme eines Versäumnisurteils durch den Schuldner, Unterlassen des Einspruchs dagegen (§ 129 II InsO: Unterlassen genügt). Auch Rechtshandlungen des vorläufigen Insolvenzverwalters (*Sequesters*) gelten als solche des Schuldners, BGH ZIP 1983, 191; sie sind daher anfechtbar (wegen § 55 II InsO i. d. R. überflüssig), falls dem Schuldner kein allgemeines Verfügungsverbot auferlegt war (§ 22 II InsO; *Uhlenbruck/Hirte* § 129 Rz. 17); selbst dann, wenn vorläufiger und engültiger Verwalter personengleich sind. Die Zahlung der Arbeitnehmeranteile zu den Gesamtsozialversicherungsbeiträgen ist eine Rechtshandlung des Arbeitgebers und daher als mittelbare Zuwendung an die Einzugsstelle anfechtbar (BGH NZI 2009, 886); dazu § 28e I 2 SGB IV. Auch die Zahlung einer Geldstrafe unterliegt der Anfechtung (BGH JuS 2011, 268).

- Rechtshandlungen von Gläubigern (vgl. § 141 InsO).

  Beispiele
  Zwangsvollstreckungsmaßnahmen gegen den späteren Schuldner. Ein Gläubiger mit Titel lässt ein Bild des S durch den Gerichtsvollzieher pfänden oder er lässt das Guthaben des S auf einem Bankkonto durch Pfändungs- und Überweisungsbeschluss pfänden und sich überweisen (BGHZ 79, 124).

397   Bei **Pfändungspfandrechten** sind 3 Fallgruppen zu unterscheiden:

(1) Wenn die Vollstreckung kurz vor dem Antrag auf Eröffnung (oder nachher) erfolgte (Monatsfrist), ist keine Anfechtung erforderlich; die Zwangsvollstreckungsmaßnahme ist schon wegen § 88 InsO (sog. **Rückschlagsperre**) unwirksam.

(2) Wenn die Pfändung älter ist, begründet sie ein Recht auf abgesonderte Befriedigung (§ 50 InsO).

(3) Wenn die Pfändung an sich ein solches Absonderungsrecht begründen würde, kann sie wegen § 141 InsO angefochten werden, falls ein Anfechtungstatbestand (z.B. § 131 I Nr. 2, 3 InsO) vorliegt.

Keine Rechtshandlungen des S sind: Ausschlagung oder Ablehnung eines Rechtserwerbs (z.B. einer Erbschaft oder einer Schenkung) durch den Schuldner, Erbverzicht, Unterlassen der Verwertung der Arbeitskraft.

398   **b)** Die **Rechtshandlung** muss von dem Schuldner oder ihm gegenüber ***vor der Insolvenzeröffnung*** vorgenommen worden sein. Wann eine Rechtshandlung als vorgenommen gilt, regelt § 140 I, III InsO: zu dem Zeitpunkt, in dem ihre rechtlichen Wirkungen eintreten. Bei mehraktigen Rechtsgeschäften kommt es i. d. R. auf den letzten Akt an (z.B. bei Bestellung eines Pfandrechts durch Einigung und Übergabe, § 1205 BGB).

Rechtshandlung des S *nach* Eröffnung sind der Masse gegenüber sowieso nicht wirksam (§§ 80, 81 InsO).

Für **Grundstücke** und Grundstücksrechte gelten Ausnahmen. Solche Rechte können u.U. auch noch *nach* Insolvenzeröffnung wirksam erworben werden, § 91 II InsO. Dieser zunächst wirksame Rechtserwerb kann aber vom Insolvenzverwalter unter bestimmten Voraussetzungen mittels Anfechtung rückgängig gemacht werden. Zunächst regelt § 140 II InsO in Abweichung von § 140 I InsO, dass bestimmte Grundstückgeschäfte nicht erst mit Eintragung, sondern schon vorher, nämlich mit Bindendwerden der Willenserklärung des Schuldners und Eingang des Eintragungsantrags *des anderen Teils* beim Grundbuchamt, als im Sinne des § 129 InsO *vorgenommen* gelten. Mit dieser Konstruktion wird ein Vorgang, der an sich erst *nach* Eröffnung vervollständigt wird und daher *immer* unwirksam wäre, als *vor* Eröffnung fingiert, so dass er nur rückgängig gemacht werden kann, wenn zusätzlich ein Anfechtungsgrund (§§ 130 ff. InsO) vorliegt. Auf den Eintragungsantrag *des S* stellt § 140 II InsO übrigens nicht ab.

399

Beispiel Schuldner S verkauft und übereignet seine Eigentumswohnung formgerecht an den Käufer K. K stellt den Eintragungsantrag. Dann wird das Insolvenzverfahren eröffnet und anschließend erst wird K im Grundbuch eingetragen. K erlangt Eigentum, § 91 II InsO. Die Übereignung ist an sich erst mit Einigung *und Eintragung* wirksam und also nach Insolvenzeröffnung *vorgenommen*, § 873 BGB; § 140 II InsO verlegt aber den Zeitpunkt vor, so dass der Vorgang unter § 129 InsO fällt und eine Anfechtung möglich ist, falls ein Anfechtungsgrund vorliegt.

Ist der Eintragungsantrag des Geschäftsgegners erst nach Eröffnung beim Grundbuchamt eingegangen, hilft § 140 II InsO nicht mehr. Das Geschäft ist erst *nach* Eröffnung vorgenommen und würde an sich nicht mehr unter das Anfechtungsrecht fallen, vgl. § 129 InsO. Wenn aber die weiteren Voraussetzungen des § 147 InsO vorliegen, ist gleichwohl eine Anfechtung möglich ist, falls ein Anfechtungsgrund vorliegt.

400

Beispiel Der Schuldner S lässt ein ihm gehörendes Grundstück eine Stunde nach der Insolvenzeröffnung an den B auf; B wird sofort im Grundbuch eingetragen. B wird dadurch Eigentümer, außer wenn ihm die Insolvenzeröffnung bekannt oder zur Zeit der Umschreibung der Insolvenzvermerk bereits im Grundbuch eingetragen war (§ 892 BGB; § 81 I InsO). Obwohl die Rechtshandlung *nach* Eröffnung vorgenommen wurde, ist sie nicht automatisch unwirksam, sondern nur anfechtbar (§ 147 InsO), falls ein Anfechtungsgrund vorliegt.

§ 147 InsO nennt nur **§§ 892, 893 BGB** (vgl. § 81 I 2 InsO). **§ 878 BGB** ist nicht erwähnt (anders als bei § 91 II InsO). Die Motive zu § 147 InsO (BT-Drucks. 12/2443) schreiben ausdrücklich, dass bewusst darauf verzichtet wurde, § 878 BGB zu erwähnen; denn ein Rechtserwerb, der nach §§ 878, 873 II BGB nach Eröffnung wirksam vollendet werde, solle nicht anfechtbar sein. Da das Anwartschaftsrecht in solchen Fällen insolvenzfest sein solle, müsse es auch anfechtungsfest sein. Die a.A. (HK-InsO/ *Kreft* § 147 Rz. 5) „liest" gleichwohl den § 878 BGB in § 147 InsO hinein.

401

§ 147 S. 2 InsO. Banküberweisungen (von Bank A zu Bank B) werden meist nicht einzeln abgerechnet, sondern es werden zu bestimmten Zeitpunkten die Salden ein-/ausgehende Überweisungen ausgeglichen. Das System darf nicht deshalb zusammenbrechen, weil ein einzelner Vorgang unwirksam ist. Die Verrechnung ist nach § 96 II InsO daher auch dann zulässig, wenn die zugrundeliegende Rechtshandlung anfechtbar war. Die Gläubigerbenachteiligung soll aber nicht folgenlos sein; sie darf zwar auf die Verrechnung innerhalb des Zahlungssystems keine Auswirkungen haben, doch ermöglicht § 147 S. 2 InsO die Anfechtung der dem Leistungsaustausch zugrunde liegenden Rechtshandlung (*Braun/Riggert* § 147 Rz. 7); Folge: Wertersatz.

402 **c)** Die **Rechtshandlung** muss grundsätzlich **wirksam** sein, weil die Anfechtung einen erlangten Vermögensvorteil voraussetzt. Auch nichtige Rechtsgeschäfte, namentlich Scheingeschäfte, können aber angefochten werden, wenn der andere Teil durch das Rechtsgeschäft einen tatsächlichen Vorteil erlangt hat.

Beispiel
Der Schuldner hat kurz vor der Insolvenzeröffnung ein Grundstück zum Schein (§ 117 BGB) an seine Ehefrau veräußert, die als Eigentümerin im Grundbuch eingetragen worden ist. Weil die Ehefrau durch die Eintragung einen tatsächlichen Vorteil (die grundbuchmäßige Rechtsposition) erlangt hat, kann der Insolvenzverwalter das Geschäft anfechten und die (formelle) Rückauflassung des Grundstücks verlangen. Die Anfechtung hat den Vorteil, dass sie gemäß § 133 II InsO ohne weiteren Nachweis zulässig ist, während bei der Klage auf Grund des Scheingeschäfts der Insolvenzverwalter die Scheinnatur des Vertrags beweisen muss.

403 **d)** Gleichgültig für die Anfechtung ist, ob für die Rechtshandlung ein **vollstreckbarer Titel** erlangt ist, § 141 InsO.

Beispiel
Der Schuldner S hat, um seine Gläubiger zu benachteiligen, von B eine Maschine, die 40 000,– € wert ist, um 100 000,– € gekauft. B hat dann den Kaufpreis eingeklagt und ein rechtskräftiges Urteil erlangt. Der Insolvenzverwalter kann gleichwohl den Kauf anfechten und dadurch die Berücksichtigung der Kaufpreisforderung im Insolvenzverfahren verhindern.

2. Gläubigerbenachteiligung

Es muss eine Gläubigerbenachteiligung vorliegen.

404 **a)** Die **Befriedigung der Insolvenzgläubiger** muss durch die Rechtshandlung **beeinträchtigt** sein.

Beispiel
Veräußerung von Vermögensstücken unter dem wahren Wert; Vorwegbefriedigung oder Vorwegsicherung eines Gläubigers; u.U. Befriedigung eines Gläubigers mit aufgenommenem Darlehen (BGH NJW 2002, 1574).

Daran fehlt es bei *Weggabe von völlig wertlosen Gegenständen*. Ferner fehlt eine Gläubigerbenachteiligung, wenn der Schuldner für die Veräußerung *unmittelbar* eine *gleichwertige Gegenleistung* erhalten hat (mag diese auch in Bargeld bestehen und so leichter verschleudert werden können); § 142 InsO. Unmittelbarkeit: bei solchen **Bargeschäften** schadet eine geringe zeitliche Differenz zwischen Lieferung und Zahlung, bis etwa zwei Wochen, nicht (BGH NJW 2001, 1650; NJW 1980, 1961); ein Zug-um-Zug-Geschäft ist nicht gemeint. Wesentlich ist die wirtschaftliche Bedeutung einer Vermögensverschiebung. Stellt eine Bank Zahlungseingänge ins Kontokorrent ein, kann in dem Umfang ein unanfechtbares Bargeschäft vorliegen, in dem die Bank ihren Kunden (Schuldner) wieder über den Gegenwert verfügen lässt (BGH NJW 2002, 1722; NJW 2001, 1650), z.B. weil sich die Geldein- und -ausgänge im Rahmen der vereinbarten Kreditlinie halten.

Beispiel

Über das Vermögen des Textilhändlers S wird das Insolvenzverfahren eröffnet. Rechtspfleger K hat am Tag vor Eröffnung im Laden des S eine Hose zum regulären Preis gekauft und bar bezahlt. Obwohl ihm die Sachlage bekannt war, da er in der Insolvenzabteilung arbeitet, muss er die Hose nicht zurückgeben; ein Ausnahmefall nach §§ 133 I, 142 InsO liegt nicht vor.

b) Die Insolvenzmasse muss infolge der Rechtshandlung vermindert sein, weil die   405
Anfechtung in der Rückgewähr eines aus dem Schuldnervermögen erlangten Vermögensvorteils besteht. *Gleichgültig* ist, *ob* der *Vermögensvorteil unmittelbar* oder mittelbar *aus dem Schuldnervermögen erlangt* ist. Anfechtbar sind auch Rechtshandlungen, durch die der Schuldner, um eine Schiebung rechtswirksam zu machen, mit dem Anfechtungsgegner nicht in rechtliche Beziehungen getreten ist, durch die aber materiell das Schuldnervermögen zugunsten des Anfechtungsgegners vermindert worden ist. Vgl. RGZ 133, 290.

Beispiel

Der Schuldner S hat aus einem Tauschvertrag gegen B den Anspruch auf Auflassung eines Grundstücks. Er hat vor der Insolvenzeröffnung den B veranlasst, das Grundstück nicht an ihn, sondern an den C aufzulassen. Der Insolvenzverwalter kann dann im Wege der Anfechtung von C die Übereignung des Grundstücks an die Insolvenzmasse verlangen.

c) Bei §§ 133 II, 132 InsO ist eine *unmittelbare* Gläubigerbenachteiligung notwendig,   406
sonst genügt *mittelbare* Benachteiligung.

3. Anfechtungsgrund

Es muss ein Anfechtungsgrund vorliegen, §§ 130–136 InsO. Vgl. unten IV.   407

III. Allgemeine Regelungen zu den Anfechtungsgründen

1. Fristberechnungen

Fristen spielen bei den Anfechtungsgründen eine große Rolle. Deshalb bestimmt   408
§ 139 InsO (ähnlich wie §§ 187 I, 188 II, III BGB), wie die Fristen zu berechnen sind.

Beispiel

Der Eröffnungsantrag ist (laut Eingangsstempel) am 10.7. beim Insolvenzgericht eingegangen. Unter die Monatsfrist des § 131 I Nr. 1 InsO fallen alle Rechtshandlungen vom 10.6. bis 10.7. (§ 139 I 1 InsO). Bei Eingang am 31.7. fehlt der entsprechende Tag (31.6.) im Kalender; hier wird auf den 1.7. abgestellt (§ 139 I 2 InsO).

Bei mehreren Insolvenzanträgen soll es für die Fristberechnung auf den ersten zu-   409
lässigen und begründeten Antrag ankommen, § 139 II 1 InsO. Abweisung eines Antrags *nur* mangels Masse ist unschädlich, § 139 II 2 InsO. Ein rechtswirksam für erledigt erklärter oder zurückgenommener Insolvenzantrag ermöglicht keine Insolvenzanfechtung (BGH NJW 2004, 1444; NZI 2006, 159).

Beispiele

(1) Ein Gläubiger beantragt am 1.7. die Eröffnung, weshalb vom Gericht Ermittlungen über die Zahlungsunfähigkeit angeordnet werden. Der Schuldner selbst stellt am 5.7. den Eröffnungsantrag. Aufgrund des Schuldnerantrags wird sofort das Verfahren eröffnet. Für die Fristberechnung ist der 1.7. maßgebend.

(2) Ein Gläubiger G 1 beantragt am 1.7. die Eröffnung, was *nur* mangels Masse abgewiesen wird (§ 26 InsO). Darauf stellt Gläubiger G 2 den Antrag und leistet Kostenvorschuss (§ 26 I 2 InsO); nun wird eröffnet. Für die Fristberechnung ist ebenfalls der 1.7. maßgebend.

Ob ein Antrag zulässig und begründet gewesen wäre, muss somit u.U. allein wegen der Auswirkung auf die Anfechtbarkeit untersucht werden.

2. Nahestehende Personen

410   Ob der Schuldner mit einer nahestehenden Person oder einem Fremden kontrahiert hat, spielt im Anfechtungsrecht eine wichtige Rolle für die Beweislage. Bei nahestehenden Personen wird (widerlegbar) vermutet, dass sie die schlechten finanziellen Verhältnisse des Schuldners bzw. die Benachteiligung anderer Insolvenzgläubiger kennen.

Beispiele
Der Schuldner zahlt mit seinem letzten Geld ein bei seiner Schwester aufgenommenes Darlehen zurück, dann beantragt er die Eröffnung; § 130 III InsO; oder: Der Schuldner übereignet seine Warenbestände an die Ehefrau, dann geht er zum Gericht und stellt Eröffnungsantrag, § 131 II 2 InsO.

§ 138 InsO regelt, wer als nahestehende Person aufzufassen ist. § 138 I Nr. 1a InsO meint homosexuelle registrierte Partnerschaften, nicht die Verhältnisse Frau/Mann. Die Geliebte des Unternehmers fällt eventuell unter § 138 I Nr. 3 InsO. Nr. 4 ist neu.

3. Zurechnung von Wissen

411   Wenn es darauf ankommt, ob der Anfechtungsgegner die Zahlungsunfähigkeit usw kannte, wird ihm die Kenntnis seiner gesetzlichen oder gewillkürten Vertreter zugerechnet (§ 166 I BGB), bei der juristischen Person das Wissen der Organe (z.B. des GmbH-Geschäftsführers, weil die GmbH selbst ohne Wissen ist). Aber auch, wenn ein Wissender nicht Vertreter im Rechtssinne ist, wird sein Wissen dem Anfechtungsgegner zugerechnet, wenn ihm die relevanten Vorgänge mit einer gewissen Selbstständigkeit zur Erledigung übertragen wurden. Denn andernfalls könnte durch eine schlaue Arbeitsaufteilung (der Vertreter lässt das Wissen nicht an sich herankommen) eine Anfechtung verhindert werden. Die Kenntnis des Kassierers einer Großbankfiliale wird daher der Bank zugerechnet, auch wenn deren Repräsentanten nicht unterrichtet wurden (BGH NJW 1984, 1953); ebenso die Kenntnis des Vollstreckungssachbearbeiters beim Finanzamt, obwohl er nicht Vorsteher des Amts ist (OLG Nürnberg NJW-RR 1993, 106); ungenügend ist dagegen, wenn der Hausmeister des Finanzamts die Zahlungsunfähigkeit kennt.

4. Unmittelbarkeit der Gläubigerbeeinträchtigung

412   Bei manchen Insolvenzgründen müssen die Gläubiger *unmittelbar* beeinträchtigt sein. Sie *fehlt,* wenn z.B. Waren vom Schuldner zum vollen Wert verkauft werden, das Geld aber dann vom S vergeudet wurde. Sie ist *vorhanden* beim Verschleudern von Waren unter Preis, um noch schnell Bargeld zu beschaffen.

5. Übergangsrecht

Zur Anfechtung von vor dem 1. 1. 1999 vorgenommenen Rechtshandlungen nach der **413** InsO (oder KO) vgl. Art. 106 EGInsO.

IV. Die einzelnen Anfechtungsgründe

1. Kongruente oder inkongruente Deckung, § 130 InsO

Grundgedanke: Wer die Krise kennt, verdient keinen Schutz, wenn sie innerhalb einer **414** kurzen Frist zum Insolvenzverfahren führt. Diese Anfechtungsmöglichkeit ist auch dann gegeben, wenn der Gläubiger einen *Anspruch* auf Sicherung oder Befriedigung (= Deckung) hatte und nichts anderes erlangt hat als die geschuldete Sicherung oder Befriedigung; deshalb wird von *kongruenter* Deckung gesprochen. Sie besteht erst recht, wenn nicht einmal ein Deckungsanspruch bestand (= *inkongruente* Deckung). Eine Handlung, die eine Sicherung usw. *ermöglicht*, ist eine, welche hierzu führen kann; z.B. ein Anerkenntnis im Prozess.

Eine einmal eingetretene Zahlungsunfähigkeit wird regelmäßig erst beseitigt, wenn die geschuldeten Zahlungen an die Gesamtheit der Gläubiger im Allgemeinen wieder aufgenommen werden können. Ein Gläubiger, der nach einem eigenen Eröffnungsantrag von dem betroffenen Schuldner Zahlungen erhält, darf deswegen allein grundsätzlich nicht davon ausgehen, dass auch die anderen nicht antragstellenden Gläubiger in vergleichbarer Weise Zahlungen erhalten (BGH NJW 2002, 512; 2002, 515).

§ 130 I 2 InsO macht Ausnahmen für bestimmte Finanzsicherheiten (z.B. Wertpapieren als Sicherheiten); die Anfechtung nach §§ 131, 132, 133, 134 InsO bleibt möglich.

Zwei Fallgruppen sind zu unterscheiden:

a) Voraussetzungen des **§ 130 I Nr. 1 InsO**:   **415**

- Rechtshandlung eines Gläubigers des Schuldners oder eines Dritten (§ 129 InsO);
- die Rechtshandlung gewährt bzw. ermöglicht einem Insolvenzgläubiger eine Sicherung oder Befriedigung;
- Vornahme in den **letzten drei Monaten vor dem Eröffnungsantrag,** auf Grund dessen dann das Verfahren eröffnet wurde;
- der S war zur Zeit der Vornahme zahlungsunfähig (§ 17 InsO); wer nur die Zahlungen eingestellt hat, kann immer noch (teilweise) zahlen;
- der Gläubiger kannte diese Zahlungsunfähigkeit oder die Indizien dafür (§ 130 II InsO); bei nahestehenden Personen wird die Kenntnis (widerlegbar) vermutet, § 130 III InsO.

Beispiele

(1) Gläubiger G weiß, dass S nicht mehr zahlen kann. Er erwirkt beim Gericht einen Arrest (§ 916 ZPO) und lässt den Pkw des S pfänden. Zwei Monate danach beantragt ein anderer Gläubiger die Eröffnung.

(2) Eine Bank führt ein Girokonto für S, das mit 5000,– € im Soll ist. Am 13.5. erfährt die Bank, dass S die Zahlungen eingestellt hat. Am 14.5. geht die Zahlung eines Kunden des S in Höhe von 6000,– € bei der Bank ein, die Bank schreibt gut, so dass das Konto nun ein Guthaben von

1000,– € hat. Am 1.8. wird das Insolvenzverfahren über S eröffnet. Hier hat die Bank wegen ihrer am 13.5. bestehenden Forderung gegen S *nach* Eintritt der Krise Befriedigung erlangt, sie kannte die Krise. *Dass* eine evtl. Aufrechnung nicht nach §§ 94–96 InsO unzulässig war, steht der Anfechtung nicht entgegen. Ficht der Verwalter an, muss die Bank 6000,– € zurückzahlen; ihre Forderung (5000,– €) kann sie im Insolvenzverfahren anmelden.

416 **b)** Voraussetzungen des **§ 130 I Nr. 2 InsO**:

- Rechtshandlung eines Gläubigers, des Schuldners oder eines Dritten (§ 129 InsO).
- die Rechtshandlung gewährt einem Insolvenzgläubiger eine Sicherung oder Befriedigung bzw. ermöglicht sie;
- Vornahme nach dem Eröffnungsantrag, aber vor Eröffnung;
- der Gläubiger kannte entweder die Zahlungsunfähigkeit oder den Eröffnungsantrag oder der Indizien dafür (§ 130 II InsO). Bei nahestehenden Personen wird die Kenntnis (widerlegbar) vermutet, § 130 III InsO.

Beispiel S ist dem Gastwirt G 100,– € schuldig. Er bezahlt nach Stellung des Insolvenzantrags (aber vor Eröffnung!) am Fälligkeitstag freiwillig, weil er seinen Zechkumpan G mag; dabei erzählt er dem G, dass er pleite ist.

c) Besonderheiten bei Wechsel- und Scheckzahlungen

417 Ein Wechselgläubiger, welcher sich weigert, die ihm rechtzeitig angebotene Zahlung anzunehmen, verliert Rückgriffsrechte gegen andere Wechselverpflichtete (Art. 21, 43, 44 WG). Wenn dem Schuldner ein Wechsel vorgelegt wird und er dann zahlt, kann daher diese Zahlung nicht vom Geldempfänger nach § 130 InsO zurückgefordert werden, § 137 I InsO. Die Anfechtung richtet sich aber u U gegen den letzten Rückgriffsverpflichteten, § 137 II InsO. Entsprechendes gilt für Schecks, § 137 III InsO.

2. Inkongruente Deckung, § 131 InsO

418 Voraussetzungen:

(1) Rechtshandlung (§ 129 InsO) eines Gläubigers, des Schuldners oder eines Dritten.
(2) Die Rechtshandlung gewährt einem Insolvenzgläubiger eine Sicherung oder Befriedigung bzw ermöglicht sie.
(3) Der Gläubiger konnte die Sicherung bzw Befriedigung nach dem ursprünglichen Schuldverhältnis nicht beanspruchen (= inkongruente Deckung). *Befriedigung* heißt in der Regel Erfüllung (Bezahlung); dass sie geschuldet wird ist selbstverständlich und ergibt sich aus Vertrag oder Gesetz; die Frage ist nur, wann und wie. *Sicherung* entsteht kraft Gesetzes z.B. bei §§ 647, 562 BGB. Durch Vertrag kann die Bestellung von Sicherheiten vereinbart werden, doch ist dies selten bzw. mangels Konkretheit unwirksam; Klauseln in AGB genügen i.d.R. nicht.

419 **Drei Fälle unterscheidet das Gesetz:**

- „nicht … zu beanspruchen": z.B. Erfüllung einer verjährten Forderung; durch **Arrest** oder **Zwangsvollstreckung** erlangte Sicherheiten stellen immer inkongruente Deckungen dar, weil materiellrechtlich kein Anspruch auf eine *solche* Sicherung besteht (BGHZ 34, 258);
- „nicht in der Art":

Beispiele

(1) S kann nicht, wie vereinbart, bar bezahlen; er tritt daher zwecks Erfüllung Forderungen an seinen Gläubiger ab. (2) S zahlt bei seiner Bank auf sein (verschuldetes) Girokonto am 5.8. 700 000,– € bar ein mit der von der Bank akzeptierten Bestimmung, hierfür bestimmte Überweisungen an andere Gläubiger auszuführen. Am 6. 8. stellt S die Zahlungen ein (weil ihm Kredite gekündigt wurden), die Überweisungen sind noch nicht durchgeführt. Hier kann die Bank nicht die Bareinzahlung mit der ursprünglichen Schuld von 2,8 Millionen auf dem Girokonto verrechnen, sondern muss die 700 000,– € bei Anfechtung an den Insolvenzverwalter auszahlen (BGHZ 74, 129). (3) S zahlt unter Druck unmittelbar bevorstehender Zwangsvollstreckung: inkongruent (BGH NJW 2004, 1385). (4) Andererseits: Zustellung des Vollstreckungsbescheids am 11. 6., Zahlung durch S (der schon zahlungsunfähig ist) am 19.6.; am 29.7. Insolvenzantrag, dann Eröffnung: *keine* inkongruente Deckung (BGH NJW 2007, 848);

- „nicht zu der Zeit": Befriedigung eines noch nicht fälligen Anspruchs, oder eines aufschiebend bedingten oder befristeten Anspruchs. Nach BGH ZIP 2005, 1243 ist eine Zahlung durch Banküberweisung, die beim Gläubiger früher ab fünf Bankgeschäftstage vor Fälligkeit eingeht, als inkongruent anzusehen.

  Beispiele: (1) Der Schuldner zahlt am 1.8., obwohl die Forderung laut Vereinbarung erst am 10.8. fällig wäre. (2) Der Schuldner zahlt seinem Steuerberater das Honorar, obwohl noch keine unterschriebene Gebührenrechnung vorliegt.

d) Vornahme während der „Krise". Drei Fälle: **420**

- Vornahme im letzten Monat vor dem Eingang des Eröffnungsantrags oder zwischen den Eingang und der Eröffnung (§ 131 I Nr. 1 InsO); bei Zwangsvollstreckungen vgl. § 88 InsO;
- Vornahme im zweiten oder dritten Monat vor dem Eröffnungsantrag *und* der S war zahlungsunfähig (§ 131 I Nr. 2 InsO); auf eine Kenntnis des Gegners kommt es nicht an;
- Vornahme im zweiten oder dritten Monat vor dem Eröffnungsantrag *und* dem Gläubiger war bekannt, dass die Handlung die (anderen) Insolvenzgläubiger mittelbar oder unmittelbar benachteiligte (§ 131 I Nr. 3 InsO), z.B. durch Verringerung der Insolvenzquote. Die Kenntnis von Indizien genügt (§ 131 II 1 InsO). Bei nahestehenden Personen wird die Kenntnis (widerlegbar) vermutet, § 131 II 2 InsO.

Beweislast: Der Insolvenzverwalter muss die objektiven Voraussetzungen beweisen. Soweit subjektive Voraussetzungen bestehen (§ 131 I Nr. 3 InsO) hat er ebenfalls den Beweis zu erbringen, z.B. der Indizien dafür, dass der Anfechtungsgegner von fruchtlosen Pfändungen wusste. Bei nahestehenden Personen muss der Insolvenzverwalter die subjektive Seite nicht beweisen; diese Person hat den Gegenbeweis zu führen, was kaum möglich ist.

Wird eine **Vorpfändung** (§ 845 ZPO) früher als drei Monate vor Eingang des Insolvenzantrags ausgebracht, fällt die Hauptpfändung dagegen in den von § 131 InsO erfassten Bereich, richtet sich die Anfechtung ingesamt nach § 131 InsO (BGH NJW 2006, 1870).

3. Unmittelbar nachteilige Rechtshandlungen, § 132 InsO

a) § 132 I Nr. 1 InsO. Voraussetzungen: **421**

- Rechtsgeschäft des Schuldners;
- Insolvenzgläubiger werden dadurch unmittelbar benachteiligt;
- *in den letzten drei Monaten vor dem Eröffnungsantrag;*
- Schuldner ist bereits zahlungsunfähig;
- Anfechtungsgegner kennt die Zahlungsunfähigkeit.

422   **b) § 132 I Nr. 2 InsO.** Voraussetzungen:

- Rechtsgeschäft des Schuldners;
- Insolvenzgläubiger werden unmittelbar benachteiligt;
- *nach dem Eröffnungsantrag aber vor Eröffnung;*
- Schuldner ist bereits zahlungsunfähig;
- Anfechtungsgegner kennt die Zahlungsunfähigkeit *oder den Eröffnungsantrag.*

4.   Vorsatzanfechtung, § 133 InsO

423   Dadurch soll verhindert werden, dass sich der Schuldner mit Hilfe Dritter der Haftung entzieht. Die Vorschrift hat zwei verschiedene Fallgruppen:

§ 133 I	§ 133 II
Rechtshandlungen des S	nur Verträge des Schuldners, entgeltlich, mit nahestehender Person
in den letzten 10 Jahren vor dem Eröffnungsantrag oder nach dem Eröffnungsantrag	in den letzten 2 Jahren vor dem Eröffnungsantrag
schlechte Beweislage für Insolvenzverwalter	gute Beweislage für den Insolvenzverwalter

424   **a) § 133 I InsO.** Voraussetzungen:

- Rechtshandlung des Schuldners;
- innerhalb von 10 Jahren (§ 139 InsO) vor dem Eröffnungsantrag oder nach ihm;
- Vorsatz des S, seine Gläubiger (die noch nicht vorhanden sein müssen, BGH NZI 2009, 768) zu benachteiligen; ein solcher Vorsatz setzt aber kein unlauteres Zusammenwirken von Gläubiger und Schuldner voraus (BGH NJW 2003, 3560);
- positive Kenntnis des Anfechtungsgegners von diesem Vorsatz;
- mittelbare Gläubigerbenachteiligung genügt.

Beweislast: Der Insolvenzverwalter muss die objektiven Tatsachen, den Vorsatz und die Kenntnis beweisen; die Kenntnis wird im Falle des § 133 I 2 InsO vermutet. Wenn der Gläubiger Umstände kennt, die zwingend auf eine mindestens drohende Zahlungsunfähigkeit schließen lassen, ist zu vermuten, dass er auch die drohende Zahlungsunfähigkeit selbst kennt (BGH NJW 2003, 3560; NJW-RR 2007, 1537).

Beispiele   (1) S verkauft seine Gemäldesammlung an G in der Absicht, das Geld seiner Schwester zu schenken, damit es vor Gläubigern sicher ist; das teilt er dem Erwerber leichtsinniger Weise mit. 5 Jahre später wird tatsächlich das Insolvenzverfahren beantragt und eröffnet. (2) Auch Forderungstilgung mit Mitteln aus lediglich geduldeter Kontoüberziehung kann eine Gläubigerbenachteiligung darstellen (BGH NJW 2009, 3362).

425   **b) § 133 II InsO.** Voraussetzungen:

- Entgeltliche Verträge des Schuldners mit nahestehenden Personen (§ 138 InsO); das sind nicht nur gegenseitige Verträge. Dazu gehören auch die Erfüllungsgeschäfte wie Übereignung, Bestellung einer Sicherheit, Gesellschaftsverträge usw. Nicht darunter fallen einseitige Rechtshandlungen wie Verzicht auf die Verjährungseinrede oder Verzicht auf Rechtsmittel. Hier ist aber evtl. § 131 InsO einschlägig;

- durch den Vertrag werden die Insolvenzgläubiger *unmittelbar* benachteiligt;
- der Vertrag ist innerhalb von zwei Jahren vor dem Eröffnungsantrag geschlossen worden. Länger zurückliegende Vorgänge sind also anfechtungsfest.

Beweislast: Der Insolvenzverwalter muss nur die Art der Rechtshandlung und den Nachteil beweisen. Der nahestehende Angehörige hat die Beweislast dafür, dass der Vorgang länger als zwei Jahre zurück liegt oder (bei jüngeren Rechtshandlungen) dafür, dass er die Benachteiligungsabsicht des S nicht kannte (§ 133 II 2 InsO). Ist strittig, wann eine Rechtshandlung erfolgte (Rückdatierung!) und das Datum nicht zur Überzeugung des Gerichts aufklärbar, geht dies somit zu Lasten des Anfechtungsgegners.

Beispiel: S hat Ladenräume zu 80 % des ortsüblichen Preises für 20 Jahre an seine Tochter vermietet; ein Jahre danach wird das Insolvenzverfahren beantragt und eröffnet.

5. Schenkungsanfechtung, § 134 InsO

a) Anfechtbar sind **unentgeltliche Leistungen** (= Verfügungen, verpflichtende Rechts-   **426** geschäfte, sonstige Rechtshandlungen, BGHZ 41, 298) des Schuldners, wenn sie in den letzten vier Jahren vor der Insolvenzeröffnungsantrag vorgenommen worden sind. Anfechtbar sind hiernach nicht nur die eigentlichen **Schenkungen,** sondern alle Leistungen aus dem Vermögen des Schuldners, für die ein Entgelt nicht gegeben werden sollte (vgl. BGHZ 57, 123). Subjektive Voraussetzungen gibt es nicht (es spielt also keine Rolle, ob der Geschenkempfänger wusste, dass der Schenker S zahlungsunfähig ist). Dass die Schenkung innerhalb der 4-Jahresfrist erfolgte, wird vermutet; der Beschenkte muss den Gegenbeweis führen (dies folgt aus der Formulierung „es sei denn …"); damit sollen betrügerische Rückdatierungen erschwert werden. Mittelbare oder unmittelbare Gläubigerbenachteiligung genügt. Eine Sonderregelung für Ehegatten gibt es nicht.

Beispiel: Jungunternehmer S hat seiner Freundin F einen teuren Sportwagen geschenkt. 3 Jahre und 11 Monate danach wird das Insolvenzverfahren über S beantragt und schließlich eröffnet. F muss den Wagen an den Insolvenzverwalter zurückgeben.

b) Gemischte Schenkungen   **427**

Beispiel: Eine Eigentumswohnung, Wert 200 000,– €, wird für 120 000,– € verkauft.

Sie fallen ebenfalls unter § 134 InsO. Bei unteilbaren Gegenständen richtet sich der Rückgewährsanspruch grundsätzlich auf den Gegenstand, wenn der unentgeltliche Charakter des Geschäfts überwiegt; sonst auf den Differenzbetrag (vgl. *Braun/de Bra* § 134 Rz. 5; *Huber* AnfG § 4 Rz. 29).

c) Ausnahme für **gebräuchliche Gelegenheitsgeschenke** *geringen* Werts (§ 134 II   **428** InsO).

Beispiele: Weihnachts-, Geburtstags-, Hochzeitsgeschenke.

6.   Gesellschafterdarlehen, § 135 InsO

429   Das Darlehen eines Gesellschafters an „seine" GmbH hat meist kapitalersetzenden Charakter. Da der GmbH-Anteil bei GmbH-Insolvenz wertlos wird, gilt dies in der Regel auch für ein Gesellschafterdarlehen. Bei der Feststellung, ob Überschuldung vorliegt, werden solche Darlehen nicht berücksichtigt (§ 19 II 2 bzw. 3 InsO). Gesellschafterdarlehen werden bei Insolvenz der Gesellschaft u.U. nur nachrangig bedient (§ 39 I Nr. 5, IV, V InsO); beachte ferner § 44a InsO und § 15a InsO sowie § 143 III InsO.

430   § 135 InsO ergänzt dies (mit Fristregelungen) dahin, dass Rechtshandlungen, die dem Gläubiger einer solchen Forderung Sicherung oder Befriedigung gewähren, anfechtbar sind. Entsprechendes gilt für die Darlehensgewährung an eine GmbH & Co. OHG sowie an eine GmbH & Co. KG.

Beispiel   G ist an einer GmbH mit einem Eigenkapital von 50 000,– € mit 75 % beteiligt. Das Unternehmen beschäftigt 500 Personen und hat über 100 Millionen Umsatz. Den finanziellen Bedarf befriedigt G, indem er der GmbH Darlehen von 5 Mio Euro gibt, die er durch Forderungsabtretungen sichert. Den Rückzahlungsanspruch kann G im Insolvenzverfahren über die GmbH nur letztrangig geltend machen; die Sicherung ist anfechtbar.

7.   Stille Gesellschaft, § 136 InsO

431   Anfechtbar ist die Rückgewähr der Einlage oder der Erlass der Verlustbeteiligung im letzten Jahr vor dem Eröffnungsantrag. Der Gesellschafter trägt die Beweislast dafür, dass der Eröffnungsgrund (Zahlungsunfähigkeit) erst *nach* der Vereinbarung eingetreten ist, § 136 II InsO.

V.   Geltendmachung der Anfechtung

432   Das Anfechtungsrecht steht nur dem Insolvenzverwalter zu, § 129 InsO (nicht dem vorläufigen Insolvenzverwalter, BGH NJW 1995, 2783); im vereinfachten Insolvenzverfahren jedem Insolvenzgläubiger (!), § 313 II InsO; bei Eigenverwaltung dem Sachwalter (§ 280 InsO).

Normales Insolvenzverfahren	Normales Insolvenzverfahren mit Eigenverwaltung	Vereinfachtes Insolvenzverfahren
Schuldner ist – eine jur. Person oder – eine natürliche Person mit nennenswerter wirtschaftlicher Tätigkeit, z.B. Kaufmann; §§ 312 III, 304 I		Schuldner ist eine natürliche Person, die keine oder nur eine geringfügige wirtschaftliche Tätigkeit ausübt, § 304 I.
§§ 1 ff. anzuwenden	§§ 1 ff., 270 ff.	§§ 1 ff., 304 ff.
Insolvenzverwalter wird bestellt, § 27.	Nur Sachwalter wird bestellt, §§ 270 III 1, 274.	Nur Treuhänder wird bestellt, § 313.
Anfechtung durch Insolvenzverwalter, § 129	Anfechtung durch Sachwalter, § 280	Anfechtung durch Insolvenzgläubiger, § 313 II

1. Form der Anfechtung

Die Anfechtung erfolgt   **433**

■ indem der Insolvenzverwalter vom Gegner (mit Erfolg) die Rückgabe des Gegenstandes zur Masse verlangt; andernfalls:

■ durch Erhebung einer Klage oder Widerklage. Die Anfechtung ist dann „erfolgt"
  mit dem Eintritt der Rechtshängigkeit.

> **Beispiel** Der Schuldner S hat in anfechtbarer Weise ein Schmuckstück weit unter Wert an B verkauft
> und übergeben. Der Insolvenzverwalter muss, wenn B das Schmuckstück nicht freiwillig
> herausgibt, das Anfechtungsrecht durch Klage auf Herausgabe des Schmuckstücks geltend
> machen.

Wenn der Insolvenzverwalter, gestützt auf §§ 129 ff. InsO, gegen einen Arbeitnehmer des Schuldners auf Rückgewähr geleisteten Lohn klagt, ist das *Arbeits-*
gericht zuständig (BGH NJW 2011, 1211; früher strittig). Dass für Anfechtungsklagen gegen Sozialversicherungsträger nicht das SozialG, sondern die ordentliche
Gerichtsbarkeit zuständig sein soll (BGH NJW 2011, 1365) ist nicht konsequent.

■ durch Erhebung einer Einrede. Die Anfechtung ist dann „erfolgt" mit dem Vorbringen der Einrede in der mündlichen Verhandlung oder der Zustellung eines die
  Einrede enthaltenden Schriftsatzes.

> **Beispiel** Hatte S das Schmuckstück durch Besitzkonstitut an den B veräußert, so kann der Insol-
> venzverwalter die Klage des B auf Herausgabe des Schmuckstückes durch Erhebung der
> Anfechtungseinrede abwehren.

Der Insolvenzverwalter muss sich die Kenntnis anfechtbarer Vorgänge beim Schuldner
(z.B. aus dessen Belegen) verschaffen, er hat *keinen* einklagbaren *Auskunftsanspruch
gegen Geschäftspartner* des Schuldners (BGHZ 74, 379), solange nur ein Verdacht
besteht, diese könnten anfechtbar etwas erworben haben; § 242 BGB gibt keinen
Anspruch, eine § 2314 BGB entsprechende Vorschrift fehlt. In Frage kommt aber die
Vernehmung von Zeugen durch das Insolvenzgericht, §§ 4, 5 InsO.

2. Frist der Anfechtung

a) Bei Klage binnen drei Jahren, § 146 I InsO, § 195 BGB; maximal 10 Jahre, § 199,   **434**
201 BGB (Neufassung ab 15.12.2004). Es handelt sich um eine Verjährungsfrist, keine
Ausschlussfrist. *Fristbeginn* nicht taggenau, sondern mit dem Schluss des Jahres, in
dem der Anfechtungsanspruch entstanden ist *und* der Insolvenzverwalter Kenntnis
erlangte bzw. erlangen musste (§ 199 BGB). Vgl. *M. Huber* ZInsO 2005, 190. Innerhalb
der Frist muss die Klage zugestellt sein, zeitliche Vorwirkung gemäß § 167 ZPO (Mahn-
bescheidsantrag genügt insoweit, falls bei Widerspruch unverzüglich die Durchführung
des streitigen Verfahrens beantragt wird und die Abgabe alsbald erfolgt; vgl. BGH
ZIP 1993, 271; NJW 1991, 171 u. 1057).

b) Die Anfechtung im Wege der Einrede kann noch *nach* Ablauf der Dreijahresfrist   **435**
erfolgen, § 146 II InsO.

436   **c)** Wichtig ist daher, ob ein Vorgang unter § 146 I oder II InsO fällt. BGHZ 83, 158 legte § 41 II KO (jetzt: § 146 II InsO) entsprechend dem Sinn und Zweck der Vorschrift ausdehnend aus: auf die Parteistellung des Verwalters (Kläger/Beklagter) kommt es nicht an, sondern ob der Verwalter einen nicht mehr in der Masse befindlichen Gegenstand dieser wieder zuführen will (dann § 146 I InsO) oder ob er einen noch zur Masse zugehörigen Gegenstand dieser erhalten will (dann § 146 II InsO).

> **Beispiel** Bekl. hat den Pkw des S am 2.5. pfänden lassen, am 3.5. ist Insolvenzeröffnung, am 11.9. des dritten Jahres klagt der Insolvenzverwalter auf Feststellung des Nichtbestehens eines Absonderungsrechts (vgl. § 50 InsO) des Bekl. Die drei Jahre sind verstrichen, aber nach dem Zweck des § 146 kann der Verwalter trotzdem noch die Unwirksamkeit des Pfändungspfandrechts geltend machen, *weil* der *Pkw noch beim S* belassen war (BGHZ 83, 158).

3. Anfechtung gegen den Rechtsnachfolger

437   Die Anfechtung ist nicht nur gegenüber der Person, die an der anfechtbaren Handlung beteiligt war, sondern auch gegenüber ihrem Rechtsnachfolger zulässig, und zwar:

(1) gegenüber dem Erben ohne weiteres. § 145 I InsO.

Dem Erben stehen die sonstigen Gesamtrechtsnachfolger in den Verbindlichkeiten gleich, z.B. der Erbschaftskäufer, der Übernehmer eines Vermögens.

(2) gegenüber dem Einzelnachfolger dann, § 145 II InsO,

- wenn ihm beim Erwerb die die Anfechtbarkeit begründenden Umstände bekannt gewesen sind;
- wenn der Rechtsnachfolger zu den nahestehenden Personen gehörte. Die Beweislast für die Ausschlussfälle hat der Erwerber („es sei denn …");
- wenn ihm das Erlangte unentgeltlich zugewendet worden ist. Der *gutgläubige* Rechtsnachfolger haftet in diesem Fall aber nur auf die Bereicherung.

VI. Wirkung der Anfechtung

1. Allgemeines

438   **a)** Die anfechtbare Rechtshandlung ist nicht nichtig, sondern nur den Insolvenzgläubigern gegenüber (relativ) unwirksam. Auf die Anfechtbarkeit kann sich deshalb nur der Insolvenzverwalter, nicht aber ein Dritter berufen, § 129 InsO.

> **Beispiel** Die Anfechtung einer Hypothekenbestellung durch den Insolvenzverwalter wirkt nur zugunsten der Insolvenzgläubiger. Ein nachfolgender Hypothekengläubiger rückt deshalb nicht in die Stelle der angefochtenen Hypothek ein.

439   **b)** Die Anfechtung wirkt nicht dinglich, sondern nur schuldrechtlich (obligatorisch): Der Anfechtungsgegner ist verpflichtet, das aus dem Schuldnervermögen Weggegebene zur Insolvenzmasse zurückzugewähren, § 143 InsO. Die Rückgewährpflicht besteht auf Grund der anfechtbaren Rechtshandlung von der Insolvenzeröffnung an. Sie kann aber nur dann zwangsweise verwirklicht werden, wenn der Insolvenzverwalter rechtzeitig die Anfechtung geltend macht. Die Anfechtung im Insolvenzverfahren unterscheidet sich mithin nicht nur der Form, sondern auch der Wirkung nach von der Anfechtung der §§ 119 ff. BGB, die die Nichtigkeit des angefochtenen Rechtsgeschäfts herbeiführt.

2. Inhalt der Rückgewährpflicht

a) Die anfechtbare Zuwendung ist so zur Insolvenzmasse zurückzugewähren, wie wenn ihre Weggabe aus dem Schuldnervermögen nicht erfolgt wäre, § 143 I 1 InsO. **440**

Grundsätzlich hat die Rückgewähr in Natur zu erfolgen. Ausnahmsweise ist Geldersatz zu leisten, wenn die Rückgewähr in Natur nicht möglich ist (BGH ZIP 1980, 250).

Beispiel: Eine abgetretene Forderung ist zurückzuübertragen; ist die Forderung bereits eingezogen, so ist der einkassierte Betrag an die Insolvenzmasse zu leisten. Ein anfechtbar übereignetes Grundstück ist unter Ersatzleistung für die inzwischen gezogenen Nutzungen zurückzuübertragen; ist das Grundstück weiterveräußert worden, so ist der Wert des Grundstücks zu ersetzen. Ein etwa bei der Weiterveräußerung des Grundstücks erzielter, den Wert des Grundstücks übersteigender Gewinn kann dagegen nicht herausverlangt werden, weil die Insolvenzmasse durch die Anfechtung nicht bereichert werden soll.

b) Der gutgläubiger Empfänger einer unentgeltlichen Zuwendung hat nur die noch vorhandene Bereicherung herauszugeben, § 143 II InsO. Ausnahme § 143 II 2 InsO. **441**

c) Eine weitergehende Haftung des Empfängers der Zuwendung kann sich aus dem Gesichtspunkt des Schadensersatzes wegen unerlaubter Handlung ergeben. Zu beachten ist aber, dass der Anfechtungstatbestand allein die Anwendung der Vorschriften des BGB über unerlaubte Handlungen nicht rechtfertigen kann. Es müssen vielmehr noch besondere, außerhalb des Anfechtungstatbestandes liegende Merkmale hinzukommen, wenn die anfechtbare Rechtshandlung eine „unerlaubte Handlung" im Sinne des BGB sein soll. Vgl. RGZ 170, 332. **442**

3. Rechtsstellung des Anfechtungsgegners

a) Hat der Anfechtungsgegner eine Gegenleistung für die anfechtbare Zuwendung gemacht, so ist zu unterscheiden: **443**

Soweit die *Gegenleistung* sich *noch* in Natur (d.h. *unterscheidbar*, z.B. bei Grundstückstausch) in der Insolvenzmasse befindet, ist sie zurückzugeben. Soweit sie sich nur noch ihrem Werte nach in der Insolvenzmasse befindet, hat der Anfechtungsgegner, weil die Masse insoweit ungerechtfertigt bereichert ist, einen Massenanspruch auf Rückerstattung, §§ 144 II, 55 I Nr. 3 InsO.

Andernfalls kann der Anfechtungsgegner den ihm etwa nach dem BGB zustehenden Anspruch auf Rückgewähr der Gegenleistung nur als Insolvenzforderung geltend machen, § 144 II 2 InsO.

b) Mit der Rückgewähr des Empfangenen zur Masse tritt die ursprüngliche Forderung des Anfechtungsgegners gegen den Schuldner wieder in Kraft und zwar als Insolvenzforderung mit den früheren Beschränkungen und Nebenrechten, § 144 I InsO. **444**

Beispiel

Der Schuldner S hat ein Darlehen, das durch ein unterwertiges Pfand gesichert war, anfechtbar an B zurückgezahlt. Zahlt B den erhaltenen Betrag nach Anfechtung durch den Verwalter an die Insolvenzmasse zurück, so lebt die Darlehensforderung *mit dem Pfandrecht* wieder auf. B kann also die Darlehensforderung im Insolvenzverfahren anmelden und wegen des verpfändeten Gegenstandes ein Absonderungsrecht geltend machen.

Zwölfter Abschnitt
Verwaltung und Verwertung der Insolvenzmasse

I. Feststellung und Sicherung

1. Die Feststellung und Sicherung der Insolvenzmasse

a) Der Insolvenzverwalter hat sofort nach Insolvenzeröffnung „das gesamte zur Insol-   **445**
venzmasse gehörige **Vermögen" in Besitz zu nehmen** und zu verwalten, § 148 I InsO.
Der Schuldner hat insoweit eine Auskunftspflicht, z.B. darüber, wo sich Vermögen befindet, §§ 97, 98 InsO. Diese Auskunft kann der Schuldner nicht verweigern, er muss
Angaben auch dann machen, wenn er sich dadurch strafbarer Handlungen bezichtigt
(anders z.B. im Strafrecht, §§ 136, 243 IV 1 StPO) und kann durch Beugemittel zur Aus-
sage gezwungen werden, § 97 I 2 InsO; das ist verfassungsgemäß (BVerfG NJW 1981,
1431). Dagegen haben Angehörige des Schuldners bei ihrer Vernehmung durch das
Insolvenzgericht als Zeugen (im Rahmen der Amtsermittlung) ein Zeugnisverweige-
rungsrecht (§ 4 InsO, § 383 Nr. 1–3 ZPO). Falsche Auskunft ist strafbar nach § 283 1
Nr. 1 StGB.

b) Verweigert der Schuldner die Herausgabe von zur Insolvenzmasse gehörenden   **446**
Gegenständen, lässt sich der Verwalter vom Insolvenzgericht eine vollstreckbare Ausfertigung des Eröffnungsbeschlusses erteilen (§ 148 II 1 InsO) und beauftragt dann
den Gerichtsvollzieher mit der Wegnahme der Sachen, §§ 883, 885 ZPO (BGH NJW
1962, 1392). Die einzelnen Gegenstände können (da sie dem Verwalter unbekannt
sind) im Titel ausnahmsweise nicht genau bezeichnet werden. Gegen Dritte, die Masse in Besitz haben, muss der Insolvenzverwalter vor dem Zivilgericht auf Herausgabe
klagen; der Eröffnungsbeschluss ist insoweit kein Titel. Behauptet der Schuldner bei
einem Gegenstand, dieser sei z.B. unpfändbar und gehöre daher nicht zur Masse (§ 36
InsO; § 811 ZPO), muss er Erinnerung nach § 766 ZPO erheben (§ 148 II 2 InsO), wor-
über nicht das AG-Abt. Vollstreckungsgericht entscheidet, sondern die Abt. Insolvenzgericht (dadurch entfällt der Aktenumlauf).

c) Aus § 80 InsO folgt das Recht des Insolvenzverwalters zur **Freigabe von Gegen-**   **447**
ständen. Dabei ist zu unterscheiden:
- unverwertbare oder überbelastete Gegenstände kann er dem Schuldner geben,
  so dass sie dessen insolvenzfreies Vermögen werden *(„echte Freigabe",* vgl.
  Uhlenbruck § 35 Rz. 23); allerdings muss der Verwalter hier an seine Haftung nach
  § 60 InsO denken;
- massefremde Gegenstände hat der Verwalter dem Aussonderungsberechtigten zu
  geben (§ 47 InsO), die Freigabe ist hier nur deklaratorisch (oben: konstitutiv) und
  wird als *„unechte Freigabe"* bezeichnet;
- modifizierte Freigabe (z.B. Freigabe, wenn der Schuldner einen bestimmten Betrag an die Masse zahlt, vgl. *Uhlenbruck* § 35 Rz. 30).

d) Der Insolvenzverwalter hat ferner ein **Vermögensverzeichnis** (Inventar) mit Wert-   **448**
angaben zu erstellen, § 151 InsO. Eine Siegelung (z.B. von Lagerräumen) kommt in

Betracht (§ 150 InsO). Weiter hat er eine **Vermögensübersicht** (Aktivvermögen; Schulden) aufzustellen, § 153 InsO; zur Vorbereitung wird ein **Gläubigerverzeichnis** angefertigt (§ 152 InsO); das ist nicht zu verwechseln mit der Insolvenztabelle (§ 175 InsO). Das Verzeichnis umfasst auch Gläubiger, die ihre Forderung nicht zur Tabelle angemeldet haben, auch absonderungsberechtigte Gläubiger ohne persönliche Forderung gegen den Insolvenzschuldner, auch nachrangige Gläubiger im Sinne von § 39 InsO (Hauptfall: Neuzinsen, § 39 I Nr. 1 InsO). Zusätzliche Handels- und steuerrechtliche Pflichten bleiben unberührt, § 155 InsO.

2. Unterstützung des Insolvenzverwalters

449 Der Unterstützung des Insolvenzverwalters bei der Feststellung und Sicherung der Insolvenzmasse dienen:

450 **a)** Der bei der Insolvenzeröffnung erlassene sogenannte **offene Arrest**, § 28 II, III InsO. Dies ist kein Arrest im Sinne von §§ 916 ff. ZPO. Der Arrest nach § 28 III InsO heißt „offen", weil er sich an eine unbestimmte Zahl Beteiligter richtet.

Die Regelung beinhaltet zweierlei:

- ein Gebot an alle Besitzer von Massesachen etc., den Insolvenzverwalter davon zu verständigen, damit er die Gegenstände zur Masse ziehen kann. Bei Verstoß: Schadensersatzpflicht;
- ein Verbot, noch an den Schuldner zu leisten (ähnlich § 829 I 1 ZPO). Dieses Verbot hat nur die Bedeutung einer öffentlichen Warnung (BGH NJW 1963, 2019); leistet jemand trotzdem noch an den Schuldner: § 82 InsO.

451 **b)** Die **Postsperre,** die durch das Insolvenzgericht angeordnet werden kann und zweckmäßig gleichzeitig mit der Eröffnung angeordnet wird, §§ 99, 101 InsO. Eingehende Sendungen jeder Art (Geschäfts- und Privatsendungen) werden dann von dem im Beschluss bezeichneten Postunternehmen dem Insolvenzverwalter ausgehändigt. Die Postsperre ist ein wichtiges Mittel, um das Vermögen eines Schuldners festzustellen (eingehende Bankauszüge weisen auf verschwiegene Guthaben und Schließfächer hin, Privatpost und Steuerbescheide auf das verheimlichte Landhaus in Spanien oder den Steuererstattungsanspruch gegenüber dem Finanzamt).

Die Sperre *betrifft nicht das Telefon, Telefax, E-Mail-Adresse* und nicht die hinausgehende Post des Schuldners, ferner nicht die an die Familienangehörigen des Schuldners eingehende Post, so dass sie leicht umgangen werden kann: der Schuldner muss nur seine Geschäftspartner veranlassen, künftig die Post an die Ehefrau zu adressieren.

452 Rechtliches Gehör (Art. 103 GG) muss dem Schuldner vor Anordnung der Sperre nicht gewährt werden (§ 99 I 2 InsO), weil es sich um eine auf Überraschung gerichtete Eilmaßnahme handelt und die Anhörung nachzuholen ist (§ 99 I 3 InsO). Der Schuldner kann dagegen sofortige Beschwerde einlegen (§ 99 III InsO) oder Aufhebung wegen veränderter Verhältnisse beantragen. Verfassungsrechtliche Bedenken gegen die Postsperre (Art. 10 I GG Brief- und Postgeheimnis, Verhältnismäßigkeit des Mittels,

Art. 103 GG) bestehen wegen des Insolvenzzwecks nicht, § 102 InsO (vgl. BVerfG ZIP 1986, 1336). Läuft gegen den Schuldner ein Strafverfahren, kann die Postsperre mit einer Beschlagnahme nach § 99 StPO zusammentreffen: dann erhält zuerst der Richter die Post, dann der Insolvenzverwalter.

c) Aufenthaltsbeschränkungen des Schuldners nach § 98 InsO (Vorführung durch einen Gerichtsvollzieher; notfalls Haft) können notwendig sein, damit sich der Schuldner nicht seinen Pflichten (Auskunft nach § 97, eidesstattliche Versicherung nach § 98, Erscheinen im Prüfungstermin wegen § 176 InsO) entzieht. Einschränkungen ergeben sich aus dem Verfahrenszweck und aus Art. 11 GG *(Braun/Kroth* § 98 Rz. 10).   **453**

II. Verwaltung der Masse

Anlage und Verwaltung von Geld- und Wertsachen ist grundsätzlich Aufgabe des Insolvenzverwalters (§ 80 I InsO), wobei Beschränkungen möglich sind, § 149 InsO. Verwaltungshandlungen begründen Masseverbindlichkeiten, § 55 I Nr. 1 InsO.   **454**

III. Verwertung der Masse

1. Berichtstermin

Im Berichtstermin (§ 29 I Nr. 1 InsO) beschließt die Gläubigerversammlung, ob das Unternehmen stillgelegt oder vorläufig fortgeführt werden soll (§§ 156, 157 InsO). Schon vorher kann der Insolvenzverwalter die zur Masse gehörenden Forderungen einziehen und die anfechtbar weggegebenen Vermögensstücke wieder zur Masse ziehen. Erst nach dem Berichtstermin darf der Verwalter in der Regel mit der Verwertung der Masse (d.h. mit der Veräußerung) beginnen, weil sie bei Unternehmensfortführung entfällt. Die Art der Verwertung bestimmt der Verwalter grundsätzlich *nach seinem pflichtgemäßem Ermessen* (z.B. freihändiger Verkauf, Versteigerung); Beschlüsse der Gläubigerversammlung können ihn beschränken, § 159 InsO.   **455**

2. Sonderfälle

Besonderheiten bezüglich der Verwertung gelten, wenn   **456**

- im gewöhnlichen Insolvenzverfahren **Eigenverwaltung** angeordnet wurde (§ 270 InsO) oder
- ein **Insolvenzplan** beschlossen wurde (§ 217 InsO) oder
- ein **vereinfachtes Insolvenzverfahren** über den in § 304 I InsO genannten Personenkreis stattfindet (§ 313 I 1 InsO: Treuhänder statt Insolvenzverwalter; Absehen von der Verwertung, wenn eine Abstandssumme – z.B. von Verwandten des Schuldners – bezahlt wird, § 314 I InsO).

3. Zustimmung der Gläubigerversammlung

457   Für bestimmte **besonders bedeutsame Rechtshandlungen** braucht der Verwalter die Zustimmung der Gläubigerversammlung, § 160 InsO. Handelt der Verwalter ohne die Zustimmung, ist seine Handlung nach außen gleichwohl wirksam (sog. Innengenehmigung), § 164 InsO, selbst wenn der Geschäftspartner Kenntnis vom Fehlen hatte (RGZ 63, 213). Folge ist allenfalls, dass der Verwalter haftet (§ 60 InsO), und dass das Insolvenzgericht gegen ihn Aufsichtsmaßnahmen (§ 58 InsO: Zwangsgeld, im Maximalfall Entlassung) verhängen kann. Die Zustimmung ist auch erforderlich, wenn der Verwalter das Unternehmen an **besonders Interessierte** (z.B. die Ehefrau des Insolvenzschuldners) oder unter Wert veräußern will (§§ 162, 163, 164 InsO), weil §§ 133, 134 InsO nur das Innenverhältnis regeln.

4. Verwertung von Gegenständen, an denen ein Absonderungsrecht besteht

458

Normales Insolvenzverfahren			Vereinfachtes Verfahren § 304	Normales Verfahren mit Insolvenz- plan
Unbewegliches Vermögen	Bewegliches Vermögen			
	Besitz des Insolvenzverwalters: Verwalter verwertet	Besitz des Gläubigers: Gläubiger verwertet	Gläubiger verwertet	je nach Plan
§ 165	§ 166 I	§ 173	§ 313 III 2	§§ 217, 223
Kostenbeitrag § 171	Kostenbeitrag § 171	Kein Kostenbeitrag § 171	kein Kosten- beitrag	

459   **a) Grundstücke,** bebaut oder unbebaut, die zur Masse gehören, und an denen ein Absonderungsrecht besteht (d.h. wenn Grundschulden und Hypotheken z.B. von Banken darauf liegen) kann der Insolvenzverwalter durch Zwangsversteigerung nach dem ZVG (§§ 172 ff. ZVG) verwerten lassen (§ 165 InsO). Auch der absonderungsberechtigte Gläubiger (z.B. Bank) kann die Zwangsversteigerung betreiben, § 49 InsO. Dasselbe gilt für sonstiges unbewegliches Vermögen. Aus dem Erlös entnimmt der Insolvenzverwalter 4 % Feststellungskosten (§ 171 I InsO; § 10 I Nr. 1a ZVG; Feststellung vgl. § 865 I ZPO; § 1120 BGB). Verwertungskosten (5 %, § 171 II InsO) fallen bei Zwangsversteigerung nicht an.

460   **b) Bewegliche Sachen.** Hier kommt es darauf an, wer sie bei Verfahrenseröffnung in unmittelbarem Besitz hat (§ 166 InsO).

aa) Der **Insolvenzverwalter** darf Sachen selbst verwerten, die er **in Besitz** hat, § 166 InsO. Ausnahmen in § 166 II, III InsO für Finanzsicherheiten, z.B. durch Verpfändung von Wertpapieren.

Beispiel   Beim Sicherungseigentum ist der Gläubiger absonderungsberechtigt, die Sache ist aber in der Regel im Besitz des Schuldners. – Vermieterpfandrecht, § 562 BGB. In der Regel sind die haftenden Sachen auf dem Vermietergrundstück, der Vermieter hat keinen Besitz daran, sondern der Mieter (Insolvenzschuldner).

Dem absonderungsberechtigten Gläubiger ist er Informationen über den Zustand der Sache schuldig, § 167 InsO (z.B. ob die gelieferte Ware bereits verarbeitet ist). Vor Verwertung muss der Insolvenzverwalter den Gläubiger davon verständigen, an wen und zu welchem Preis das geschehen soll (§ 168 InsO). Ab dem Berichtstermin bis zur Verwertung sind u.U. an den absonderungsberechtigten Gläubiger **Zinsen** aus der Masse zu zahlen, § 169 InsO. Der Verwalter darf die Sache weiterbenutzen, wenn er dem Gläubiger den Wertverlust zahlt, § 172 InsO.

> **Beispiel:** Die Bank hat Sicherungseigentum an einem Lkw, der im Besitz des Schuldners ist. Wenn der Insolvenzverwalter den Lkw weiterbenutzt, muss er Zahlungen an die Bank leisten.

Wird die Sache vom Insolvenzverwalter verwertet, hat der Gläubiger zunächst nur einen Anspruch auf rangmäßige Befriedigung aus dem Reinerlös, das *Absonderungsrecht besteht am Erlös fort,* solange der Erlös *unterscheidbar* vorhanden ist (z.B. bei Hinterlegung des Geldes). Zur Auszahlung vgl. § 170 I 2 InsO. – Wird dagegen der *Erlös mit Massegeldern ununterscheidbar vermengt* (z.B. Bargeld in derselben Kasse), besteht nur noch ein Masseschuldanspruch des Gläubigers nach § 55 I Nr. 3 (oder Nr. 1), so dass sich also bei unzulänglicher Masse wegen der in § 209 InsO geregelten Rangordnung die Stellung des Gläubigers erheblich verschlechtern kann. Zum Ausgleich hat der Gläubiger dann (als Beteiligter) u.U. Schadensersatzansprüche gegen den Insolvenzverwalter nach § 60 InsO, weil dieser die Gelder vermengt hat. **461**

Kostenbeitrag. Für Feststellung und Verwertung darf der Insolvenzverwalter insgesamt 9 % (4 + 5) des Erlöses für die Masse behalten, § 171 I, II InsO; ferner die bei der Verwertung anfallende Umsatzsteuer (§ 171 II 3 InsO).

bb) Sonstige Sachen (d.h. solche, die der Insolvenzverwalter **nicht in Besitz** hat) darf der **Gläubiger** verwerten, § 173 InsO. Dann muss er keinen Kostenbeitrag zur Masse abführen, vgl. § 171 InsO, und kann eine eventuell anfallende Umsatzsteuer faktisch auf die Masse abwälzen. **462**

Beispiele
- rechtsgeschäftlich bestellte Pfandrechte (§§ 1221 ff. BGB);
- gesetzliche Pfandrechte, wenn der Gläubiger den Gegenstand in Besitz hat (z.B. Unternehmer repariert Kfz, § 647 BGB).
- beim Pfändungspfandrecht (§ 804 ZPO) kann der Gläubiger die vor Insolvenzeröffnung gepfändete Sache nach der ZPO verwerten lassen.

c) Forderungen, die der Schuldner zur Sicherung abgetreten hatte, kann der Insolvenzverwalter einziehen, § 166 II InsO. Zu § 166 III InsO vgl. Rn. 401 (§ 147 S. 2). Ob die Abtretung dem Drittschuldner angezeigt wurde oder nicht, spielt keine Rolle. Über Informationen der Gläubiger vgl. § 167 II InsO. **463**

5. Betriebsveräußerung

Einen Betrieb kann der Verwalter als Ganzes veräußern (vgl. dazu *Henckel* ZIP 1980, 2). Problematisch ist dabei, dass § 613a BGB (Übergang der Arbeitsverhältnisse) anwendbar ist (BGH NJW 1980, 1124), Kündigungen also nur beschränkt möglich sind (Sanierungshindernis!); § 128 InsO bringt eine kleine Erleichterung. Die Firma (als Name) ist zusammen mit dem Unternehmen grundsätzlich auch ohne Zustimmung des Schuld- **464** ners verwertbar (*Uhlenbruck* § 35 Rz. 100; BGH 32, 103; 58, 322). Vgl. Rn. 88. Dagegen haften die Erwerber des Betriebs nicht nach § 25 HGB (BGHZ 66, 228).

6. Schenkungen des Verwalters

465   Sie sind nichtig (RGZ 29, 82), ebenso gesetzwidrig bevorzugende Zahlungen des Verwalters an einen Gläubiger (RGZ 23, 62); zweifelhaft ist, ob hierbei jeweils zusätzlich (subjektiv) bösgläubiges Handeln des Verwalters Voraussetzung ist (vgl. *Lent* KTS 1956, 164).

Dreizehnter Abschnitt
Anmeldung, Prüfung und Feststellung der Forderungen

I. Anmeldung der Insolvenzforderungen

1. Anmeldung zur Tabelle

Die *Insolvenzgläubiger* (§ 38 InsO), die an dem Insolvenzverfahren teilnehmen wol- **466**
len, müssen ihre Forderungen beim *Insolvenzverwalter* (nicht mehr, wie früher, beim
Gericht) anmelden, § 174 InsO. Ist im gewöhnlichen Insolvenzverfahren Eigenverwaltung gestattet worden, werden die Forderungen beim Sachwalter angemeldet
(§ 270c S. 2 InsO); für Lohnempfänger und sonstige Personen, die nicht nennenswert selbstständig tätig sind, ist Eigenverwaltung aber nicht zulässig (§§ 304 I, 312 III
InsO).

Klage und Vollstreckung (statt Anmeldung zur Tabelle) ist unzulässig (§§ 87, 89 InsO).
Dies gilt auch dann, wenn schon ein Titel dafür vorhanden ist oder wenn es sich um
öffentlich-rechtliche Forderungen (z.B. Steuerschulden) handelt.

Nachrangige Insolvenzforderungen (§ 39 InsO) sind nur auf ausdrückliche Aufforde- **467**
rung des Gerichts anzumelden (denn sie bekommen i.d.R. ohnehin nichts), §§ 174 III,
177 II InsO. Auch der Absonderungsberechtigte, dem der Schuldner zugleich persönlich haftet, hat seine Forderung in voller Höhe anzumelden (wird bei der Schlussverteilung aber nur für den Betrag quotenmäßig befriedigt, mit dem er bei der abgesonderten Befriedigung ausgefallen ist, § 52 S. 2 InsO).

Ein **Insolvenzgläubiger, der nicht anmeldet,** z.B. weil er nichts vom Verfahren weiß, **468**
verliert dadurch *nicht seine Forderung,* er kann sie nur während des Insolvenzverfahrens nicht in anderer Weise (z.B. durch Klage, Vollstreckung) gegen den Schuldner
geltend machen, § 87 InsO; zu Verlusten kann es durch Schuldenbereinigung oder
Restschuldbefreiung kommen.

2. Keine Anmeldung zur Tabelle

Nicht zur Tabelle anzumelden sind: Masseansprüche (§§ 53–55 InsO: sie können kla- **469**
geweise gegen den Insolvenzverwalter geltend gemacht und in die Masse vollstreckt
werden), Aussonderungsrechte (Klage und Vollstreckung ist zulässig), Absonderungs-
ansprüche als solche (wohl aber die Forderung). Wenn ein Absonderungsberechtigter
durch seine Sicherung voll gedeckt ist, hat er (abgesehen von § 28 II InsO) nichts anzumelden. Diese Ansprüche unterliegen daher auch nicht dem Prüfungs- und Feststellungsverfahren; diese Gläubiger sind im Prüfungstermin ferner nicht widerspruchsbe-
rechtigt. Auch Neuforderungen sind nicht anmeldungsfähig (für sie haftet das insolvenzfreie Vermögen des Schuldners, also, da dieses meist unpfändbar ist, letztlich
nichts). Wer sich durch Aufrechnung befriedigen kann, hat ebenfalls nichts zur Tabelle
anzumelden.

470   Lehnt der Insolvenzverwalter die Eintragung in die Tabelle ab, hat der Gläubiger kein Rechtsmittel (HK-InsO/*Irschlinger* § 175 Rz. 7; str.), er kann nur das Insolvenzgericht nach § 58 InsO anrufen.

3. Erfordernisse der Anmeldung

471   **a)** Schriftlich, § 174 I 1 InsO. *Beweisstücke* (Rechnungen, Verträge, Wechsel u. .) *sollen* beigefügt werden, § 174 I 2 InsO. Anmeldung durch Vertreter (z.B. Rechtsanwälte) ist zulässig; eine schriftliche Vollmacht ist aber notwendig.

472   **b)** Anzugeben sind (§ 174 II InsO):

- der Grund der Forderung (das ist der Tatbestand, z.B. Lieferung vom ...);
- der Betrag in Euro. Stehen einem Gläubiger 10 000,– € nebst 12 % Zinsen seit 1.1. zu und wird am folgenden 1.7. das Insolvenzverfahren eröffnet, sind anzumelden: 10 000,– € + 600,– € Altzinsen; denn die Neuzinsen sind nach § 39 I Nr. 1 InsO nur nachrangig und daher nach § 174 III InsO i.d.R. nicht anmeldefähig. Steht der Betrag zahlenmäßig nicht fest, ist er vom Anmelder zu schätzen (z.B. Schmerzensgeld; Renovierungskosten); Einzelheiten § 45 InsO. Wiederkehrende Leistungen: § 46 InsO;
- wenn diese Forderung aus einer vorsätzlich begangenen unerlaubten Handlung (z.B. Körperverletzung bei Rauferei, Betrug) herrührt, ist dies konkret anzugeben (§ 174 II InsO); solche Forderungen bleiben nämlich trotz Restschuldbefreiung bestehen (§ 302 InsO).

473   **c)** Die **Frist für die Anmeldung** wird im Eröffnungsbeschluss bestimmt, § 28 I InsO. **Wird verspätet angemeldet,** wird die Forderung im Prüfungstermin trotzdem geprüft, § 177 I 1 InsO (also keine Präklusion der Forderung). Wird dem aber gem. § 177 I 2 InsO widersprochen (z.B. weil die Anmeldung erst Minuten vor dem Termin und ohne Unterlagen eingeht), ist ein **besonderer Prüfungstermin** auf Kosten des Säumigen zu bestimmen (es ist dann eine Kalkulationsfrage, ob sich das für den Gläubiger lohnt; Kosten: z.B. für Gericht, Insolvenzverwalter, Veröffentlichung, § 177 III InsO) oder es wird im schriftlichen Verfahren geprüft, § 177 I 2 InsO. Wer nachträglich anmeldet erhält grundsätzlich dieselbe Insolvenzquote wie der Gläubiger, der rechtzeitig angemeldet hat; erfolgt aber eine Anmeldung erst, nachdem schon Geld verteilt wurde, wird er bei Verteilungen nur im Rahmen der noch vorhanden Restmasse berücksichtigt (§§ 189, 192 InsO).

4. Wirkung der Anmeldung

474   Hemmung der Verjährung, § 204 I Nr. 10 BGB, bis zur Beendigung des Verfahrens; nicht aber Rechtshängigkeit gem. § 261 ZPO.

5. Folge der Anmeldung

475   Der Insolvenzverwalter trägt die Forderungen in die Insolvenztabelle ein, § 175 S. 1 InsO, und bringt sie zum Gericht. Die Tabelle kann in der Geschäftsstelle des Gerichts von den Beteiligten (Schuldner; andere Insolvenzgläubiger; Mitglieder des Gläubiger-

ausschusses; aber nicht jedermann, die Tabelle ist nicht öffentlich) eingesehen werden (§ 175 S. 2 InsO). Der Insolvenzverwalter hat dabei kein Prüfungsrecht, er muss auch unzulässige Anmeldungen (z.B. Neuschulden) eintragen, wenn der Anmelder darauf besteht. Für die Prüfung ist der Prüfungstermin der richtige Zeitpunkt, zuständig dafür sind Insolvenzverwalter und Gläubiger. Die Tabelle kann nachträglich berichtigt und ergänzt werden (§§ 319 ff. ZPO; § 4 InsO); bei nachträglichen materiellen Änderungen dagegen ist evtl. ein nachträgliches Prüfungsverfahren erforderlich (vgl. § 177 I 3 InsO). Der Gläubiger, der eine Forderung angemeldet hat, darf an den Gläubigerversammlungen teilnehmen.

II. Prüfung und Feststellung der Insolvenzforderungen

1. Prüfungstermin

Die Insolvenzforderungen werden in einer Gläubigerversammlung, dem Prüfungstermin, geprüft, § 176 InsO. Der sog. Rang wird nur bei Anmeldung nachrangiger Forderungen (§ 39 InsO) geprüft. **476**

a) Der Prüfungstermin wird schon im Insolvenzeröffnungsbeschluss bestimmt, § 29 I Nr. 2 InsO. Im Prüfungstermin müssen der Rechtspfleger des Insolvenzgerichts (der die Versammlung leitet), ein Urkundsbeamter der Geschäftsstelle (er trägt das Prüfungsergebnis in die Tabelle ein) und der Insolvenzverwalter anwesend sein. Nicht notwendig ist die Anwesenheit des Schuldners und der Insolvenzgläubiger. Der Termin ist nicht öffentlich. Der Termin kann u. U. überhaupt entfallen, § 5 II InsO. **477**

b) Gegenstand der Prüfung sind alle angemeldeten Insolvenzforderungen; *nach* Ablauf der Anmeldefrist angemeldete Forderungen werden nur unter der Voraussetzung des § 177 I InsO sofort geprüft, andernfalls in einem besonderen Prüfungstermin oder im schriftlichen Verfahren. **478**

aa) Die Forderungen, welche in der Tabelle eingetragen sind, werden zur Diskussion gestellt. Forderungen, die vom Schuldner, dem Insolvenzverwalter oder einem *anwesenden* Insolvenzgläubiger bestritten werden (das Gericht hat kein Recht zum Bestreiten), werden einzeln erörtert (§ 176 S. 2 InsO), d.h. vorgelesen, und zwar nach Betrag und Altzinsen (der *Rang* spielt nur noch eine Rolle, wenn ausnahmsweise nachrangige Forderungen anmeldefähig waren, §§ 39, 174 III InsO). **479**

bb) Der Schuldner (Anwesenheit erzwingbar nach §§ 98, 101 InsO) „erklärt sich" darüber: er gibt Aufklärung über die Forderungen und sagt, ob *er* eine Forderung bestreitet (§ 201 II InsO). **480**

cc) Der Insolvenzverwalter und die anwesenden Gläubiger äußern sich ebenfalls. Nur anwesende Gläubiger (oder durch einen Anwesenden mit Vollmacht vertretene Gläubiger) können bestreiten. Auch Forderungen der Abwesenden sind zu prüfen. **481**

c) Über die Erörterung wird ein **Protokoll** geführt, das Ergebnis der Erörterung („Prüfung") wird in die **Tabelle** eingetragen, der Tabellenvermerk wird vom Rechtspfleger **482**

und vom Protokollführer unterschrieben. Die Tabelle kann mittels EDV geführt werden (§ 5 IV InsO). Zweifel über Inhalt oder Tragweite der Eintragungen in die Insolvenztabelle können mit einer Feststellungsklage (§ 256 ZPO) geklärt werden (BGH NJW 1985, 271).

2. Die Feststellung der Forderungen

Es gibt vier Möglichkeiten. Das Prüfungsergebnis kann sein:

483   a) Die **Forderung des Gläubigers wird von niemand bestritten:** weder vom Insolvenzverwalter, noch vom Schuldner noch von einem anwesenden Gläubiger (ein *schriftlicher* Widerspruch ist wirkungslos; Ausnahme: es wurde für nachträglich angemeldete Forderungen ausdrücklich ein schriftliches Prüfungsverfahren angeordnet, §§ 177 I 2, 178 I 1 InsO):

484   aa) In der **Tabelle** wird vermerkt: *„Festgestellt"* bzw. im seltenen Fall der §§ 39, 174 III InsO: „Betrag und Rang festgestellt", § 176 S. 1 InsO. Die Gläubiger werden nicht benachrichtigt (§ 179 III 3 InsO); sie können sich erkundigen.

485   bb) Diese Eintragung hat dieselbe **Wirkung wie ein rechtskräftiges Urteil** gegenüber allen Insolvenzgläubigern und gegenüber dem Insolvenzverwalter (§ 178 III InsO).

Folge ist, dass der Gläubiger die entsprechende Insolvenzquote auf seine Forderung erhält. Wegen der Urteilswirkung der Feststellung kann gegen die Feststellung nur das unternommen werden, was gegen ein rechtskräftiges Urteil möglich ist:

- *Vollstreckungsabwehrklage, § 767* ZPO (BGH NJW 1985, 271), wenn behauptet wird, die eingetragene Forderung sei nachträglich (§ 767 II ZPO) erloschen, z.B. weil von Verwandten des Schuldners bezahlt (BGHZ 100, 224). Kläger ist dann der Insolvenzverwalter oder ein Insolvenzgläubiger, Beklagter der anmeldende Gläubiger, zuständig ist das Prozessgericht (nicht das Insolvenzgericht);
- *Wiederaufnahme* durch Restitutionsklage nach § 580 Nr. 2, 4, 7 ZPO;
- *Klage aus § 826 BGB,* wenn die Feststellung arglistig erschlichen wurde (BGH LM § 826 (Fa) Nr. 7);
- *Berichtigung* ähnlich wie bei §§ 319, 320 ZPO durch das Insolvenzgericht, wenn versehentlich das wirkliche Prüfungsergebnis nicht eingetragen wurde (*Uhlenbruck* § 178 Rz. 21; BGHZ 91, 198; NJW 1970, 810).

486   cc) Nach Beendigung des Insolvenzverfahrens können die Gläubiger, die nicht voll im Insolvenzverfahren befriedigt wurden, wegen ihrer Restforderungen wieder beim Schuldner vollstrecken, § 201 I InsO (Ausnahme: erfolgreiche Restschuldbefreiung; § 201 III InsO; abweichender Insolvenzplan, § 217 InsO). Sie dürfen ihn zwecks Erlangung eines Titels (Urteil, Vollstreckungsbescheid) aber nicht nach Insolvenzbeendigung verklagen (einer Klage würde das Rechtsschutzbedürfnis fehlen), weil die Eintragung in die Tabelle auch gegenüber dem Schuldner wie ein rechtskräftiges Urteil wirkt, also aus der Eintragung vollstreckt werden kann, § 201 II InsO. Zu diesem Zweck können die Gläubiger nach Insolvenzbeendigung beim Insolvenzgericht eine vollstreckbare Ausfertigung aus der Tabelle (§§ 4 InsO; 724 II ZPO) über den Restbetrag (festgestellte Forderung abzüglich bezahlter Insolvenzquote) erhalten; der Antrag darf erst *nach* Aufhebung des Insolvenzverfahrens gestellt werden (§ 201 II 3 InsO). Selbst wenn ein Gläubiger schon vor Insolvenzeröffnung einen rechtskräftigen Vollstreckungstitel erwirkt hat, kann er nach Insolvenzbeendigung wegen des Restbetrags hieraus nicht mehr vollstrecken, *dieser alte Titel wird „aufgezehrt"* (RGZ 93, 213), nun kann nur noch aus dem Tabellenauszug vollstreckt werden, weil nur dieser „neue Titel" die Zahlung während des Insolvenzverfahrens ausweist.

b) Die **Forderung des Gläubigers wird nur vom Schuldner bestritten:**   487

aa) In der Tabelle wird vermerkt: *„Festgestellt"* (§ 178 I 2 InsO) und als Bemerkung   488
„Vom Schuldner bestritten", § 178 II 2 InsO. Eine Begründung des Widerspruchs durch den Schuldner ist nicht notwendig. Im Falle der Anmeldung einer Forderung aus vorsätzlich begangener unerlaubter Handlung (§ 174 II InsO; § 302 InsO) kann der Schuldner sich darauf beschränken, diese Rechtsnatur zu bestreiten (z.B. weil nur eine fahrlässige Handlung vorgelegen habe), muss aber bei Vorliegen eines Titels selbst tätig werden (§ 184 II InsO).

bb) Das Bestreiten nur des Schuldners hat keine Auswirkung während des Insolvenz-   489
verfahrens, der Gläubiger erhält trotzdem die Quote. Nach Beendigung des Insolvenzverfahrens aber kann nun nicht aus dem Tabellenauszug gegen den Schuldner vollstreckt werden, § 201 II InsO (bei Restschuldbefreiung ohnehin nicht, § 201 III InsO). Vielmehr braucht der Gläubiger dann einen Titel (z.B. ein Urteil). Um ihn zu erlangen, kann der Gläubiger den Schuldner schon *während* des Insolvenzverfahrens verklagen, § 184 I 1 InsO, oder einen Rechtsstreit des Gläubigers gegen den Schuldner, der durch die Insolvenzeröffnung unterbrochen wurde (§ 240 ZPO), aufnehmen, § 184 I 2 InsO.

Hat der Gläubiger z.B. eine durch Vollstreckungsbescheid titulierte Forderung aus un-   490
erlaubter Handlung angemeldet, für welche die Restschuldbefreiung somit nicht gilt (§ 302 Nr. 1 InsO), kann der Schuldner bestreiten, dass eine unerlaubte Handlung zugrunde lag und müsste binnen der Frist des § 184 II InsO Feststellungsklage (§ 256 ZPO) erheben.

cc) Wegen seiner Nachhaftung (§ 201 II InsO) ist es für den Schuldner ungünstig,   491
wenn er den Prüfungstermin versäumt. § 186 InsO gestattet daher die Wiedereinsetzung. Der Schuldner, der z.B. wegen schwerer Krankheit nicht erscheinen konnte, muss angeben, welche Forderungen er bestreiten wollte, fristgerecht Wiedereinsetzung beantragen und die Gründe dafür glaubhaft machen. Wird Wiedereinsetzung gewährt, steht die Zustellung der Bestreitensschriftsätze an die genannten Gläubiger dem Schuldner-Bestreiten gleich mit der Folge, dass gegen ihn nach Beendigung des Verfahrens nicht aus dem Tabellenauszug vollstreckt werden kann (vgl. oben bb).

c) Die **nichttitulierte Forderung** eines Gläubigers wird vom Insolvenzverwalter und/   492
oder Insolvenzgläubigern **bestritten**:

Nichttituliert ist eine Forderung, über die bei Insolvenzeröffnung kein Endurteil, Vollstreckungsbescheid, Prozessvergleich (§ 794 I Nr. 1 ZPO), vollstreckbare notarielle Urkunde (§ 794 1 Nr. 5 ZPO) oder ein anderer Titel (§ 794 ZPO) vorlag.

> **Beispiel:** Handwerker G hat beim Schuldner Bauarbeiten durchgeführt und als Beleg seine Rechnung.

Der Widerspruch, d.h. das **Bestreiten**, muss nicht begründet werden. Mutwilliges Bestreiten durch einen Gläubiger hat keinen Sinn; er riskiert, dass er sofort vom anmeldenden Gläubiger verklagt wird und dann erhebliche Kosten zu tragen hat. In der Praxis wird vom Insolvenzverwalter aufgrund von Informationen des Schuldners bestritten: z.B. weil eine Lieferung mangelhaft war oder nicht erfolgt ist; auch die Verjährungseinrede kann vom Insolvenzverwalter erhoben werden. *Vorläufiges Bestreiten* (z.B. wenn keine ausreichenden Unterlagen vorgelegt wurden) und dessen Rücknahme ist zulässig (§ 178 I 1 InsO: erhobener Widerspruch beseitigt). Bestritten werden kann der Betrag ganz oder teilweise. Unterlassenes Bestreiten kann aber nicht nachgeholt werden; ein erhobener, aber versehentlich nicht protokollierter Widerspruch kann jedoch nachgetragen werden (BGHZ 91, 198; §§ 319–321 ZPO).

Vermerk in der Tabelle z.B. *„Vom Verwalter bestritten"*; „in Höhe von 1000,– € festgestellt, in Höhe von 5000,– € vom Gläubiger Zuck bestritten". Eine Begründung für das Bestreiten wird nicht in der Tabelle vermerkt.

493   **aa)** Will der anmeldende Gläubiger mit seiner Forderung im Insolvenzverfahren berücksichtigt werden, muss er gegen *alle* Bestreitenden klagen, § 179 I InsO. Frist: vgl. § 189 InsO. Als Prozessunterlage (zur richtigen Formulierung von Klageantrag und Urteilstenor) erhält er einen Tabellenauszug, § 179 III 1 InsO. Die Erhebung der Klage hat er dem Insolvenzverwalter binnen einer kurzen Frist nachzuweisen (§ 189 InsO); dann wird der auf ihn entfallende Quotenanteil, wenn er siegen würde, zurückbehalten.

494   **bb)** Die Klage ist eine *Feststellungsklage* im Sinne des § 256 ZPO. Der *Klageantrag* lautet auf Feststellung der angemeldeten Forderung zur Insolvenztabelle; Antragsumfang § 181 InsO.

> **Beispiel:** Wer nur 12 000,– € anmeldete, kann nicht auf Feststellung von 16 000,– € klagen; er hätte zuvor eine nachträgliche Anmeldung durchführen müssen, § 177 InsO, dann könnte er erweitert klagen.

495   **cc) Zuständig** für die Klage ist nicht etwa das Insolvenzgericht, der Rechtsweg richtet sich vielmehr nach den allgemeinen Vorschriften (§ 180 I 1 InsO), d.h. nach dem Entstehungsgrund der Forderung: meist Zivilgericht, § 13 GVG. Arbeitsgericht nach § 2 ArbGG (z.B. Lohnforderung); Sozialgericht (§ 51 SGG), z.B. Sozialversicherungsbeiträge; Finanzgericht (§ 33 FGO), z.B. für Steuerforderungen; Verwaltungsgericht. § 185 InsO.

496   Sachliche Zuständigkeit: Amtsgericht oder Landgericht, je nach Streitwert, §§ 180 I, 182 InsO. **Streitwert** ist nicht die angemeldete Forderung, sondern die darauf voraussichtlich entfallende Insolvenzquote (§ 182 InsO). Sie ergibt sich ggf. aus einer Auskunft des Insolvenzverwalters (BGH NJW-RR 2000, 354).

> **Beispiel:** G hat 100 000,– € angemeldet und muss wegen des Bestreitens auf Feststellung klagen. Der Insolvenzverwalter teilt ihm auf Anfrage mit, dass allenfalls mit einer Quote von 3 % zu rechnen ist. Streitwert 3000,– €; AG ist sachlich zuständig.

Örtliche Zuständigkeit: § 180 I InsO (ausschließliche Zuständigkeit des AG oder LG am Sitz des Insolvenzgerichts). Bezüglich der Arbeitsgerichte usw bleibt es bei den allgemeinen Bestimmungen (§ 185 verweist nicht auf § 180 I InsO).

dd) Prozessausgang

497

- *Obsiegende Urteile* gegen *alle* Bestreitenden (§§ 62 ZPO, 183 I InsO) führen zur Tabellenberichtigung, § 183 II InsO, und dann dazu, dass der Sieger die Insolvenzquote erhält.

- *Klageabweisendes Urteil* besagt, dass der Gläubiger keine Forderung hat. Das Urteil kommt allen Insolvenzgläubigern zugute, § 183 InsO. Wenn mehrere bestritten haben, müssen die Widersprüche *aller* beseitigt werden (sie sind notwendige Streitgenossen): ist die Klage gegen *einen* Bestreitenden abgewiesen worden, erübrigen sich daher Prozesse gegen die anderen.

ee) Sonderfall: schon anhängiger Prozess.
Wenn bei Insolvenzeröffnung *bereits ein* 498 *Rechtsstreit* des Gläubigers gegen den Schuldner wegen dieser nun im Prüfungstermin bestrittenen Forderung *anhängig war,* dann wird der Rechtsstreit unterbrochen, § 240 ZPO, und der Gläubiger muss seine Forderung im Insolvenzverfahren zur Tabelle anmelden, §§ 87, 174 ff. InsO, einschließlich der bisherigen Prozesskosten. Wird die Forderung dann (oben c) bestritten, *kann* der Gläubiger diesen Rechtsstreit aufnehmen (darf also nicht neu klagen) mit folgenden Besonderheiten, § 180 II InsO:

- die Zuständigkeit des Gerichts bleibt bestehen, § 261 III Nr. 2 ZPO; § 180 I InsO gilt hier nicht;
- der Bestreitende tritt in die Parteirolle des Schuldners ein (BGHZ LM § 146 KO Nr. 4), ist also jetzt Beklagter;
- der Klageantrag ist zu ändern in einen Feststellungsantrag.

Der Gläubiger wird den Prozess nicht aufnehmen, wenn er soviel weitere Prozesskosten (für Sachverständige, Rechtsanwälte) investieren müsste, dass er nicht einmal sie durch die Quote hereinbekäme.

Beispiel Der Fliesenleger G hat den Bauträger S auf Zahlung seines Werklohns (50 000,– € + Zinsen) verklagt; S hat Minderung eingewandt, da Pfuscharbeit vorliege. Vor Erholung eines Gutachtens wird über das Vermögen des S das Insolvenzverfahren eröffnet. G meldet nun 50 000,– € + Altzinsen + alle Prozesskosten zur Tabelle an. Wird die Forderung im Prüfungstermin nicht bestritten, wird der unterbrochene Zivilprozess nicht aufgenommen, vom Gericht abgerechnet und nach der Aktenordnung weggelegt. Wird die Forderung vom Insolvenzverwalter des S bestritten, nimmt G den Zivilprozess auf. Ist nur mit einer Quote von 4 % zu rechnen (= ca. 2000,– €), dann lohnt sich die Aufnahme nicht, wenn allein die Kosten für die noch erforderliche Beweisaufnahme z.B. 6000,– € betragen.

d) Die **titulierte Forderung** eines Gläubigers wird vom Insolvenzverwalter und/oder Insolvenzgläubigern **bestritten:**

499

Der *Titel muss nicht rechtskräftig* oder vollstreckbar *sein,* es genügen also Vollstreckungsbescheide oder Versäumnisurteile, gegen die noch die Einspruchsfrist (§§ 700, 339 ZPO) läuft; Urteile, gegen die Berufung eingelegt ist; Kostenfestsetzungsbeschlüsse (§ 794 I Nr. 2 ZPO). Dieser Titel muss im Prüfungstermin vorgelegt werden.

500   **aa)** Das Bestreiten allein ändert nichts daran, dass dieser Gläubiger an der Verteilung im Insolvenzverfahren teilnimmt. Will der Bestreitende dies verhindern, muss er die titulierte Forderung angreifen, § 179 II InsO. Die Parteirolle ist also umgekehrt wie bei oben c), weil hier der Gläubiger schon eine gewisse Rechtsposition erlangt hat.

501   **bb)** Der Widerspruch nach § 179 II InsO gibt keinen zusätzlichen Rechtsbehelf gegen den Titel, die vorhandenen prozessualen Möglichkeiten können lediglich von einer anderen Person (z.B. dem Insolvenzverwalter anstelle des Schuldners) ausgenützt werden. Diese *Möglichkeiten* sind: Einspruch, Berufung, Revision; gegen *rechtskräftige* Urteile Wiederaufnahme gem. §§ 578 ff. ZPO; Vollstreckungsabwehrklage gem. § 767 ZPO.

> **Beispiel** G hat ein Versäumnisurteil gegen S erlangt, dann wird über das Vermögen des S der Insolvenzverfahren eröffnet. G muss seine Forderung zur Tabelle anmelden (§§ 87, 174 ff. InsO), den Prüfungstermin abwarten. Bestreitet jetzt der Insolvenzverwalter die Forderung, muss er den Rechtsstreit aufnehmen (§§ 240, 250 ZPO), Einspruch einlegen (§ 338 ZPO).

Der *Antrag* des Bestreitenden geht dahin, seinen Widerspruch gegen die Forderung des ... für begründet zu erklären. Es findet ein *Parteiwechsel* statt, der Widersprechende übernimmt die Parteistellung des Schuldners.

Die Zuständigkeit richtet sich nach den allgemeinen ZPO-Vorschriften, wenn der Rechtsstreit aufgenommen und fortgesetzt wird, ändert sich also nicht; sonst richtet sich die örtliche Zuständigkeit (z.B. bei § 767 ZPO-Klage) nach § 180 I 2, 3 InsO (*Uhlenbruck* § 180 Rz. 9). Streitwert, § 182 InsO, ist beim Angriff eines Gläubigers der Betrag, um den sich *seine* Quote verbessert.

3.   Besonderheiten bei Eigenverwaltung

502   Bei der **Eigenverwaltung** (§§ 270–285 InsO) gelten Besonderheiten (§ 283 InsO): als festgestellt gelten nur Forderungen, die weder ein Insolvenzgläubiger, noch der Sachwalter noch der Schuldner (!) bestritten hat. Vgl. § 283 I InsO.

III. Übersicht: Prüfungsverfahren und Folgen im regulären Insolvenzverfahren

Niemand bestreitet eine Forderung	Nur der Schuldner bestreitet eine Forderung	Nichttitulierte Forderung wird vom Verwalter und/oder einem Gläubiger bestritten	Titulierte Forderung wird vom Verwalter und/oder einem Gläubiger bestritten
Forderung gilt als festgestellt, § 178 I	Forderung gilt als festgestellt, § 178 I	Positive Feststellungsklage des anmeldenden Gläubigers möglich, § 179 I	Der Bestreitende kann gegen den Titel vorgehen, negative Feststellungsklage, § 179 II
Gläubiger erhält die Quote	Gläubiger erhält die Quote	Wenn Gl. nichts unternimmt, erhält er keine Quote. Bei Erfolg seiner Klage erhält der Gläubiger die Quote, bei Misserfolg nichts	Gl. muss nichts unternehmen, erhält grds. die Quote. Nur bei Erfolg des Vorgehens des Bestreitenden erhält der Gläubiger nichts
Nach Beendigung des Insolvenzverfahrens: Vollstreckung wegen des Restes* aus einem Tabellenauszug, § 201 II	Nach Beendigung des Insolvenzverfahrens: Vollstreckung wegen des Restes* nicht aus Tabellenauszug, sondern Klage notwendig	Nach Beendigung des Insolvenzverfahrens: Vollstr. wegen des Restes* aus Tabellenauszug, bei Bestreiten durch Schuldner Klage notwendig	Nach Beendigung des Insolvenzverfahrens: Vollstr. wegen des Restes* aus Tabellenauszug, bei Bestreiten aus dem Titel

503

* Nachhaftung vorbehaltlich Restschuldbefreiung oder anderer Regelung in einem Insolvenzplan.

Vierzehnter Abschnitt

Die Verteilung

I. Allgemeines

504 Die Verteilung erfolgt grundsätzlich nach §§ 187 ff. InsO. Ist ein Insolvenzplan verein-bart worden, kann auch eine anderweitige Verteilung erfolgen (§ 217 InsO).

II. Verteilung beim gewöhnlichen Insolvenzverfahren

1. Arten der Verteilung

505 Folgende Arten der Verteilung sind zu unterscheiden:

506 **a) Abschlagsverteilungen,** die im Laufe des Insolvenzverfahrens nach teilweiser Ver-silberung der Masse erfolgen, § 187 II 1 InsO.

Die als Ausfallforderungen angemeldeten Ansprüche der Absonderungsberechtigten werden nur berücksichtigt, wenn der vermutliche Ausfall glaubhaft gemacht ist. Dann wird der auf die Ausfallforderung entfallende Anteil zurückbehalten, § 190 InsO.

Die bestrittenen Forderungen werden nur berücksichtigt, wenn die Erhebung der Fest-stellungsklage nachgewiesen ist. Frist: § 189 I 1 InsO; Beginn: § 9 InsO. Dann wird der auf die bestrittenen Forderungen entfallende Anteil zurückbehalten, § 189 I, II InsO. Aufschiebend bedingte Forderungen werden nach § 191 InsO berücksichtigt.

507 **b) Schlussverteilung,** die nach vollständiger Verwertung der Masse erfolgt. § 196 InsO.

Die *Absonderungsberechtigten* müssen ihren Ausfall nachweisen. Dann werden sie befriedigt; andernfalls wird der für sie zurückbehaltene Betrag verteilt, § 190 I 2 InsO.

Der für bestrittene Forderungen zurückbehaltene Betrag wird hinterlegt, wenn die For-derung noch rechtshängig ist, § 198 InsO.

508 **c) Nachtragsverteilungen,** die nach Ausführung der Schlussverteilung erfolgen. Eine Nachtragsverteilung muss stattfinden, wenn nach der Schlussverteilung noch weitere Massemittel verfügbar werden. §§ 203, 211 III InsO.

Beispiele Der für eine bestrittene Forderung hinterlegte Betrag wird dadurch frei, dass die Klage des Gläubigers abgewiesen wurde. Oder: Nach der Schlussverteilung stellt sich heraus, dass der Schuldner noch wertvollen Schmuck besitzt, den er verborgen gehalten hat.

2. Anordnung, Vorbereitung und Durchführung

Die Anordnung, Vorbereitung und Durchführung der Verteilungen ist grundsätzlich **509** Sache des Insolvenzverwalters (§ 187 III 1 InsO). In gewissem Umfange wirken aber auch andere Organe des Verfahrens mit, § 187 III 2 InsO.

a) Vor jeder Verteilung hat der Insolvenzverwalter die Verteilungsliste bekanntzu- **510** machen (§ 188 InsO). Über Einwendungen gegen die Verteilungsliste entscheidet das Insolvenzgericht, § 194 InsO.

b) Bei den Abschlagsverteilungen bestimmt der Gläubigerausschuss bzw. der Insol- **511** venzverwalter den auf die Insolvenzforderungen zu zahlenden Prozentsatz (Insolvenz- dividende, **Insolvenzquote**), § 195 InsO.

c) Die Schlussverteilung muss von dem Insolvenzgericht genehmigt werden. Das **512** Insolvenzgericht beruft gleichzeitig zur Abnahme der Schlussrechnung und zur Erhe- bung von Einwendungen gegen das Schlussverzeichnis (d.h. die für die Schlussvertei- lung maßgebende Verteilungsliste) eine letzte Gläubigerversammlung ein, den sog. **Schlusstermin**, § 197 InsO.

d) Irrtümer: Ist ein Gläubiger irrtümlich im Schlussverzeichnis mit einer zu geringen **513** Forderung aufgeführt und erhebt er (z.B. wegen Nichterscheinens im Schlusstermin) dann keine Einwendungen gegen das Schlussverzeichnis, ist er mit seiner nichtver- merkten Forderung im Insolvenzverfahren endgültig ausgeschlossen und kann sich nur noch (nach Beendigung des Insolvenzverfahrens) an den Schuldner halten, § 201 InsO.

Da durch die Nichtberücksichtigung die anderen Insolvenzgläubiger mehr erhalten haben, als ihnen an sich zustünde (z.B. 3,71 % statt 3,50 %), ist fraglich, ob der be- nachteiligte Gläubiger von den anderen Gläubigern die Differenz (hier 0,21 %) aus § 812 BGB herausverlangen kann. Der BGH (NJW 1984, 154) lehnt dies ab, da der Zweck des Schlussverzeichnisses sonst verfehlt sei; die zur Verteilung ausgewiesenen Beträge sollen vor jedem späteren Angriff gesichert sein. Bereicherungsansprüche werden dagegen zugebilligt, wenn der Gläubiger ordnungsgemäß im Schlussverzeich- nis eingetragen war und gleichwohl nicht berücksichtigt wurde. Eine etwa erforder- liche Nachtragsverteilung wird auf Anordnung des Insolvenzgerichts von dem Insol- venzverwalter vorgenommen, § 203 InsO analog; auch Verwalterhaftung kommt in Betracht, § 60 InsO.

Fünfzehnter Abschnitt

Die Beendigung des Verfahrens

I. Verfahrensbeendigung

514 Das Verfahren wird beendet durch Beschluss.

1. Aufhebung

515 **Aufhebung** des Insolvenzverfahrens, wenn es nach Zweckerreichung abgeschlossen wird, d.h.

- nach Vollzug der Schlussverteilung, § 200 I InsO;
- nach rechtskräftiger Bestätigung des Insolvenzplans, § 258 I InsO.

2. Einstellung

516 **Einstellung** des Insolvenzverfahrens, wenn es vorzeitig beendet wird:

- wenn keine kostendeckende Masse mehr vorhanden ist (und auch keine Kostenstundung nach § 4a InsO erfolgt), §§ 207, 209 InsO;
  oder
- wenn sonstige Masseunzulänglichkeit vorliegt, §§ 208, 211;
- wenn der Schuldner es beantragt und der Eröffnungsgrund weggefallen ist, § 212 InsO; Rechtsmittel: § 216 InsO;
- wenn alle Gläubiger zustimmen, § 213 InsO; Rechtsmittel: § 216 InsO.

II. Wirkung der Beendigung des Insolvenzverfahrens

517
- Der Schuldner erhält die freie Verfügung über sein Vermögen zurück, §§ 215 II 1, 80 InsO.
- Die Unterbrechung von Prozessen endet, § 240 ZPO.
- Die vom Insolvenzverwalter geführten Prozesse führt der Schuldner fort.
- Frühere, unwirksame Rechtshandlungen des Schuldners werden nun wirksam, § 185 II BGB.
- Inhaltsänderungen von Forderungen gem. §§ 41 ff. InsO (durch Feststellung in der Tabelle) wirken über das Insolvenzverfahren hinaus fort *(Kilger/K. Schmidt* KO § 69 A. 5; es kann also z.B. nicht auf den früheren Fremdwährungstitel zurückgegriffen werden).
- Die Ablehnung der Vertragserfüllung, § 103 InsO, wirkt über das Insolvenzverfahrensende hinaus.

III. Nachhaftung

Nach Beendigung des Insolvenzverfahrens können **Insolvenzgläubiger** ihre Rest- **518** forderungen wieder uneingeschränkt gegen den Schuldner geltend machen (§ 201 I InsO), ihn verklagen und gegen ihn vollstrecken. Sofern der Schuldner einer festgestellten Forderung im Prüfungstermin nicht widersprochen hat, kann gegen ihn mit einer vollstreckbaren Ausfertigung des Auszugs aus der Insolvenztabelle (als Titel) vollstreckt werden, § 201 II InsO.

Ausnahme: dem Schuldner wurde **Restschuldbefreiung** in Aussicht gestellt, §§ 291 I, **519** 201 III InsO; oder: in einem **Insolvenzplan** ist eine andere Art der Nachhaftung vereinbart worden (§ 217 InsO).

Schuldner ist	jur. Person	Kaufmann bzw. Selbstständiger mit nennenswerter wirtsch. Tätigkeit	unselbständige nat. Person (§ 304 I). z.B. Lohnempfänger	selbständige nat. Person mit geringfügiger wirtsch. Tätigkeit (§ 304 I)
Ausschluss der Nachhaftung durch	▪ Insolvenzplan	▪ Insolvenzplan ▪ Restschuldbefreiung	▪ Schuldenbereinigungsverfahren (§§ 305ff.). ▪ Restschuldbefreiung	▪ Schuldenbereinigungsverfahren (§§ 305ff.). ▪ Restschuldbefreiung

Für während des Verfahrens begründete, nicht getilgte **Masseverbindlichkeiten** haftet der Schuldner nur mit dem Resten der Insolvenzmasse fort (*Uhlenbruck* § 53 Rz. 8; HK-InsO/*Eickmann* § 90 Rz. 16, 17).

Sechzehnter Abschnitt

Der Insolvenzplan

520 Der Schuldner kann sich mit seinen Gläubigern außergerichtlich einigen. Eine weitere Möglichkeit der gerichtlichen Schuldenregulierung mit dem Ziel einer Unternehmensfortführung bietet das Insolvenzplanverfahren.

I. Insolvenzplan

1. Anwendungsbereich

521 Insolvenzpläne sind in der Praxis sehr selten (jährlich ca. 100 Fälle). Im Insolvenzverfahren über Personen, die (1) keine selbstständige wirtschaftliche Tätigkeit ausüben oder (2) ausgeübt haben oder (3) sie zwar ausübten, aber nur bis zu 19 Gläubiger haben und keiner davon eine Forderung aus Arbeitsverhältnis hat, gibt es *kein* Insolvenzplanverfahren, §§ 304, 312 II InsO.

Statthaft ist das Insolvenzplan-Verfahren daher nur bei

- juristischen Personen und
- natürlichen Personen mit nennenswerter selbstständiger wirtschaftlicher Tätigkeit (z.B. Kaufleuten).

Normales Insolvenzverfahren	Vereinfachtes Insolvenzverfahren
Schuldner ist ■ eine jur. Person oder ■ eine natürliche Person, die *bei Antragstellung* eine selbstständige wirtschaftliche Tätigkeit *ausübt*; ■ ein ehemaliger Unternehmer mit Schulden aus Arbeitsverhältnissen; ■ ein ehemaliger Unternehmer mit mehr als 19 Gläubigern. ■ z.B. Kaufmann, ehem. Großkaufmann	Schuldner ist ■ eine natürliche Person, die bei Antragstellung keine selbstständige wirtschaftliche Tätigkeit ausübt, gleichgültig wie viele Gläubiger sie hat und wie hoch die Schulden sind, § 304 I. ■ ein ehemaliger Unternehmer ohne Schulden aus Arbeitsverhältnissen mit bis zu 19 Gläubigern. ■ z.B. Rentner, Angestellter, ehem. kleiner Versicherungsvertreter
Insolvenzplan zulässig, §§ 217–269	kein Insolvenzplan, § 312 II

2. Gegenstand des Plans

522 Gegenstand des Plans können sein (§ 217 InsO): Vereinbarungen über

a) eine von den gesetzlichen Bestimmungen (InsO, BGB usw) abweichende Befriedigung
   – der Insolvenzgläubiger;
   – der absonderungsberechtigten Gläubiger;
b) eine abweichende Verwertung der Insolvenzmasse;
c) eine abweichende Verteilung der Insolvenzmasse;

d) eine abweichende Vereinbarung über die Haftung des Schuldners nach Beendigung des Insolvenzverfahrens (Nachhaftung);

e) bei AG, GmbH: Mitgliedschaftsrechte der anderen Gesellschafter.

3. Vorlageberechtigung

Vorlageberechtigt ist der Schuldner und der Insolvenzverwalter (§ 218 InsO), bei Eigenverwaltung (hier fehlt ein Insolvenzverwalter) evtl. auch der Sachwalter (§ 284 InsO). **523**

4. Inhalt des Plans

Den Inhalt des Plans regelt § 219 InsO. Es wird unterschieden zwischen dem **524**

- darstellenden Teil des Plans (§ 220 InsO; ein Art Geschichtserzählung ohne weitere rechtliche Bedeutung) und dem
- gestaltenden Teil des Plans (§ 221 InsO; die Angaben haben rechtliche Bedeutung, z.B. §§ 223 II, 224, 254 I 1, 259 III, 260 InsO). Es kann seit 1.3.2012 vorgesehen werden, dass die Forderungen von Gläubigern in Anteilsrechte am Schuldner umgewandelt werden (z.B. dass die Bank anstelle der Forderung Aktien am insolventen Unternehmen erhält), § 225a II InsO (sog. **Debt-Equity-Swap**); ferner, dass GmbH-Gesellschafter ausscheiden, Anteile auf Dritte übertragen werden, Aufsichtsräte einer AG abberufen werden, § 225a III bis V InsO.

Eine bestimmte Mindestquote für die Gläubiger ist nicht vorgeschrieben. Auch müssen nicht alle Gläubiger gleichbehandelt werden; lediglich innerhalb bestimmter Gläubigergruppen (z.B. Gruppe Banken; Lieferanten, Arbeitnehmer; Kleingläubiger; absonderungsberechtigte Gläubiger, § 222 II InsO) ist Gleichbehandlung erforderlich (§ 226 I, II InsO). Die Massegläubiger sind vom Plan nicht betroffen; sie müssen voll befriedigt werden (§§ 26, 258 II InsO). Die Aussonderungsberechtigten sind ebenfalls nicht beteiligt; sie können ihre Sachen und Rechte voll zurückholen (vgl. § 47 InsO). Die Absonderungsberechtigten können zwar im Plan in ihren Sicherheiten geschmälert werden (§ 223 InsO); doch hat das nur einen Sinn, wenn sie damit einverstanden sind, weil sie sonst die Versagung der gerichtlichen Bestätigung nach § 251 I Nr. 2 InsO erreichen können.

5. Unzulässige Pläne

Unzulässige Pläne werden vom Gericht von Amts wegen zurückgewiesen: **525**

- wenn keine kostendeckende Masse vorhanden ist (§ 26 InsO), vgl. § 258 II InsO. Andernfalls wird das Verfahren nicht eröffnet bzw nach §§ 207 ff. InsO beendet;
- wenn er verspätet eingereicht wurde (§ 218 I 3 InsO);
- wenn er formale Mängel hat (§ 231 I Nr. 1 InsO);
- wenn er aussichtslos ist (§ 231 I Nr. 2, 3 InsO);
- wenn es sich um einen wiederholten Plan handelt (§ 231 II InsO).

Gegen den Zurückweisungsbeschluss ist sofortige Beschwerde statthaft, §§ 231 III, 6 InsO.

II. **Annahme und Bestätigung des Plans**

1. **Abstimmung**

526   Der zulässige Plan wird bestimmten Stellen (Gläubigerausschuss usw) zur Stellungnahme zugeleitet (§ 232 InsO). Gewöhnliche Gläubiger können ihn einsehen (§ 234
InsO). Das Gericht bestimmt einen Erörterungs- und Abstimmungstermin (§ 235 InsO;
nicht öffentlich), der frühestens nach dem Prüfungstermin (§ 176 InsO) stattfinden
darf (§ 236 InsO), weil erst dann die Stimmrechte der Gläubiger feststehen (§§ 237, 77
InsO) und der Wert des Planvorschlags des Schuldners eingeschätzt werden kann.
Stimmrechte und erforderliche Mehrheiten sind in §§ 237–244 InsO detailliert geregelt. Hat der Schuldner in seinem Plan z.B. fünf Gläubigergruppen gebildet, muss in
jeder Gruppe eine doppelte Mehrheit erreicht werden (§ 244 InsO). **Stimmenkauf-
Abkommen** sind nichtig (§ 226 III InsO).

2. **Schuldner stimmt nicht zu**

527   Stimmt der Schuldner einem vom Insolvenzverwalter erstellten Plan, dem die Gläubi-
germehrheiten zugestimmt haben, nicht zu, dann ist der Plan gescheitert. Ausnahme:
der Schuldner wird durch den Plan nicht schlechter gestellt als ohne Plan und kein
Gläubiger erhält mehr, als ihm zusteht (§ 247 II InsO). Das heißt: der Schuldner darf
gegen seinen Willen nicht *voraussichtlich* schlechter gestellt werden, als er bei einer
Abwicklung nach den gesetzlichen Bestimmungen stünde.

3. **Fehlende Mehrheit der Gläubiger**

528   Werden die Mehrheiten nicht erreicht, stimmt aber der Schuldner zu, kann das Gericht
eine Mehrheit im Falle des § 245 InsO (Obstruktionsverbot) fingieren. Das ist kaum
möglich, weil Nr. 1 die Berechnung der mutmaßlichen Liquidationserlöse voraussetzt;
alle drei Ziffern des § 245 I InsO müssen kumulativ vorliegen.

4. **Gerichtliche Bestätigung des Plans**

Der Plan wird erst wirksam, wenn er vom Gericht bestätigt wurde (§ 248 InsO).

529   **a)** Die **Annahme** soll erst nach Anhörung der Beteiligten (§ 248 II InsO) erfolgen. Sie
erfolgt durch Beschluss, der verkündet wird (§ 252 InsO).

Gläubiger und Schuldner können gegen den Beschluss sofortige Beschwerde zum LG
einlegen (§§ 253, 6 II InsO; § 569 I ZPO); Frist: 2 Wochen; sie beginnt mit der Verkündung. Mit formeller Rechtskraft des Beschlusses treten die Wirkungen des Plans ein
(§ 254 I InsO). Es wird dann nach §§ 254 ff. InsO fortgefahren (vgl. unten III, IV).

530   **b)** Die **Bestätigung** ist durch Beschluss zu **versagen**, wenn
- die Masse unzulänglich ist (vgl. §§ 26, 258 II InsO);
- eine Bedingung im Insolvenzplan gesetzt wurde (z.B. eine Vorauszahlung des
  Schuldners) und diese nicht eingetreten ist (§ 249 InsO);

- gegen Verfahrensvorschriften verstoßen wurde (§ 250 Nr. 1 InsO); z.B. keine korrekte Bildung der Gläubigergruppen (§ 222 InsO); Verstoß gegen Gleichbehandlung der Gläubiger innerhalb ihrer Gruppe (§ 226 InsO); wenn die Mehrheiten nicht erreicht wurden und auch das Obstruktionsverbot (§ 245 InsO) nicht weiterhilft; oder wenn ein Widerspruch des Schuldners beachtlich ist (§ 247 II InsO also nicht gegeben ist);
- unlautere Geheimabkommen über Gläubigerbegünstigung getroffen wurden (§ 250 Nr. 2 InsO); solche Vereinbarungen der Beteiligten sind ohnehin nichtig (§ 226 III InsO);
- unlautere Verursachung der Annahme des Plans, z.B. durch Täuschung über künftige Unternehmenschancen, Verheimlichung von Vermögen (§ 250 Nr. 2 InsO);
- auf Antrag eines Gläubigers (Frist: § 251 I Nr. 1 InsO). Wenn dieser glaubhaft macht (§ 251 II InsO), dass er durch den Plan schlechter gestellt wird als er ohne Plan stünde (§ 251 I Nr. 2), dann ist sein Versagungs-Antrag zulässig. Im Stadium der Begründetheit wird dies von Amts wegen nachgeprüft.

Beispiel	Dem Gläubiger G wurde ein wertvoller Pkw sicherungsübereignet. Wenn ihm im Plan ein Betrag versprochen wird, der geringer ist als der Wert seiner Sicherung, dann kann er die Bestätigung des Plans verhindern. Vgl. auch § 223 InsO.

Gläubiger und Schuldner (nicht der Insolvenzverwalter, BGH NJW-RR 2009, 839) können gegen den Beschluss sofortige Beschwerde zum LG einlegen (§§ 253, 6 II InsO; § 569 I ZPO); Frist: 2 Wochen; sie beginnt mit der Verkündung. Mit formeller Rechtskraft des versagenden Beschlusses ist das Insolvenzplan-Verfahren erledigt und es wird die Verwertung und Verteilung des Schuldnervermögens nach den gesetzlichen Bestimmungen fortgesetzt.   **531**

III. Wirkungen des bestätigten Plans

1. Ist die Bestätigung des Plans rechtskräftig, muss der Insolvenzverwalter die Masseansprüche begleichen (Zahlung; Sicherstellung), § 258 II InsO.   **532**
2. Dann erfolgt die Aufhebung des Insolvenzverfahrens durch das Gericht, § 258 I InsO.
3. Ein Anfechtungsprozess kann vom Insolvenzverwalter fortgeführt werden, falls die Voraussetzungen des § 259 III InsO vorliegen.

IV. Verfahrensabschluss bei Planbestätigung

Wird der Plan rechtskräftig bestätigt und ist das Insolvenzverfahren aufgehoben, erfolgt die Überwachung der Planerfüllung, falls dies vorgesehen ist (§ 260 InsO). Aus dem Plan kann gegen den Schuldner vollstreckt werden, § 257 I InsO; ferner gegen die Plan-Garanten (§ 257 II InsO).   **533**

Siebzehnter Abschnitt

Die Eigenverwaltung

534 Die Verwaltung und Verfügung über die Insolvenzmasse obliegt im gewöhnlichen Insolvenzverfahren (über juristische Personen und nennenswert selbstständig wirtschaftlich tätige Personen) dem Insolvenzverwalter (§ 80 InsO). Im Insolvenzverfahren über natürliche Personen, die unselbstständig sind (z.B. Lohnempfänger) oder diesen gleichgestellt sind (§ 304 InsO), dem sog. Verbraucherinsolvenzverfahren (§ 304 I InsO), hat diese Befugnisse der Treuhänder (§ 313 InsO). Es ist sinnvoll, diese Befugnisse einer dritten Person zu geben, weil unredliche Handlungen des Schuldners, der zahlungsunfähig bzw überschuldet ist, naheliegend sind. Trotzdem hält es die InsO für möglich, dass in besonderen Fällen nicht der Insolvenzverwalter, sondern der Schuldner selbst (unter Aufsicht eines Treuhänders) die Insolvenzmasse verwaltet und darüber verfügt (§§ 270–285 InsO). Das soll das Verfahren verbilligen, weil der Sachwalter nur halb so viel Vergütung wie ein Insolvenzverwalter bekommt (§ 12 InsVV).

Im Verbraucherinsolvenzverfahren ist Eigenverwaltung nicht zulässig, § 312 II InsO.

I. Voraussetzungen der Anordnung

1. Anordnung der Eigenverwaltung

535 Die Eigenverwaltung wird vom Insolvenzgericht **durch Beschluss angeordnet**, § 270 I 1 InsO; dies ist unanfechtbar, § 6 I InsO.

536 **a) Zu Beginn des Verfahrens** ist dies nur statthaft, wenn

- der Schuldner den Insolvenzantrag gestellt *und* die Eigenverwaltung beantragt hat (§ 270 II Nr. 1 InsO);
- wenn zusätzlich zu erwarten ist, dass die Eigenverwaltung nicht zu Nachteilen für die Gläubiger führt, § 270 II Nr. 2 InsO. Der Schuldner muss zuverlässig erscheinen, geschäftserfahren;
- wenn der Schuldner zu dem Personenkreis gehört, bei dem ein *vereinfachtes* Insolvenzverfahren unzulässig ist, §§ 304 I, 312 II InsO.

Normales Insolvenzverfahren	Vereinfachtes Insolvenzverfahren
Schuldner ist ■ eine jur. Person oder ■ eine natürliche Person mit selbstständiger wirtschaftlicher Tätigkeit, z.B. Kaufmann ■ ehemalige größere Unternehmer, vgl. Tabelle Rn. 521	Schuldner ist ■ eine natürliche Person, die keine wirtschaftliche Tätigkeit ausübt, § 304 I. ■ ehemalige Kleinunternehmer, vgl. Tabelle Rn. 521
Eigenverwaltung zulässig, §§ 270–285	keine Eigenverwaltung, § 312 II

b) Nachträglich. Hat das Gericht die Eigenverwaltung abgelehnt, kann eine Gläubi- **537**
gerversammlung mit Mehrheit beschließen, dass der (damit einverstandene) Schuldner selbst verwalten darf; dann *hat* das Gericht nachträglich die Eigenverwaltung an-
zuordnen, §§ 271, 273 InsO; auf § 270 II Nr. 2 InsO kommt es nicht mehr an. Über-
stimmte Gläubiger (die Nachteile für sich befürchten) können nach § 78 I InsO die
Aufhebung des Beschlusses der Gläubigerversammlung beantragen und damit die
Anordnung der Eigenverwaltung verhindern. Vgl. Rn. 539.

2. Weitere Voraussetzungen

Die weiteren Voraussetzungen der Insolvenzeröffnung (Zahlungsunfähigkeit/Über- **538**
schuldung; glaubhaft gemachte Forderungen; kostendeckende Masse oder Stundung)
müssen erfüllt sein. Das Gericht kann dann entweder

- eröffnen, Eigenverwaltung anordnen und einen Sachwalter (anstelle eines Insolvenzverwalters, § 270c InsO) bestellen; die Anordnung der Eigenverwaltung ist für
  einen Gläubiger nicht isoliert anfechtbar, vgl. § 6 I InsO; nur Aufhebung nach § 272
  InsO kommt in Frage; oder
- eröffnen (anfechtbar nach § 34 II InsO), aber die Eigenverwaltung ablehnen (isoliert unanfechtbar, § 6 I InsO); oder
- die Eröffnung ablehnen (anfechtbar, § 34 I InsO).

II. Aufhebung der Eigenverwaltung

Das Insolvenzgericht hebt die Anordnung der Eigenverwaltung auf: **539**

- auf Antrag des Schuldners, § 272 I Nr. 3 InsO;
- auf Antrag der Gläubigerversammlung, § 272 I Nr. 1 (doppelte Mehrheit); Unred-
  lichkeit des Schuldners ist nicht Voraussetzung; unanfechtbar, vgl. § 6 I InsO;
- auf Antrag einzelner Gläubiger, wenn der Schuldner sich unredlich verhalten hat
  (§ 272 I Nr. 2). Der Antrag ist nur zulässig, wenn der Gläubiger solche Tatsachen
  glaubhaft macht (§ 272 II InsO); wenn der Schuldner dies bestreitet, ist darüber
  Beweis zu erheben. Gegen den Beschluss ist sofortige Beschwerde zulässig
  (§ 272 II 2 InsO).

Folge ist, dass anstelle des Sachwalters ein Insolvenzverwalter zu bestellen ist, vgl.
§ 272 III InsO. Ferner endet die Eigenverwaltung mit Aufhebung (§ 200 InsO) oder
Einstellung (§§ 207, 212, 213 InsO) des Insolvenzverfahrens.

III. Besonderheiten des Insolvenzverfahrens mit Eigenverwaltung

540

Normales Insolvenzverfahren	Insolvenzverfahren mit Eigenverwaltung
Insolvenzverwalter	Sachwalter, § 270c
Eröffnung wird im Grundbuch eingetragen, § 32	wird nicht im Grundbuch eingetragen, § 270c S. 2 i.V.m. §§ 32, 33; aber § 277 III 3
Forderungsanmeldung beim Insolvenzverwalter, § 174 I	Forderungsanmeldung beim Sachwalter, § 270c S. 2
bei gegenseitigen Verträgen entscheidet der Insolvenzverwalter über die Erfüllung, § 103	der Schuldner entscheidet, § 279
Verwertung von Sicherungsgut (Absonderungsrechte) durch den Insolvenzverwalter, § 166	Verwertung durch den Schuldner, § 282
Feststellungsverfahren: Widerspruch nur des Schuldners belanglos, §§ 178 I, 201 II	Schuldner kann durch Widerspruch die Feststellung verhindern, § 283
Verteilung durch Insolvenzverwalter, § 187	Verteilung durch den Schuldner, § 283 II

IV. Rechtsstellung der Beteiligten

1. Der Schuldner

541 **a)** Der Schuldner **verwaltet und verwertet die Insolvenzmasse** selbst (§ 270 I 1 InsO). Er haftet daher (weil er praktisch sein eigener Insolvenzverwalter ist) auch analog § 60 InsO (was aber mangels Haftungsmasse sinnlos ist). Folgen:

- der Schuldner stellt die Verzeichnisse selbst auf (§ 281 I 1 InsO);
- er entscheidet selbst über die Aufnahme von Prozessen (§ 240 ZPO);
- er kann seinen Lebensunterhalt aus der Masse entnehmen (§ 278 I InsO);
- bei Insolvenz einer AG hat deren Aufsichtsrat nicht mehr mitzureden (§ 276a InsO 2012);
- der Schuldner entscheidet über die Erfüllung noch nicht abgewickelter gegenseitiger Verträge (§ 279 InsO);
- er erstattet im Berichtstermin den Bericht (§ 281 II 1 InsO);
- im **Feststellungsverfahren** (§§ 178 ff. InsO) kann der Schuldner *als Eigenverwalter* widersprechen und so die Feststellung zur Tabelle (und die Berücksichtigung im Verteilungsverfahren) verhindern (§ 283 I 2 InsO); dieses Widerspruchsrecht ist zu unterscheiden vom Widerspruchsrecht *als Schuldner*, um die Nachhaftung (§ 201 II InsO) zu verhindern;
- als Schuldner kann er einen Insolvenzplan vorlegen (§ 218 I InsO), als Eigenverwalter nur im Auftrag der Gläubigerversammlung (§ 284 I InsO);
- die Verteilung der Masse an die Gläubiger (anhand der Verteilungslisten) nimmt der Schuldner selbst vor (§ 283 II 1 InsO);
- Rechnungslegung und Schlussrechnung durch den Schuldner, § 281 III 1 InsO.

b) Teils darf der **Sachwalter** mitwirken: 542

- nur beratend, z.B. in § 284 I 2 InsO;
- im Einvernehmen, aber nur als Sollvorschrift: §§ 275 I, 279 I 2, 282 II InsO;
- bestimmte Verzeichnisse darf er prüfen (§ 281 I 2, III 2 InsO);
- bestimmte Rechte (betr. Betriebsvereinbarungen, Betriebsänderung) kann er nur mit Zustimmung des Sachwalters wirksam ausüben, § 279 S. 3 InsO;
- Zahlungen sind *auf Verlangen* des Sachwalters nur an diesen zu leisten, § 275 II InsO.

c) Anordnung der Zustimmungsbedürftigkeit. Der Sachwalter hat eine schwache   543
Stellung. Auf Antrag der Gläubigerversammlung, notfalls von einzelnen Gläubigern, *muss* (bzw *kann*, § 277 II InsO) daher das Gericht anordnen, dass bestimmte Rechtsgeschäfte des Schuldners nur wirksam sind, wenn ihnen der Sachwalter zustimmt, § 277 I 1 InsO. Das wird öffentlich bekannt gemacht, § 277 III 1; § 9 InsO. Weitere Zustimmungsbedürftigkeit: § 276a S. 2 InsO.

d) Eine Zustimmung des Gläubigerausschusses (bzw. der Gläubigerversammlung,   544
§ 160 I 2 InsO) ist nur bei besonders wichtigen Rechtshandlungen des Schuldners

> **Beispiele:** § 160 II InsO

erforderlich, § 276 S. 1 InsO. Verfahren: § 161 S. 2 InsO. Holt der Schuldner aber die Zustimmung nicht ein, sind seine Rechtshandlungen trotzdem (im Außenverhältnis) wirksam, § 276 S. 2 i.V.m. § 164 InsO.

2. Der Sachwalter

Der Sachwalter (§ 270c S. 1 InsO) hat eine schwache Stellung. Er haftet (§ 274 InsO)   545
und bekommt eine geringere Vergütung als ein Insolvenzverwalter. Er hat einige bescheidene Mitwirkungsmöglichkeiten im Insolvenzverfahren (vgl. oben 1b):

- Prüfung der wirtschaftlichen Lage, § 274 II InsO;
- Recht, die Geschäftsräume zu betreten und die Bücher einzusehen, § 274 II 2 i.V.m. § 22 III InsO;
- Überwachung der Erfüllung des Insolvenzplans, § 284 II InsO;
- Anzeige der Masseunzulänglichkeit an das Gericht, § 285 InsO;
- Prüfung der Verzeichnisse über Massegegenstände, Gläubiger, Vermögensübersicht (§ 281 I 2 InsO), der Verteilungsverzeichnisse (§ 283 II InsO) und der Schlussrechnung (§ 281 III 2 InsO);
- Stellungnahme zum Bericht des Schuldners im Berichtstermin, § 281 II 2 InsO;
- Recht zum Bestreiten von Forderungen im Prüfungstermin, § 283 I 1 InsO;
- **Anfechtung,** §§ 129–147 (§ 280 InsO);
- Geltendmachung der Haftung nach §§ 92, 93 InsO, § 280 InsO;

Stellt er Unkorrektheiten des Schuldners fest, hat er die Gläubiger und das Gericht zu verständigen (§ 274 III InsO), die dann nach §§ 272, 277 InsO tätig werden können. Ein **vorläufiger Sachwalter** kann nach § 270a I 2 InsO bestellt werden.

Achtzehnter Abschnitt

Die Restschuldbefreiung

546 Ein Schuldner verliert seine Schulden nicht ohne weiteres; entweder er bezahlt; oder die Schuld verjährt; liegt ein Vollstreckungstitel vor, kann der Gläubiger die Schuld 30 Jahre lang fordern (§ 197 I Nr. 3 BGB). Ist über das Vermögen des Schuldners das Insolvenzverfahren eröffnet worden, besteht ebenfalls die Restschuld 30 Jahre fort (§ 201 I InsO); die Eintragung in die Tabelle gilt als Titel. Von der 30-jährigen Haftung gibt es aber wichtige Ausnahmen: die Restschuldbefreiung (§§ 286 ff. InsO); ferner die abweichende Nachhaftungsvereinbarung in einem Insolvenzplan (§ 217 InsO). Restschuldbefreiung kann nur im Rahmen eines (eröffneten) Insolvenzverfahrens beantragt werden, also nicht isoliert. Zahlungsunfähigkeit muss somit vorliegen. Ferner muss das haftende Vermögen zugunsten der Gläubiger schon verwertet worden sein.

547 **Übersicht:**

Für jur. Personen (AG, GmbH):	• gewöhnliches Insolvenzverfahren • kein Schuldenbereinigungsverfahren, § 304 • keine Restschuldbefreiung, § 286 • Insolvenzplan, § 217
für unselbstständige nat. Personen (Hausfrauen, Rentner, Angestellte, usw.):	• Schuldenbereinigungsverfahren • Verbraucherinsolvenzverfahren, § 304 • Restschuldbefreiung • kein Insolvenzplan, § 312 III
für ehemalige Unternehmer ohne Schulden aus Arbeitsverhältnissen, mit bis zu 19 Gläubigern:	• Schuldenbereinigungsverfahren • Verbraucherinsolvenzverfahren, § 304 • Restschuldbefreiung • kein Insolvenzplan, § 312 III
für natürliche Personen mit selbstständiger wirtschaftlicher Tätigkeit, die umfangreich oder geringfügig ist; ferner für bestimmte ehemalige Unternehmer (§ 304):	• kein Schuldenbereinigungsverfahren • kein Verbraucherinsolvenzverfahren, § 304 • Restschuldbefreiung, § 286 • Insolvenzplan, § 217

I. Voraussetzungen der Restschuldbefreiung

1. Eröffnung des Insolvenzverfahrens

548 Wird mangels Masse nicht eröffnet (§ 26 InsO), gibt es auch keine spätere Restschuldbefreiung. Kostenstundung (§ 4a InsO) genügt aber. Zeigt sich spätere die mangelnde Kostenmasse, werden die Kosten gestundet (§ 4a InsO), andernfalls wird nach § 207 InsO eingestellt; Restschuldbefreiung entfällt. Nur wenn wenigstens die Kosten gedeckt oder gestundet sind, d.h. auch bei Einstellung nach § 211 InsO, ist eine spätere Restschuldbefreiung möglich (§ 289 III InsO).

2. Natürliche Person als Schuldner

Der Schuldner muss eine natürliche Person sein (§ 286 InsO). Auch (persönlich haf- **549** tende) Unternehmer, Gewerbetreibende, Selbstständige (Ärzte, Anwälte, Architekten usw.) können die Restschuldbefreiung erhalten. Juristische Personen (wie GmbH; Aktiengesellschaften) können keine Restschuldbefreiung erhalten, weil sie mit der Liquidation gelöscht werden (§ 394 FamFG). Während also Unternehmer und Selbstständige vom Schuldenbereinigungs-/Verbraucherinsolvenzverfahren ausgeschlossen sind (§ 304 InsO), ist ihnen die Restschuldbefreiung gestattet.

3. Verfahrenseinleitung

a) Der Schuldner muss einen **Antrag** auf Restschuldbefreiung stellen (darüber wird er **550** belehrt, § 20 II InsO). Diesen Antrag kann der Schuldner (frühestens) gleichzeitig mit dem Antrag auf Eröffnung des Insolvenzverfahrens über sein Vermögen stellen; spätestens zwei Wochen nach Belehrung (§ 287 I 2 InsO); er ist rücknehmbar.

b) Der Schuldner hat eine **Erklärung beizufügen**, die z.B. lautet (§ 287 II InsO): „Ich **551** trete meine pfändbaren Forderungen aus einem Dienstverhältnis oder an deren Stelle tretende laufende Bezüge für die Zeit von sechs Jahren nach der Eröffnung des Insolvenzverfahrens an einen vom Gericht zu bestimmenden Treuhänder ab." Der Treuhänder kann später dieses Angebot annehmen (§ 398 S. 1 BGB).

Hatte der Schuldner diese Forderungen bereits vorher an einen Dritten abgetreten (z.B. **Lohnabtretung** an eine Bank) oder verpfändet, muss er in der Erklärung darauf hinweisen (§ 287 II 2 InsO). Lohnabtretungen, die der Schuldner vor dem Antrag auf Restschuldbefreiung vorgenommen hat, wirken nur noch zwei Jahre (§ 114 I InsO).

> **Beispiel** S tritt den pfändbaren Teil seines Lohns 2009 an eine Bank ab. Eröffnung des Insolvenzverfahrens am 15.12.2010; die Lohnabtretung wirkt nur noch für die Jahre 2011–2012. Soweit die Bank in diesen zwei (früher: drei) Jahren nicht befriedigt wird, ist sie gewöhnlicher Insolvenzgläubiger.

c) Abtretungsverbote in Arbeits- und Dienstverträgen sind insoweit unwirksam **552** (§ 287 III InsO), d.h. trotz eines solchen Verbots kann der Schuldner, um Restschuldbefreiung erlangen können, die erforderliche Lohnabtretung an den Treuhänder vornehmen.

Hat der Arbeitgeber gegen den Arbeitnehmer (= Schuldner) Forderungen, dann könnte er (trotz Abtretung an den Treuhänder, § 406 BGB) aufrechnen (falls dies nach §§ 94–96 InsO möglich wäre). Dies wird eingeschränkt (damit das Schuldnereinkommen nicht durch Aufrechnung seitens des Arbeitgebers aufgezehrt wird): mit Forderungen, die der Arbeitgeber schon zur Zeit der Eröffnung des Insolvenzverfahrens hatte, kann er nur noch ca. zwei Jahre lang nach der Verfahrenseröffnung aufrechnen (§§ 294 III, 114 II, I, 95, 96 Nr. 2–4 InsO). Haben Gläubiger in den (künftigen) **Arbeitslohn** bereits **gepfändet,** sind diese Pfändungen i.d.R. ab Ende des Monats der Verfahrenseröffnung unwirksam (§ 114 III InsO).

Andere Gläubigersicherheiten (z.B. Sicherungsübereignungen, Grundschulden) werden durch das Restschuldbefreiungsverfahren nicht berührt, bleiben also bestehen.

553   **d)** Der Schuldner kann eine geeignete natürliche Personen (z.B. einen Rechtsanwalt; Schuldnerberatungsstelle) als **Treuhänder vorschlagen** (§ 288 InsO); andernfalls bestimmt das Gericht später, wer Treuhänder wird.

II.   Verfahren und Entscheidung des Insolvenzgerichts

1.   Anhörung der Beteiligten

554   Zum Restschuldbefreiungsantrag des Schuldners sind die Insolvenzgläubiger und der Insolvenzverwalter im Insolvenz-Schlusstermin zu hören (§ 289 I InsO), sie können also dazu ihre Meinung sagen, vortragen, weshalb sie den Schuldner für „unwürdig" halten.

- Wenn *kein* Insolvenzgläubiger *im Schlusstermin* die Versagung beantragt, hat das Gericht die (vorläufige) Restschuldbefreiung durch Beschluss zu bewilligen (auch wenn an sich ein Ablehnungsgrund im Sinne von § 290 InsO vorliegt).

- Wenn ein Insolvenzgläubiger im Schlusstermin die Versagung beantragt, kommt es darauf an, ob der Gläubiger diesen Versagungsgrund glaubhaft macht und ob er vorliegt (§ 290 II InsO).

2.   Versagungsgründe

555   Versagungsgründe sind nur (§ 290 I InsO):

(1) Wenn der Schuldner wegen einer Straftat nach §§ 283–283c StGB (Bankrott; Verletzung der Buchführungspflicht; Gläubigerbegünstigung) rechtskräftig verurteilt worden ist; die abgeurteilte Tat muss nicht mit dem aktuellen Insolvenzverfahren in einem konkreten Zusammenhang stehen (BayObLG MDR 2002, 173).

(2) Wenn der Schuldner in den letzten drei Jahren vor dem Antrag auf Eröffnung des Insolvenzverfahrens oder nach diesem Antrag vorsätzlich oder grob fahrlässig schriftlich unrichtige oder unvollständige Angaben über seine wirtschaftlichen Verhältnisse gemacht hat, um einen Kredit zu erhalten (**Kreditbetrug**), Leistungen aus öffentlichen Mitteln zu beziehen oder Leistungen an öffentliche Kassen zu vermeiden.

Beispiel   Schuldner S hat im Kreditantrag bei der Bank angegeben, sein Haus habe einen Wert von 700 000,– € und sei nur mit 300 000,– € belastet. Tatsächlich betrug die Belastung 650 000,– €. Wenn dem S nachzuweisen ist, dass er die Belastung genau kannte, hat er falsche Angaben gemacht, um einen Kredit zu erlangen.

(3) Wenn in den letzten zehn Jahren vor dem Antrag auf Eröffnung des Insolvenzverfahrens oder nach diesem Antrag dem Schuldner Restschuldbefreiung erteilt oder nach § 296 InsO oder § 297 InsO versagt worden ist.

(4) Wenn der Schuldner im letzten Jahr vor dem Antrag auf Eröffnung des Insolvenzverfahrens oder nach diesem Antrag vorsätzlich oder grob fahrlässig die Befriedigung der Insolvenzgläubiger dadurch beeinträchtigt hat, dass er unangemessene Verbindlichkeiten begründet oder Vermögen verschwendet oder ohne Aussicht auf eine Besserung seiner wirtschaftlichen Lage die Eröffnung des Insolvenzverfahrens verzögert hat; das sind also die Fälle der Verschwendung sowie der **Insolvenzverschleppung**.

(5) Wenn der Schuldner während des Insolvenzverfahrens Auskunfts- oder Mitwirkungspflichten nach diesem Gesetz vorsätzlich oder grob fahrlässig verletzt hat (vgl. § 97 InsO).

Beispiel Der Schuldner gibt im Vermögensverzeichnis seine bisher nicht gepfändete wertvolle Briefmarkensammlung nicht an, sondern versteckt sie. Wenn ein Gläubiger dies entdeckt und dem Gericht glaubhaft machen kann, kann er die Zulassung des Schuldners zum Restschuldbefreiungsverfahren verhindern.

(6) Wenn der Schuldner in den nach § 305 Abs. 1 Nr. 3 InsO vorzulegenden Verzeichnissen seines Vermögens und seines Einkommens, seiner Gläubiger und der gegen ihn gerichteten Forderungen vorsätzlich oder grob fahrlässig unrichtige oder unvollständige Angaben gemacht hat, z.B. ein Bankkonto verschwiegen hat (BGH ZInsO 2011, 1223).

3. Entscheidung des Insolvenzgerichts

Ist keiner dieser Versagungsgründe von einem Gläubiger *glaubhaft* gemacht (d.h. als wahrscheinlich dargelegt), bewilligt das Gericht die Restschuldbefreiung vorläufig; macht ein Gläubiger einen Grund glaubhaft (z.B. durch eidesstattliche Versicherung) ist der Versagungsantrag zulässig (§ 290 II InsO) und wird vom Gericht auf seine Begründetheit überprüft (z.B. durch Aktenbezeichnung; Beweiserhebung). **556**

a) Liegt ein Versagungsgrund vor, wird die Restschuldbefreiungsantrag durch Beschluss **abgelehnt**; ebenso, wenn der Antrag verspätet gestellt wurde (§ 287 I InsO). Rechtsmittel: sofortige Beschwerde zum LG (§ 289 II InsO), gegen den Beschluss des LG ist Rechtsbeschwerde zum BGH durch einen beim BGH zugelassenen Anwalt (§ 78 ZPO) statthaft (§ 6 InsO; § 574 I Nr. 2 ZPO), falls sie vom LG zugelassen wurde. Folge: der Schuldner haftet 30 Jahre lang für die restlichen Schulden (vgl. § 201 InsO). **557**

b) Liegt kein Versagungsgrund vor, erlässt das Gericht einen **Beschluss:** der Schuldner erlangt Restschuldbefreiung, *wenn* er während einer bestimmten Frist bestimmten Obliegenheiten (unten III) nachkommt und die Voraussetzungen für eine spätere Versagung (unten IV) nicht vorliegen (§ 291 I InsO); ferner wird der Treuhänder bestimmt (§ 291 II InsO), an den der Arbeitgeber künftig den pfändbaren Teil des Lohns (der selbstständige Schuldner entsprechende Zahlungen) überweisen muss. Rechtsmittel: sofortige Beschwerde (§ 289 II InsO); hiergegen Rechtsbeschwerde zum BGH (§ 574 I Nr. 2 ZPO), falls zugelassen. Das Insolvenzverfahren wird sodann aufgehoben (§ 289 II 2 InsO). **558**

III. Die Wohlverhaltensperiode

1. Aufgaben des Treuhänders

559   **a)** Das Gericht kann **jede geeignete Person** als Treuhänder bestellen, z.B. einen Rechtsanwalt, Steuerberater, Mitarbeiter einer Schuldenberatungsstelle, Bankkaufmann. Der Treuhänder ist vom Schuldner zu bezahlen; er darf sich seine **Vergütung** und seine Auslagen aus den eingegangenen Beträgen entnehmen (§ 293 InsO); die Höhe richtet sich nach der Insolvenzrechtlichen Vergütungsverordnung (i.d.R. 5 % der vereinnahmten Beträge, § 14 InsVV). Auch wenn der Schuldner arbeitslos ist, muss er wenigstens so viel zahlen, dass die Mindestvergütung des Treuhänders (jährlich 100,– €) gedeckt ist (§ 298 InsO; § 14 III InsVV), außer, der Treuhänder verzichtet darauf oder es erfolgte gerichtliche Stundung (§ 4a InsO).

560   **b)** Der Treuhänder hat folgende **Aufgaben:**
- Er hat während der ganzen Wohlverhaltensperiode (derzeit 6 Jahre) die Lohnteile, die vom Arbeitgeber an ihn überwiesen werden (sowie sonstige Zahlungen des Schuldners, z.B. aus Erbschaften; sowie Dritter, z.B. der Ehefrau) auf ein Sonderkonto (sog. Anderkonto, d.h. getrennt vom eigenen Vermögen) überweisen zu lassen (§ 292 I 2 InsO).
- Der Treuhänder hat das eingegangene Geld verzinslich anzulegen und einmal jährlich auf der Basis des Schlussverzeichnisses an die Insolvenzgläubiger zu verteilen (§ 292 I 2 InsO); wegen § 4a InsO und § 115 ZPO ist die Abrechnung höchst kompliziert (vgl. § 292 I InsO).
- Der Treuhänder hat von den Beträgen, die er (vom Arbeitgeber) durch die Abtretung erlangt, an den Schuldner nach Ablauf von vier Jahren seit der Aufhebung des Insolvenzverfahrens 10 %, nach Ablauf von fünf Jahren 15 % abzuführen (sog. **steigender Selbstbehalt**; § 292 I 4 InsO). Damit soll das Wohlverhalten des Schuldners belohnt werden.
- Wenn die Gläubiger dies in der Gläubigerversammlung beschlossen haben und selbst dem Treuhänder die entsprechende Vergütung bezahlen, hat der Treuhänder zusätzlich die Aufgabe, zu überwachen, ob der Schuldner die gesetzlichen Obliegenheiten (z.B. zu arbeiten) erfüllt und die Gläubiger gegebenenfalls zu verständigen (§ 292 II InsO). Die Gläubiger können also den Treuhänder gewissermaßen gegen Bezahlung zum „Aufpasser" bestellen.
- Bei Beendigung des Amts hat der Treuhänder dem Gericht Rechnung zu legen (§ 292 III InsO).

2. Obliegenheiten des Schuldners

561   **a)** Der Schuldner hat während der Laufzeit der Abtretungserklärung (derzeit 6 Jahre) eine *angemessene* Erwerbstätigkeit ausüben (§ 295 I Nr. 1 InsO). Wenn der Schuldner selbstständig tätig ist (z.B. als Gastwirt), muss er entsprechende Beträge an den Treuhänder zahlen (§ 295 II InsO), d.h. der verschuldete Gastwirt so viel wie wenn er ein angestellter Kellner wäre.

b) Vermögen, das der Schuldner erbt usw., hat er zur Hälfte des Wertes an den Treu-   **562**
händer herauszugeben; erbt der Schuldner von seiner Großmutter netto 10 000,– €,
hat er also 5000,– € (neben der laufenden Lohnabtretung) an den Treuhänder abzuführen (§ 295 I Nr. 2 InsO). Der Verzicht auf den Pflichtteil ist keine Obliegenheitsverletzung (BGH ZEV 2009, 469); ebenso nicht die Ausschlagung einer Erbschaft oder
eines Vermächtnisses. Wenn der Schuldner das Vermächtnis erst nach Ablauf der
Wohlverhaltensperiode annimmt, kann er es *ganz* behalten (BGH NZI 2011, 329).

c) Der Schuldner hat jeden Wechsel von Wohnsitz oder Arbeitgeber mitzuteilen,   **563**
darf (angenommene) Erbschaften usw nicht verschweigen und ist auskunftspflichtig
(§ 295 I Nr. 3 InsO).

3. Stellung der Gläubiger

Der Schuldner darf Zahlungen zur Befriedigung der Insolvenzgläubiger nur an den   **564**
Treuhänder leisten und keinem Insolvenzgläubiger einen Sondervorteil verschaffen
(§ 295 I Nr. 4 InsO). Während der Laufzeit der Abtretungserklärung dürfen einzelne
*Insolvenz*gläubiger nicht in das Vermögen des Schuldners vollstrecken (§ 294 I InsO);
denn alle Gläubiger sollen gleichbehandelt werden. Neugläubiger können dagegen
schon vollstrecken. Auch Massegläubiger können vollstrecken.

IV. Endgültige Entscheidung über die Restschuldbefreiung

1. Versagungsgründe

a) Das **Gericht versagt** während der Wohnverhaltensperiode, spätestens nach Ablauf   **565**
der sechs Jahre, die **Restschuldbefreiung** (§ 296 I InsO), wenn

- ein Insolvenzgläubiger dies beantragt (also nicht von Amts wegen!) *und*
- wenn der Schuldner eine seiner Obliegenheiten (§ 295 InsO) verletzt *und* dadurch die Befriedigung der Insolvenzgläubiger beeinträchtigt *und* wenn den
  Schuldner Verschulden trifft (Beweislast für Nichtverschulden hat der Schuldner).

Beispiel Wer seinen Wohnsitz gewechselt hat, dies aber nicht mitgeteilt hat, hat zwar eine Obliegenheit
(§ 295 I Nr. 3 InsO) verletzt, aber dadurch die Befriedigung der Gläubiger nicht beeinträchtigt;
dies würde also zur Versagung des Restschuldbefreiung nicht genügen.

Der Versagungsantrag kann nur binnen eines Jahres nach dem Zeitpunkt gestellt werden, in dem die Obliegenheitsverletzung dem Gläubiger bekanntgeworden ist. Der
Gläubiger muss die Voraussetzungen glaubhaft machen, sonst ist sein Versagungsantrag von vornherein unzulässig (§ 296 I InsO). Das weitere Verfahren regelt § 296 II
InsO.

Die Versagung kann somit erfolgen: **566**

- wenn der Schuldner die verfahrensrechtlichen Pflichten des § 296 II InsO nicht
  erfüllt; oder

- wenn sich ergibt, dass der Schuldner schuldhaft und gläubigerbeeinträchtigend gegen Obliegenheiten verstoßen hat.

  Beispiel: Überstundenzahlungen verschwiegen und im Zusammenwirken mit dem Arbeitgeber nicht abgeführt.

Gegen die Versagung der Restschuldbefreiung hat der Schuldner die sofortige Beschwerde (Frist: zwei Wochen, § 569 I ZPO) zum Landgericht (§ 296 III InsO); ebenso der die Versagung beantragende Gläubiger gegen die Bewilligung der Restschuldbefreiung. Folge: § 299 InsO. Gegen den LG-Beschluss: Bei Zulassung Rechtsbeschwerde zum BGH durch einen beim BGH zugelassenen Anwalt (§ 4 InsO; § 574 I Nr. 2 ZPO).

567 **b)** Das **Gericht versagt die Restschuldbefreiung ferner** (§ 297 InsO), wenn

- ein Insolvenzgläubiger es beantragt *und*
- wenn der Schuldner zwischen Schlusstermin und Aufhebung des Insolvenzverfahrens oder während der Laufzeit der Abtretungserklärung (sechs Jahre) wegen einer Straftat nach §§ 283–283c StGB (Bankrott; Verletzung der Buchführungspflicht; Gläubigerbegünstigung; ungenügend Betrug oder Diebstahl) rechtskräftig verurteilt wurde. Der Gläubiger muss diesen Antrag binnen eines Jahres ab Erlangen der Kenntnis von der Verurteilung stellen (§§ 297 II, 296 I 2 InsO). Folge: § 299 InsO.

Gegen die Versagung hat der Schuldner die sofortige Beschwerde (wie oben a).

568 **c)** Das **Gericht versagt die Restschuldbefreiung weiterhin** (§ 298 InsO), wenn

- der Treuhänder es beantragt *und* wenn
- die an den Treuhänder abgeführten Beträge die Mindestvergütung des Treuhänders (100,– €) für das vorangegangene Jahr seiner Tätigkeit nicht decken (und auch keine gerichtliche Stundung nach § 4a InsO erfolgte) *und* wenn
- der Schuldner trotz diverser Nachfristsetzungen und Mahnungen diesen kleinen Betrag nicht an den Treuhänder zahlt (§ 298 I, II InsO).

Folge: § 299 InsO. Gegen die Versagung hat der Schuldner die sofortige Beschwerde, § 298 III InsO.

569 **d)** Dagegen sind **frühere Verstöße des Schuldners** gegen § 290 InsO, die sich nachträglich herausstellen, keine Gründe für eine spätere Versagung der Restschuldbefreiung (denn § 300 InsO nennt § 290 InsO nicht).

> **Beispiel** Zeigt sich erst jetzt, dass der Schuldner während der ganzen Laufzeit seine wertvolle Münzensammlung versteckt gehalten und verheimlicht hatte, genügt dies nicht für eine Versagung der Restschuldbefreiung. Aber die Insolvenzgläubiger können die Versilberung der Sammlung und eine Nachtragsverteilung aus dem Erlös beantragen (§ 203 I Nr. 3 InsO).

2. Entscheidung über die Restschuldbefreiung

570 **a) Versagung.** Die Restschuldbefreiung kann nach §§ 296–298 InsO (s. oben) durch Beschluss des Gerichts versagt werden (§ 300 II InsO); wenn der Schuldner diese Entscheidung nicht mit sofortiger Beschwerde angreift, wird die Versagung formell rechtskräftig. Sie wird öffentlich bekannt gemacht (§ 296 III 2, § 9 InsO: Internet, vgl. Insolvenzbekanntmachungen.de). Mit der Rechtskraft der Versagung enden die Laufzeit der Abtretungserklärung, das Amt des Treuhänders und die Beschränkung der Rechte der Gläubiger (§ 299 InsO). Die Gläubiger können also wieder in den Lohn vollstrecken.

b) Bewilligung. Sind die sechs Jahre verstrichen, ohne dass es zu einer vorzeitigen **571** Versagung oder einem sonstigen Verfahrensende kam, hört das Gericht die Gläubiger, den Schuldner und die Treuhänder an und spricht dann (wenn sich nichts anderes ergibt) durch Beschluss die Erteilung der Restschuldbefreiung aus (§ 300 InsO).

Gegen die Bewilligung kann ein Gläubiger, der bei der Anhörung die Versagung beantragte, sofortige Beschwerde einlegen (§ 300 III InsO).

Die Erteilung der Restschuldbefreiung wird öffentlich bekannt gemacht, aber nur im Internet unter Insolvenzbekanntmachungen.de (§§ 9, 300 III 1 InsO).

V. Wirkungen der Restschuldbefreiung

1. Erlöschen der Restforderungen der Insolvenzgläubiger

Die Erteilung der Restschuldbefreiung bringt alle nichterfüllten Forderungen der *Insol-* **572** *venzgläubiger* zum „Erlöschen" (§ 301 I 1 InsO). Insolvenzgläubiger sind nur die persönlichen Gläubiger, die einen *zur Zeit* der Eröffnung des Insolvenzverfahrens begründeten Vermögensanspruch gegen den Schuldner haben (§ 38 InsO); also nicht die Neugläubiger. Rechtstechnisch *erlöschen* die nicht bezahlten Schulden allerdings nicht, sie werden lediglich zu sog. *unvollkommenen Verbindlichkeiten (Naturalobligationen)*, ihre Zahlung kann nicht mehr erzwungen werden (§ 301 III InsO); der Schuldner muss also den Rest nicht mehr bezahlen, er kann es aber tun, wenn es ihm danach gelüstet. Erloschen sind auch die Forderungen von Insolvenzgläubigern, die ihre Forderungen damals hätten anmelden können, es aber (z.B. aus Nachlässigkeit) nicht getan haben (§ 301 I 2 InsO).

Ferner erlöschen **Forderungen von Bürgen,** Mitschuldnern und sonstigen Rückgriffs- **573** berechtigten gegen den Schuldner bezüglich der von der Restschuldbefreiung erfassten Schuld (§ 301 II 2 InsO); denn sonst würde der Schuldner letztlich doch nicht frei von Schulden sein.

Die Insolvenzgläubiger könnten sich trotzdem eine vollstreckbare Ausfertigung aus der Insolvenztabelle beschaffen (§ 201 II InsO), den Gerichtsvollzieher beauftragen und aus diesem Titel gleichwohl beim Schuldner vollstrecken. Der Schuldner muss in einem solchen Falle die Vollstreckungsgegenklage (§ 767 ZPO) erheben und sich darauf berufen, dass wegen der Restschuldbefreiung die Forderung nicht mehr durchgesetzt werden kann (vgl. § 201 III InsO). Dies führt dazu, dass das Gericht die Zwangsvollstreckung für unzulässig erklärt.

Beispiele

(1) Schuldner S hatte fünf Insolvenzgläubiger mit zusammen 200 000 € Forderungen. Er ist kinderlos verheiratet, Angestellter und verdient monatlich 2065 € netto. Den pfändbaren Betrag von monatlich ca. 322 € (§ 850c ZPO) hat er an den Treuhänder abgetreten. In den sechs Jahren wurden so an die Gläubiger insgesamt 23 000 € (abzüglich Treuhänder-Kosten) abgeführt. Restschuldbefreiung wird ihm erteilt. Dann können diese Gläubiger den S nicht mehr zur Zahlung des Restbetrags von rund 177 000 € zwingen.

(2) S zahlt in Unkenntnis dieser Rechtslage an einen Gläubiger *nach* Erteilung der Restschuldbefreiung noch freiwillig 5000 €. Diesen Betrag kann er nicht aus § 812 BGB zurückfordern, weil ein Rechtsgrund (Schuld als Naturalobligation) bestand (§ 301 III InsO).

(3) Ein Jahr vor Ablauf des Restschuldverfahrens hat S bei einer Bank weitere 20 000 € Kredit aufgenommen. Diese Schuld ist durch die Restschuldbefreiung nicht weggefallen, weil die Bank *bei Eröffnung (also damals)* noch nicht Insolvenzgläubigerin war, sondern es erst später wurde (sog. Neugläubigerin).

(4) S hatte bei Eröffnung des Insolvenzverfahrens ca. 30 Gläubiger, hatte sich aber damals nicht alle notiert. Nur 10 Gläubiger hatten ihre Forderungen angemeldet. Die anderen 20 (alten) Gläubiger hatten ihre Forderungen nicht im Insolvenzverfahren angemeldet. Auch die Forderungen dieser 20 Gläubiger sind erloschen, § 301 I 2 InsO.

(5) S hatte bei der Bank einen Kredit aufgenommen; dafür hatte sein wohlhabender Freund die Bürgschaft übernommen. Dem S wird Restschuldbefreiung gewährt, weshalb die Bank von ihm nichts bekommt. Nun verlangt die Bank vom Freund aus der Bürgschaft das Geld (vgl. § 43 InsO); der Freund muss bezahlen (§ 765 BGB). Der Freund könnte nun von S dieses (an die Bank bezahlte) Geld wieder von S zurückverlangen (Rückgriff, § 774 BGB). Damit S endgültig ohne Schulden ist, bestimmt § 301 II 2 InsO, dass S auch seinem Freund nichts mehr schuldig ist. „Den Bürgen soll man würgen".

2.   Forderungen, die nicht „erlöschen

574   Trotz Erteilung der Restschuldbefreiung bleiben einige Forderungen von Gläubigern bestehen (d.h. klagbar):

- Verbindlichkeiten des Schuldners aus einer *vorsätzlich* begangenen unerlaubten Handlung (§ 302 Nr. 1 InsO); vgl. § 850f II ZPO; bedingter Vorsatz genügt. Erfasst werden auch die Kosten der Rechtsverfolgung und die Verzugszinsen (BGH NJW-RR 2011, 791). Der Gläubiger muss diese Qualifizierung aber schon bei der Anmeldung zur Tabelle angeben (§§ 174 II, 175 II InsO). Unerlaubte Handlungen sind (wegen der Anknüpfung an § 823 BGB): z.B. vorsätzliche Körperverletzung; auch ein Betrug, Diebstahl, Unterschlagung kann darunter fallen.

  Beispiel   Der Schuldner S hat den G zusammengeschlagen; G hat ein Urteil über 50 000,– € (Schmerzensgeld, Verdienstausfall, Behandlungskosten) erwirkt. Dann wird dem S Restschuldbefreiung gewährt. Trotzdem kann G 30 Jahre lang aus dem Urteil gegen S vollstrecken.

- Geldstrafen, Geldbußen, Ordnungsgelder, Zwangsgelder und ähnliche Geldzahlungen werden ebenfalls von der Restschuldbefreiung nicht erfasst (§§ 302 Nr. 2, 39 I Nr. 3 InsO).

- Steuerschulden, auch infolge Steuerhinterziehung, „erlöschen" dagegen.

- Darlehen von karitativen Einrichtungen usw zur Finanzierung der Kosten des Insolvenzverfahrens (§ 302 Nr. 3).

- Neuschulden, d.h. solche, die nach Eröffnung des Insolvenzverfahrens begründet wurden, sind ebenfalls nicht von der Restschuldbefreiung erfasst. Das auf den

Treuhänder übertragene Vermögen haftet ihnen nicht (*Häsemeyer* Rz. 26.47). Das sonstige Neuvermögen ist i. d. R. unpfändbar, so dass allenfalls Bargeschäfte möglich sind. Gegen Vollstreckung in das Treuhandvermögen durch die Neugläubiger kann der Treuhänder mit §§ 766, 771 ZPO vorgehen.

- Forderungen von *Masse*gläubigern (§§ 53–55 InsO).

3. Weitere von der Restschuldbefreiung unberührte Rechtsverhältnisse

Die Rechte der Insolvenzgläubiger gegen Mitschuldner und Bürgen bleiben unberührt **575** (§ 301 II 1 InsO); Gläubiger, die durch eine Vormerkung abgesichert sind, verlieren dieses Recht ebenfalls nicht. Dasselbe gilt für absonderungsberechtigte Gläubiger, also solche mit Pfandrechten, Sicherungsübereignung und ähnlichen Vorzugsrechten (§§ 49–51 InsO).

4. Nachträglicher Widerruf der Restschuldbefreiung

Auf Antrag eines Insolvenzgläubigers (nur zulässig innerhalb eines Jahr ab Rechtskraft **576** der Bewilligung der Restschuldbefreiung) widerruft das Gericht die Erteilung der Restschuldbefreiung, wenn sich nachträglich herausstellt, dass der Schuldner eine seiner Obliegenheiten (§ 295 InsO) *vorsätzlich* (ungenügend: grobe Fahrlässigkeit) verletzt hat und dadurch die Befriedigung der Insolvenzgläubiger *erheblich* beeinträchtigt hat (§ 303 I InsO). Rechtsmittel: sofortige Beschwerde, § 303 III 2 InsO.

Neunzehnter Abschnitt

Das Verbraucherinsolvenzverfahren

577 Die Bezeichnung *Verbraucherinsolvenzverfahren* ist missverständlich, weil die §§ 304 ff. InsO mit *Verbrauchern* im Sinne des Verbraucherschutzes (z.B. § 13 BGB; Verbraucher-kreditG) nichts zu tun haben. Das Verfahren findet statt, wenn z.B. eine unselbststän-dige Person zahlungsunfähig ist; die Schulden müssen nicht aus Konsumentenge-schäften oder Verbraucherkrediten herrühren. Befremdlich ist, dass das Gesetz je nach der Tätigkeit des Schuldners abgrenzt und nicht nach der Schuldenhöhe oder der Kompliziertheit des Verfahrens. Fällt der Schuldner unter die Personengruppe des § 304 InsO, dann *muss* das Verbraucherinsolvenzverfahren gewählt werden; weder auf Antrag des Schuldners noch eines Gläubigers kann ein allgemeines Insolvenzver-fahren eröffnet werden (denn § 304 I sagt: *Ist ..., so gelten ...*). Selbstständige Unter-nehmer können das Verbraucherinsolvenz-/Schuldenbereinigungsverfahren nicht in Anspruch nehmen (wohl aber das Verfahren der Restschuldbefreiung und den Insol-venzplan). Vgl. Tabelle Rn. 580.

Den Unterhaltsschuldner trifft grundsätzlich die Obliegenheit, ein Verbraucherinsol-venzverfahren einzuleiten, wenn dadurch der laufende Unterhalt seiner minderjähri-gen Kinder sichergestellt werden kann (BGH NJW 2005, 1279; *Ortner* 2006, 87).

I. Voraussetzungen

1. Voraussetzungen im Einzelnen

578 Das Verbraucherinsolvenzverfahren findet statt, wenn der Schuldner

- eine **natürliche Person** ist (§ 304 I InsO), d.h. jeder Mensch; die Insolvenz der ju-ristischen Personen (GmbH, AG) dagegen kann nicht in diesem vereinfachten Ver-fahren abgewickelt werden;

- der Schuldner darf *bei Antragstellung* **keine** *selbstständige* **wirtschaftliche Tätig-keit** ausüben: Unselbstständige wie Arbeitnehmer, Beamte, Rentner, Sozialhilfe-empfänger fallen darunter, gleichgültig wie hoch ihre Schulden sind; bei Kaufleu-ten, Gewerbetreibenden, Handwerkern kommt es nicht darauf an, wie umfang-reich ihre wirtschaftliche Betätigung war (vgl. § 304 I InsO).

579 Wenn ein Schuldner bei Verfahrenseröffnung keiner gewerblichen Tätigkeit mehr nachgeht, seine Schulden aber (auch oder nur) aus seiner früheren gewerblichen Tä-tigkeit stammen (**ehemalige Unternehmer**), wird differenziert: (1) wenn er bis zu 19 Gläubiger hat *und* gegen ihn keine Forderungen aus Arbeitsverhältnissen bestehen: Verbraucherinsolvenzverfahren (§ 304 I 2, II InsO); (2) andernfalls: Normalverfahren. Hier kann man manipulieren: das Geschäft vor Antragstellung aufgeben, von den 20 Gläubigern einen befriedigen usw. Die Höhe des Vermögens oder die Höhe der Schulden ist belanglos.

580

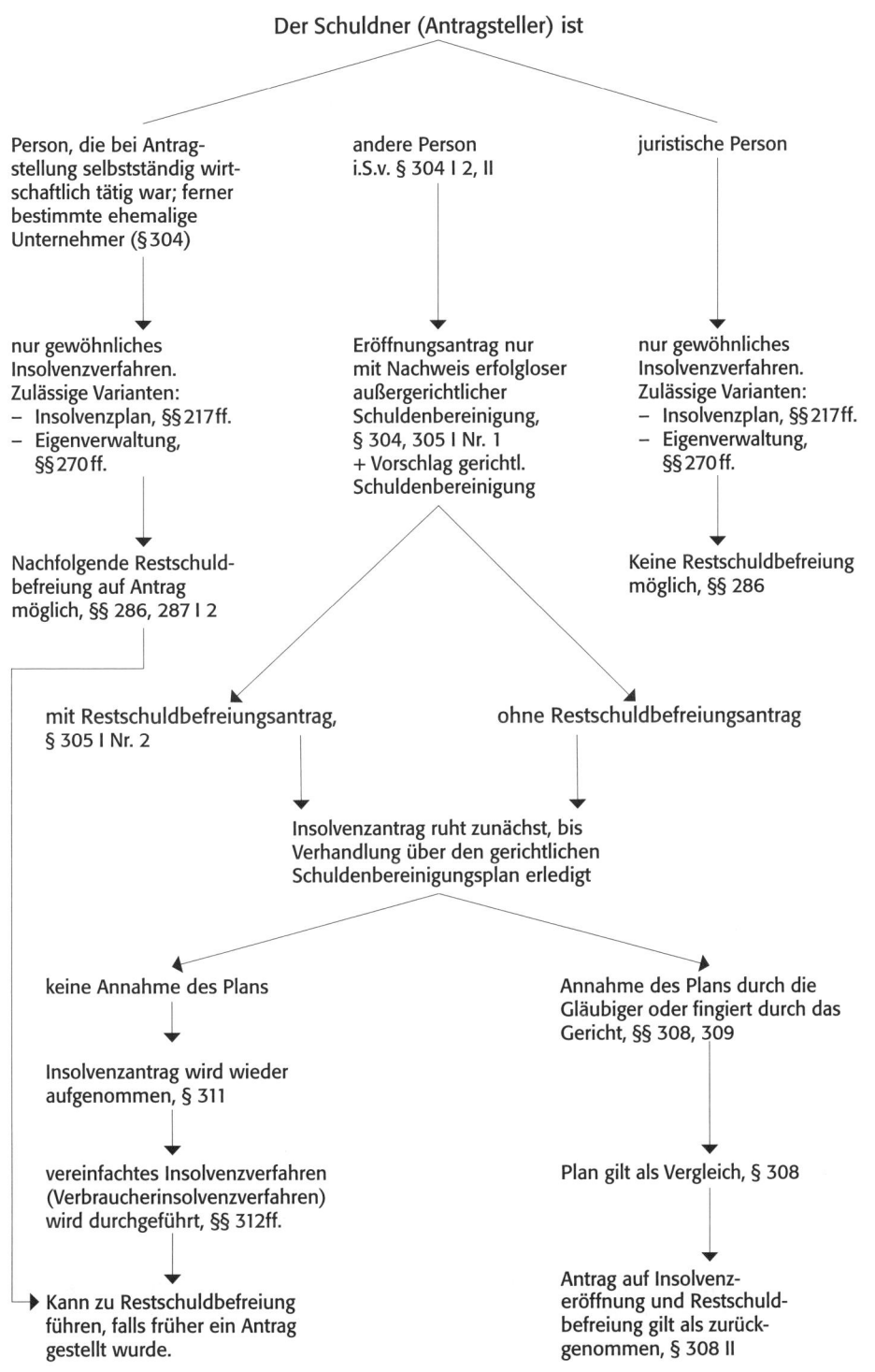

Der Schuldner (Antragsteller) ist

Person, die bei Antrag-
stellung selbstständig wirtschaftlich tätig war; ferner
bestimmte ehemalige
Unternehmer (§ 304)

andere Person
i.S.v. § 304 I 2, II

juristische Person

nur gewöhnliches
Insolvenzverfahren.
Zulässige Varianten:
– Insolvenzplan, §§ 217 ff.
– Eigenverwaltung,
  §§ 270 ff.

Eröffnungsantrag nur
mit Nachweis erfolgloser
außergerichtlicher
Schuldenbereinigung,
§ 304, 305 I Nr. 1
+ Vorschlag gerichtl.
Schuldenbereinigung

nur gewöhnliches
Insolvenzverfahren.
Zulässige Varianten:
– Insolvenzplan, §§ 217 ff.
– Eigenverwaltung,
  §§ 270 ff.

Nachfolgende Restschuld-
befreiung auf Antrag
möglich, §§ 286, 287 I 2

Keine Restschuldbefreiung
möglich, §§ 286

mit Restschuldbefreiungsantrag,
§ 305 I Nr. 2

ohne Restschuldbefreiungsantrag

Insolvenzantrag ruht zunächst, bis
Verhandlung über den gerichtlichen
Schuldenbereinigungsplan erledigt

keine Annahme des Plans

Annahme des Plans durch die
Gläubiger oder fingiert durch das
Gericht, §§ 308, 309

Insolvenzantrag wird wieder
aufgenommen, § 311

vereinfachtes Insolvenzverfahren
(Verbraucherinsolvenzverfahren)
wird durchgeführt, §§ 312 ff.

Plan gilt als Vergleich, § 308

Kann zu Restschuldbefreiung
führen, falls früher ein Antrag
gestellt wurde.

Antrag auf Insolvenz-
eröffnung und Restschuld-
befreiung gilt als zurückgenommen, § 308 II

Nur Verbraucherinsolvenzverfahren anwendbar: S ist Angestellter, Rentner, arbeitslos; S ist Beamter; S hatte früher ein Kaufhaus und daraus bei 12 Lieferanten und 5 Banken 1 000 000 € Schulden, jetzt ist er arbeitslos.

Nur Normalverfahren anwendbar: S ist Zahnarzt und hat eine Praxis mit mehreren Helferinnen, denen er Lohn schuldet; S ist Rechtsanwalt, Arzt, Steuerberater (auch bei Kleinstpraxis ohne Personal) und hat 22 Gläubiger; S ist Polizeibeamter und verdient nebenbei als Bienenzüchter monatlich 300 € (= selbstständige wirtschaftliche Tätigkeit; Nebentätigkeit genügt, BGH NJW-RR 2011, 1068).

2. Erfolglose außergerichtliche Einigung

581   Der Schuldner muss zuvor (außergerichtlich) seinen Gläubigern einen Plan zur Bereinigung seiner Schulden unterbreitet haben, mit dem die Gläubiger aber nicht einverstanden waren. Zum Nullplan Rn. 588.

3. Bescheinigung

582   Die Erfolglosigkeit ist von einer geeigneten Stelle (z.B. Rechtsanwalt, Gebühr 3315 ff. RVG-VV; Steuerberater, Wirtschaftsprüfer, Schuldnerberatungsstelle) zu bescheinigen (§ 305 I Nr. 1 InsO). Spätestens innerhalb von sechs Monaten nach dem Scheitern der außergerichtlichen Verhandlungen (§ 305 I Nr. 1 InsO) muss das gerichtliche Verfahren beantragt werden.

II. Das gerichtliche Verfahren

1. Antrag eines Gläubigers

583   Beantragt ein Gläubiger die Eröffnung des Insolvenzverfahrens über einen unter § 304 InsO fallenden Schuldner (z.B. Lohnempfänger), dann muss er, wie sonst, die Forderung und die Zahlungsunfähigkeit glaubhaft machen. Sobald das Gericht erkennt, dass der Schuldner zum Personenkreis des § 304 InsO gehört, hat es dem Schuldner Gelegenheit gegeben, ebenfalls einen Antrag zu stellen (§ 306 III InsO).

584   **a)** Stellt der Schuldner keinen Antrag, läuft ein Verfahren nach §§ 311 ff. ab, aber ohne vorgeschaltetes gerichtliches Schuldenbereinigungsverfahren. Wenn der Schuldner wenigstens Restschuldbefreiung beantragt, kann es hierzu kommen.

585   **b)** Stellt der Schuldner dagegen einen Antrag, wird zunächst das gerichtliche Schuldenbereinigungsverfahren durchgeführt; die Nachholung des vorgerichtlichen Einigungsversuchs entfällt, weil die Erfolglosigkeit sich durch den Insolvenzantrag des Gläubigers zeigt.

2. Antrag des Schuldners

586   **a)** Beantragt ein Schuldner die Eröffnung des Insolvenzverfahrens, dann muss er sich zunächst im Klaren sein, dass er sich für eine unter § 304 InsO fallende Person hält. In diesem Falle muss er beim Amtsgericht (Insolvenzgericht) beantragen:

- die *Eröffnung des Insolvenzverfahrens* über sein Vermögen (§ 311 InsO);
- zugleich stellt er einen *Antrag auf Restschuldbefreiung* (§§ 305 I Nr. 2; 287 InsO); statt dessen kann der Schuldner auch erklären, dass Restschuldbefreiung nicht beantragt wird;
- weiter beantragt er die *gerichtliche Schuldenbereinigung*. Dies entfällt, wenn sich der Schuldner z.B. für eine Person hält, die selbstständig wirtschaftlich tätig ist. Ist nach Auffassung des Gerichts die frühere wirtschaftliche Tätigkeit des Schuldners so gestaltet, dass das Verbraucherinsolvenzverfahren nicht zulässig ist (§ 304 I 2 InsO), ist der Antrag als unzulässig zurückzuweisen. Dagegen ist nach § 34 InsO die sofortige Beschwerde gegeben (OLG Celle ZIP 2000, 802; HK-InsO/*Landfermann* § 304 Rz. 13); geprüft wird in der Beschwerdeinstanz nur, wie die frühere Berufstätigkeit des Schuldners einzuordnen ist.
- In der Regel beantragt der Schuldner **Verfahrenskostenstundung** (§ 4a InsO), in schwierigen Fällen mit Anwaltsbeiordnung (§ 4a II InsO).

b) Der Schuldner reicht ferner beim Amtsgericht verschiedene **Verzeichnisse** ein (§ 305 I Nr. 3 InsO; Vordrucke müssen verwendet werden, § 305 V), wobei er die Richtigkeit und Vollständigkeit der Angaben zu versichern hat: **587**

- **Verzeichnis des vorhandenen Vermögens** und der Einkünfte;
- **Vermögensübersicht**;
- **Verzeichnis der Gläubiger** und Aufstellung der Forderungen dieser Gläubiger; dazu kann er von den Gläubigern erholte Forderungsaufstellungen verwenden (§ 305 II InsO; Kosten müssen die Gläubiger tragen, § 305 II 2 InsO). Mit Forderungsverzeichnis (§ 307 I 1 InsO) meint das Gesetz das Verzeichnis der Schulden;
- **Schuldenbereinigungsplan** des Schuldners (§ 305 I Nr. 4 InsO). Für den finanziellen Inhalt gibt es keine Mindestanforderungen; der Schuldner könnte auch jedem Gläubiger nur kleine Beträge anbieten (doch wäre dann nicht mit Zustimmung der Gläubiger zu rechnen). Da der Plan nach § 308 I InsO die Wirkung eines gerichtlichen Vergleichs haben soll, wenn er angenommen wird, muss er so formuliert werden, dass er einen genauen, vollstreckungsfähigen Inhalt hat.

Sogar sog. **Nullpläne** werden für zulässig angesehen (OLG Karlsruhe NJW-RR 2000, 1216; BayObLG NJW 2000, 220; vom BGH NZI 2005, 46 offen gelassen; h.M.), weil § 305 InsO keine Mindestquote vorschreibt; die a.A. hält solche Pläne für unzulässig, weil die Gläubiger vernünftigerweise nie zustimmen würden. **588**

Beispiele

(1) Ein Rentner ohne Vermögen und mit einer Rente unter der Pfändbarkeitsgrenze bietet nicht einmal einen Cent (oder nur 0,5 % der Forderung) an.

(2) Anlage 1: **Vermögensverzeichnis** von Max Müller (Adresse): Wohnungseinrichtung (das Nötigste), Wert 3000,– €. Pkw Ford Escort, 9 Jahre alt (für Fahrt zur Arbeit); Wert 2000,– €. Sparguthaben: Sparkasse München Konto 123456 Guthaben ca. 50,– €. Einkommen: ich bin als Teilzeit-Hilfsarbeiter bei der F-Fabrik tätig. Monatliches Nettoeinkommen 1890,– € (Lohnbestätigung liegt bei). Persönliche Verhältnisse: geb. 9.4.1951; Hilfsarbeiter, ledig.

Anlage 2: **Verzeichnis der Schulden** von Max Müller

A. ABC-Teilzahlungsbank … (laut Versäumnisurteil des AG Würzburg …) gem. Anlage 4 . . . .   80 000,– €   + 9,5 % Zinsen seit

B. Sparkasse München ..., Kredit .... 40 000,– € + 10 % Zinsen seit
C. Oberjustizkasse Bamberg ...
   Gerichtskosten .... 1 000,– € gem. Anlage 6
D. Rechtsanwältin Roll ..., Gebühren .... 4 000,– € gem. Anlage 7
E. Möbelhaus Schnickschnack .... 45 000,– € gem. Anlage 8
Summe .... 170 000,– €

Die Gläubiger haben keine Bürgschaften, Pfandrechte oder andere Sicherheiten für diese Forderungen.

Anlage 3: **Schuldenbereinigungsplan** von Max Müller
Von meinem Einkommen sind monatlich 600,– € pfändbar.

Mein Vorschlag lautet:
I. Der Schuldner Max Müller verpflichtet sich, an die Gläubiger vom 1.1.2012 bis 31.12.2017 monatlich insgesamt 500,– € zu zahlen, nämlich an den Gläubiger A 235,30 €, an den Gläubiger B 117,65 €, an den Gläubiger C 2,95 €, an die Gläubigerin D 11,76 € und an den Gläubiger E 132,34 €.
II. Damit sind alle Schulden gegenüber diesen fünf Gläubigern abgegolten.

Bürgschaften, Pfandrechte und andere Sicherheiten der Gläubiger werden vom Plan nicht berührt.

589 c) Dem Schuldner kann im Verbraucherinsolvenzverfahren keine **Prozesskostenhilfe** (§§ 114 ff. ZPO) gewährt werden. Seit 1. 12. 2001 können aber dem Schuldner die Kosten des Insolvenzverfahrens mehrere Jahre **gestundet** werden (§ 4a InsO), einschließlich der Kosten des Verfahrens über die Schuldenbereinigung, Restschuldbefreiung; ein Anwalt kann beigeordnet werden (§ 4a II InsO). Alles wird aus der Staatskasse finanziert (§ 63 II InsO; §§ 45 ff. RVG). Seitdem sind die Verfahren stark gestiegen (jährlich ca. 100 000 Verfahren).

3. Tätigkeit des Gerichts

590 a) Der Eröffnungsantrag des Schuldners ruht zunächst (§ 306 I InsO). Trotzdem kann das Gericht **Sicherungsmaßnahmen** anordnen (§ 306 II InsO): nämlich alle in § 21 InsO genannten Maßnahmen; statt Bestellung eines vorläufigen Insolvenzverwalters (§ 21 II Nr. 1 InsO) ist aber nur die Bestellung eines vorläufigen Treuhänders (§ 313 I InsO) zulässig, der allenfalls die Befugnisse eines endgültigen Treuhänders haben kann.

591 b) Das Gericht fordert den Schuldner zur **Ergänzung der Unterlagen** auf, wenn sie unvollständig sind, § 305 III InsO. Das Gericht prüft aber nicht, ob die vom Schuldner behaupteten Schulden bestehen; eine gerichtliche Feststellung findet nicht statt (anders bei § 178 InsO); § 309 I 1 InsO spricht ausdrücklich nur von den benannten Gläubigern. Reicht der Schuldner angeforderte Unterlagen nicht ein, gilt sein Insolvenzantrag als zurückgenommen (§ 305 III 2 InsO; sog. **Rücknahmefiktion**). Der Antrag kann aber neu gestellt werden. Ob die Aufforderung, weitere Unterlagen einzureichen, anfechtbar ist, ist streitig (verneinend BGH ZInsO 2009, 1344; BayObLG NJW-RR 1999, 1570; bejahend BayObLG NJW-RR 2000, 1217; OLG Köln NJW 2000, 223; BGH NZI 2005, 414, wenn Unzulässiges gefordert wird; vgl. § 34 InsO).

592 c) Die **Stellungnahme der Gläubiger** wird nun erholt. Die eingereichten Unterlagen (Verzeichnisse, Schuldenbereinigungsplan) werden kopiert und an die vom Schuldner genannten Gläubiger gesandt (Zustellung erforderlich). Die Gläubiger werden aufgefordert binnen einer Notfrist von einem Monat zu dem Plan und den drei Verzeichnissen Stellung zu nehmen (§ 307 I 1 InsO). Die Gläubiger werden vom Gericht aufgefordert, die Angaben des Schuldners über die Forderungen zu überprüfen und erforderlichenfalls zu ergänzen (§ 307 I 2 InsO). Wird die Monatsfrist versäumt, kommt Wiedereinsetzung in Frage (§ 233 ZPO).

Dann wartet das Insolvenzgericht den Ablauf der Monatsfrist ab.

d) Das Gericht hat bisher noch **nicht geprüft**, ob der Schuldner tatsächlich zahlungsunfähig ist; ebenso wurden seine Verzeichnisse vom Gericht nicht nachgeprüft. **593**

e) Jeder Gläubiger hat verschiedene Möglichkeiten der Reaktion. Dabei ist zu beachten, dass die Gläubiger kaum Möglichkeiten haben, die Angaben des Schuldners über seine Vermögensverhältnisse zu überprüfen, weil kein Insolvenzverwalter eingeschaltet wurde. Eine Zustimmung zum Vorschlag dürfte daher selten klug sein. Zumindest sollte ein Gläubiger bei Ratenzahlungen auf einer Verfallsklausel bestehen (d.h.: wenn der Schuldner mit zwei Raten in Verzug ist, wird der gesamte Restbetrag sofort fällig) und auf einer Besserungsklausel (wenn der Schuldner später Vermögen erwirbt, erhalten die Gläubiger einen Nachschlag). **594**

aa) Der Gläubiger gibt keine Stellungnahme gegenüber dem Gericht ab, **schweigt** also; dann gilt dies als Einverständnis mit dem Schuldenbereinigungsplan (§ 307 II 1 InsO) und auch als Einverständnis mit den Angaben des Schuldners über die Forderungshöhe (§ 308 III 2 InsO).

Beispiel Der Schuldner hat die Forderung des Gläubigers G in seiner Aufstellung mit 10 000,– € angeben, in Wirklichkeit betrug sie 14 000,– €. Berichtigt das G nicht innerhalb der Monatsfrist, erlöschen später u. U. nicht nur 10 000,– €, sondern 14 000,– €.

bb) Er kann sich **einverstanden** erklären.

cc) Er kann dem Gericht **mitteilen**,

- dass seine Forderung höher ist, als vom Schuldner im Verzeichnis behauptet; oder:
- dass er mit der vorgeschlagenen Art der Tilgung **nicht einverstanden** ist.

Dann leitet das Gericht diese Stellungnahme an den Schuldner und gibt ihm Gelegenheit, binnen einer bestimmten Frist seinen Plan zu ändern. Der geänderte Plan des Schuldners wird dann erneut den von den Änderungen betroffenen Gläubigern zugestellt (§ 307 III InsO). Dieses schriftliche Hin- und Herschicken ist wenig nützlich; eine mündliche Verhandlung wäre zweckmäßiger (vgl. § 5 II InsO).

f) Schriftliche **Abstimmung der Gläubiger**. **595**

aa) Wenn alle Gläubiger mit dem Plan einverstanden sind bzw wenn sie schweigen (was als Einverständnis gewertet wird), ist der Plan angenommen. Das Gericht stellt dies durch Beschluss fest (§ 308 I InsO). Das Gericht stellt den Gläubigern und dem Schuldner eine Ausfertigung des Schuldenbereinigungsplans und des Gerichtsbeschlusses zu. Der Plan hat nun die Wirkung eines gerichtlichen Vergleichs (unten III).

bb) Lehnt die Mehrheit der Gläubiger den Plan ab, kann der Schuldner den Plan nochmals ändern (also z.B. höhere Monatsraten versprechen, Absicherung der Raten durch Bürgschaft der Ehefrau zusagen); das (schriftliche) Abstimmungsverfahren wird dann nochmals in Lauf gesetzt. Der Schuldner kann aber auch die Sache auf sich beruhen lassen oder die Eröffnung des Insolvenzverfahrens abwarten (§ 311 InsO).

596 **g) Ersetzung der Zustimmung** der unwilligen Gläubiger.

aa) Hat dem Plan mehr als die Hälfte der (vom Schuldner) benannten Gläubiger zugestimmt (bzw. geschwiegen, was als Zustimmung gilt) *und* beträgt die Summe der Ansprüche der zustimmenden Gläubiger mehr als die Hälfte der Ansprüche der benannten Gläubiger, dann **ersetzt das Gericht durch einen Beschluss die Zustimmung** der widersprechenden Gläubiger (§ 309 I InsO), wenn dies vom Schuldner (oder einem Gläubiger) beantragt wird.

> Der Schuldner hat 5 Gläubiger angegeben, die folgende Forderungen gegen ihn haben: A: 1000,– €; B: 5000,– €; C 10 000,– €; D 30 000,– €; E 50 000,– €. Dann müssen drei Gläubiger zustimmen (egal welche), aber diese drei müssen mindestens 48 001,– € Forderungen repräsentieren (Gesamtforderungen 96 000,– €, Mehrheit also 48 001,– €). Selbst wenn A, B, C und D zustimmen, genügt es nicht, weil diese vier nur 46 000,– € repräsentieren. Die Zustimmung von A, B und E würde dagegen sowohl die Kopf- wie die Summen-Mehrheit ergeben.

597 **bb) Das Gericht darf die fehlende Zustimmung von Gläubigern nicht ersetzen** (§ 309 I 2 InsO):

(1) wenn die Mehrheit der Gläubiger den Plan *ablehnt;* oder:

(2) wenn der Minderheits-Gläubiger, der Einwendungen erhoben hat, im Verhältnis zu den übrigen Gläubigern nicht angemessen benachteiligt wird.

> **Beispiel:** Wenn der Schuldner den Gläubigern A, B, und C jeweils 60 % anbietet, den zwei restlichen Gläubigern D und E nichts;

oder:

598 (3) Wenn der Minderheits-Gläubiger, der Einwendungen erhoben hat, „durch den Schuldenbereinigungsplan *voraussichtlich* wirtschaftlich **schlechter gestellt** wird, **als er bei** Durchführung des Verfahrens über die Anträge auf Eröffnung des Insolvenzverfahrens und Erteilung von **Restschuldbefreiung stünde".** Letztlich muss also den Gläubigern mindestens eine auf 6 Jahre begrenzte Abführung des pfändungsfreien Einkommens mit Vergünstigungen ab dem 4. Jahr oder eine wirtschaftlich gleichwertige Zahlung angeboten werden. An diesem Schlechterstellungsverbot scheitern auch Kürzungen von Absonderungsrechten (§§ 49–51 InsO), vgl. § 301 II 1 InsO. Dass eine solche Schlechterstellung besteht, hat der widersprechende Gläubiger *glaubhaft* zu machen (§ 309 II 2 InsO), d.h. eine entsprechende Berechnung vorzulegen. Von Amts wegen wird nicht geprüft, ob ein Zustimmungsversagungsgrund vorliegt (OLG Köln JurBüro 2002, 103; OLG Zweibrücken NJW-RR 2002, 410).

In diesem Zusammenhang muss das Gericht auch (erstmals) inzident prüfen, ob es überhaupt zu einem Restschuldbefreiungsverfahren kommen kann:

■   ob der Schuldner zahlungsunfähig ist (§§ 17, 18 InsO);

- ob eine kostendeckende Masse vorhanden wäre (§§ 26, 304 I InsO; Stundung genügt, § 4a InsO) und
- ob Versagungsgründe nach § 290 InsO vorlägen.

Beispiel: Wenn der Schuldner ein Einkommen hat, bei dem monatlich 600 € pfändbar sind und dann seinen Gläubigern für 5 Jahre monatlich 500,– € anbietet, dann wären sie unklug, wenn sie zustimmen würden. Denn bei der Restschuldbefreiung bekommen sie 6 Jahre lang 600,– € monatlich. Deshalb könnte die Zustimmung eines widersprechenden Gläubigers auch nicht ersetzt werden.

(4) Eine Ersetzung der Zustimmung scheidet ferner aus, wenn ernsthafte **Zweifel** bestehen, **ob eine** vom Schuldner angegebene **Schuld** (Forderung gegen S) **besteht**. § 309 III InsO. Der Gläubiger muss solche Tatsachen glaubhaft machen, obwohl er keinen Zugang dazu hat und auf Vermutungen angewiesen ist.   **599**

Beispiel: S meldet an, er habe 5 Gläubiger: Mutter, Schwester, Bruder (zusammen 300 000,– €); Bank; Lieferant (je 100 000,– €); Vermögen 50 000,– €. Da die Verwandten die Kopf- und Summenmehrheit haben und der Schuldenbereinigung durch Schweigen zustimmen könnten, wären die fehlenden Zustimmungen der Bank und des Lieferanten ersetzbar, ihre Quote drückbar. Sind die Forderungen der Verwandten erfunden oder zumindest zweifelhaft, können echte Gläubiger von geschickten Schuldnern geprellt werden. Sie würden im *Beispiel* nur rund 20 000,– € (10 % von 200 000,– €) erhalten, statt 50 000,– €.

cc) Rechtsmittel: Ersetzt das Gericht die Zustimmung von Gläubigern nicht, kann der antragstellende Schuldner gegen den ablehnenden Beschluss sofortige Beschwerde zum LG einlegen (§ 309 II 3 InsO). Frist: zwei Wochen ab Zustellung des Beschlusses an den Schuldner. Ebenso kann der Gläubiger, dessen Zustimmung ersetzt wird, sofortige Beschwerde erheben. Der folgende Feststellungsbeschluss nach § 308 I 1 InsO ist dagegen unanfechtbar.   **600**

III. Wirkung des vom Gericht bestätigten Schuldenbereinigungsplans

1. Wirkung eines gerichtlichen Vergleichs

Der Plan hat nach Genehmigung die Wirkung eines gerichtlichen Vergleichs (§ 308 I 2 InsO; § 794 I Nr. 1 ZPO); das heißt: **601**

a) Wenn **Gläubiger im Plan nicht genannt** sind (z.B. weil der Schuldner diese Gläubiger dem Gericht nicht angegeben hat oder ihre Adressen nicht kennt), dann sind diese Gläubiger vom Plan nicht betroffen; ihre Restforderungen erlöschen also nicht.   **602**

b) Wenn die **Forderung eines Gläubigers** *höher* ist als im Plan vom Schuldner angegeben und vom Gläubiger nicht berichtigt wurde (Streitgegenstand!), ist auch der Rest erloschen.   **603**

Beispiel: Gastwirt S beziffert die Forderung der Brauerei aus Bierlieferung vom … auf 4000,– €, tatsächlich betrug sie 4500,– €. Auch die restlichen 500,– € sind erloschen.

604 **c)** Wenn ein **Gläubiger** *mehrere* **Forderungen** hat (Betonlieferung; Darlehen), der Schuldner aber nur *eine* davon („Betonlieferung vom 7.4. …") im Plan nennt, dann dürfte § 308 III InsO so zu verstehen sein, dass nur diese Forderung vom Plan erfasst ist. Denn die Vorschrift spricht von „Angaben über seine Forderung" (Einzahl); außerdem würde sonst dem Gläubiger zugemutet, seine gesamte Buchführung auf Schuldnernamen umzustellen, damit er jeweils sein Gesamtengagement bei einem bestimmten Kunden feststellen kann, was z.B. bei Zweigstellen schwierig sein kann (a.A. *Kirchhof* ZInsO 1998, 54, 57: alle Forderungen seien vom Gläubiger zu erforschen, würden andernfalls erlöschen).

605 **d) Gläubiger mit Absonderungsrechten** sind von Schuldenbereinigungsplan ebenfalls betroffen (anders bei Restschuldbefreiung, § 301 II, und Insolvenzplan), wenn sie dem Plan zugestimmt haben. Andernfalls kann ihre Zustimmung wegen § 309 I Nr. 2 InsO nicht ersetzt werden.

606 **e)** Die im Plan genannten Forderungen können von den Gläubigern nur noch in der Höhe und zu den Zeitpunkten geltend gemacht werden, der im Plan steht. Im Übrigen sind die **Forderungen erloschen.** Durch Mehrheit der Gläubiger und zustimmenden Gerichtsbeschluss können also auch der überstimmten Gläubiger-Minderheit gegen ihren Willen ihre Forderungen aberkannt werden.

607 **f)** Die im Plan genannten Gläubiger können vom Gericht **vollstreckbare Ausfertigungen des Plans** erhalten und hieraus – wie aus einem Urteil oder Vollstreckungsbescheid – (mit Hilfe des Gerichtsvollziehers und der anderen Vollstreckungsorgane) beim Schuldner vollstrecken, wenn dieser nicht freiwillig das im Plan Versprochene vollständig bezahlt.

608 **g)** Der Plan hat nur die **Wirkungen eines Prozessvergleichs,** also nicht die eines Urteils. Eine Anfechtung nach §§ 119 ff., 123 BGB ist daher möglich, ebenso Sittenwidrigkeit des Plans nach § 138 BGB. Der Plan kann nicht später analog § 323 IV ZPO angepasst werden (OLG Karlsruhe Rpfleger 2001, 511).

2. Kosten

609 Die Gläubiger können vom Schuldner keine Kosten (z.B. Bearbeitungsgebühren, Porto, Zeitaufwand) erstattet verlangen, die ihnen in Zusammenhang mit dem Schuldenbereinigungsplan entstehen (§ 310 InsO). Aber auch der Schuldner erhält seine Kosten (z.B. Anwaltskosten für die Aufstellung des Plans) nicht erstattet.

IV. Verfahrensfortgang bei gescheiterter gerichtlicher Schuldenbereinigung

1. Vereinfachtes Insolvenzverfahren

Kommt die Schuldenbereinigung nicht zustande, wird das (noch nicht eröffnete) In-   **610**
solvenzverfahren wieder aufgegriffen. Es kann zur Eröffnung (und Fortsetzung in ver-
einfachter Form, § 311 InsO) oder zur Ablehnung der Eröffnung kommen.

Unterschiede:

Normales Insolvenzverfahren	Vereinfachtes Insolvenzverfahren
Eröffnungsvoraussetzungen: Zahlungsunfähigkeit (§§ 17, 18) und kostendeckende Masse (§§ 26, 4a)	ebenso
vorläufiger Insolvenzverwalter kann bestellt werden, § 21; Befugnisse § 22	vorläufiger Treuhänder kann bestellt werden (§§ 306 II, 304 I, 21); Befugnisse § 313
Bestimmung von Berichtstermin und Prüfungstermin, § 29	nur Prüfungstermin wird bestimmt, § 312 I
Insolvenzverwalter wird bestellt, § 27; Befugnisse §§ 56–66 usw.	Treuhänder wird bestellt, § 313; Befugnisse nicht nur § 292, auch §§ 56-66
Anfechtung erfolgt durch Insolvenzverwalter, § 129	Anfechtung erfolgt durch Insolvenzgläubiger, § 313 II
bei Absonderungsrechten Verwertung i. d. R. durch Insolvenzverwalter, §§ 166, 173	bei Absonderungsrechten Verwertung durch den Gläubiger, § 313 III 2
Kostenbeitrag der Absonderungsgläubiger, § 171	kein Kostenbeitrag der absonderungs- berechtigten Gläubiger
Insolvenzplan (§ 217) denkbar	kein Insolvenzplan zulässig, § 312 III
Eigenverwaltung möglich, § 270	keine Eigenverwaltung zulässig, § 312 III
Verwertung der Masse durch den Insolvenzverwalter	statt Verwertung u. U. Ablösezahlung (i.d.R. aus Mitteln Dritter) durch den Schuldner, § 314 I 2
sonstige Regelungen, §§ 1 ff.	ebenso, § 304 I

2. Einzelheiten

a) Die Eröffnung des nachfolgenden Insolvenzverfahrens erfolgt nur, wenn Zah-   **611**
lungsunfähigkeit (§§ 17, 18 InsO) vorliegt und kostendeckende Masse (§ 26 InsO)
oder Stundung (§ 4a InsO) vorhanden ist.

b) Der **Treuhänder** im vereinfachten Verfahren ist nicht nur ein Treuhänder im Sinne   **612**
der Restschuldbefreiung (§ 292 InsO). Er hat aber auch nicht alle Aufgaben und
Rechte des Insolvenzverwalters, weil ihm z.B. §§ 313, 314 InsO Rechte nehmen; er
bekommt auch eine geringere Vergütung (§ 13 InsVV).

613   **c)** Da der **absonderungsberechtigte Gläubiger** das Sicherungsgut selbst verwerten darf (§ 313 III InsO), muss er keinen Kostenbeitrag zahlen, hat also zwei Vorteile gegenüber dem gewöhnlichen Insolvenzverfahren.

614   **d) Insolvenzanfechtung.** Sie erfolgt durch irgendeinen Insolvenzgläubiger auf eigene Initiative (§ 313 II 1 InsO); er ist Prozessstandschafter für die anderen Gläubiger und den Schuldner. Hat er Erfolg, kann er seine Kosten abziehen (§ 313 II 2 InsO); den Rest leistet er an die Masse. Hat er keinen Erfolg, muss er die Kosten selbst tragen. Deshalb wird ein Gläubiger dieses Risiko nicht eingehen. Er wird nur klagen, wenn ihm die Gläubigerversammlung einen entsprechenden Auftrag gibt (§ 313 II 3 InsO): dann erhält er, wenn er den Anfechtungsprozess verliert, seine Kosten aus der Masse.

3.   Nachfolgende Restschuldbefreiung

615   Hat der Schuldner ursprünglich (auch) einen Restschuldbefreiungsantrag gestellt, dann entscheidet das Gericht, falls das Insolvenzverfahren eröffnet wurde (oben 2 a), nach Verwertung der Masse über den Antrag. Die Befreiung kann nach § 290 InsO versagt werden, ferner nach § 314 III 2 InsO.

Beispiel
:   Der Schuldner hat sich bereit erklärt, die Masse (Inventar eines Blumengeschäfts) zum Schätzpreis von 10 000,– € zu übernehmen; das Gericht hat dies nach § 314 I InsO angeordnet. Der Schuldner kann diesen Betrag aber nicht an den Treuhänder zahlen, weil ihm seine Verwandten keine weiteren Kredite geben. Dann muss ihm schon deswegen die Restschuldbefreiung versagt werden.

Zwanzigster Abschnitt
Sondervorschriften

I. Insolvenzverfahren über Gesellschaften

1. Offene Handelsgesellschaft und Kommanditgesellschaft

a) OHG (§§ 105 ff. HGB) und **KG** (§§ 161 ff. HGB) sind zwar keine juristischen Personen, trotzdem nach § 11 II Nr. 1 InsO **insolvenzfähig.** Der Kreis der Antragsberechtigten (Insolvenzgläubiger, Gesellschafter, Komplementäre) ist erweitert: § 15 InsO. Antragspflicht besteht teilweise: § 15a i.V.m. § 11 II Nr. 1 InsO. Wichtig ist die Strafbarkeit nach § 15a IV InsO. Insolvenzgrund ist Zahlungsunfähigkeit, § 17 InsO, u.U. drohende Zahlungsunfähigkeit (§ 18 III InsO), teilweise (z.B. bei der GmbH & Co. KG) auch Überschuldung, § 19 III InsO. Durch die Eröffnung wird die OHG aufgelöst (§ 131 I Nr. 3 HGB). Nach Beendigung des Verfahrens wird die OHG im Handelsregister gelöscht. **616**

b) Insolvenzmasse ist bei OHG und KG das gesellschaftsgebundene Sondervermögen der Gesellschafter (einschließlich der Einlagerückstände), nicht das Privatvermögen der Gesellschafter. Ein Insolvenzverfahren über die OHG erstreckt sich nicht automatisch auf das Privatvermögen der Gesellschafter. **617**

aa) Der Kommanditist haftet den Gläubigern der KG nur mit seiner Einlage (§§ 171, 172 I HGB). Ist die Einlage geleistet und auch nicht zurückbezahlt worden, erlischt seine persönliche Haftung. **618**

bb) Einlagerückstände von Kommanditisten: der Insolvenzverwalter der KG kann nach § 171 II HGB vom Kommanditisten die Pflichteinlage/Haftsumme verlangen (Haftung der Kommanditisten vgl. §§ 172 IV, 171 I HGB). Wurde einem Kommanditisten bei seinem Ausscheiden seine *Einlage* (ganz oder teilweise) *zurückgewährt,* so haftet er in Höhe der Rückgewähr nur den Gesellschaftsgläubigern persönlich und unmittelbar, die im Zeitpunkt seines Ausscheidens bereits Gesellschaftsgläubiger waren (sog. *Altgläubiger*). Die Beträge, die der Insolvenzverwalter gem. § 171 II HGB, § 93 InsO von diesem Kommanditisten erlangt, darf er daher *nur zur zusätzlichen anteiligen Befriedigung der Altgläubiger* verwenden (BGHZ 27, 51; 39, 319), nicht auch den Neugläubigern zukommen lassen; der Verwalter muss also insoweit eine Sondermasse bilden. **619**

cc) Der ausgeschiedene Kommanditist, der erst nach Insolvenzeröffnung Teilzahlungen wegen seiner persönlichen Haftung zugunsten der Altgläubiger geleistet hat (§§ 171 II, 172 IV 1 HGB), hat zwar insoweit aus § 426 II sowie § 426 I 1 BGB einen Erstattungsanspruch gegen die KG; wenn aber die Altgläubiger nicht voll befriedigt sind, können sie wegen § 43 InsO ihre vollen Beträge (ungekürzt um die nach Eröffnung erhaltene Teilzahlung) im Insolvenzverfahren der KG anmelden, mit der Folge, dass der ausgeschiedene Kommanditist seinen Erstattungsanspruch überhaupt *nicht* im Insolvenzverfahren der KG anmelden kann, weil sonst derselbe Betrag doppelt angemeldet würde (BGHZ 27, 51; 39, 319). **620**

621   **c) Schuldnerin** ist die OHG. Insolvenzgläubiger im OHG-Insolvenzverfahren sind nur die Gläubiger der OHG, nicht die Privatgläubiger der einzelnen Gesellschafter. Die Gesellschaftsgläubiger können sich wegen ihrer Forderungen nicht nur an die OHG halten, sondern auch die Gesellschafter in Anspruch nehmen, **§ 128 HGB.** Im Insolvenzverfahren über die OHG kann dieser Anspruch nur vom Insolvenzverwalter geltend gemacht werden, § 93 InsO. Die Insolvenz der OHG zieht deshalb oft die Insolvenz der Gesellschafter nach sich. Das Finanzamt ist durch § 93 InsO nicht gehindert, Ansprüche aus §§ 34, 69 AO gegen die Gesellschafter geltend zu machen (BGH NJW 2002, 2718). Die Gesellschafter einer OHG haften nicht persönlich für die Kosten des Insolvenzverfahrens über die OHG und die vom Verwalter in diesem Verfahren begründeten Masseverbindlichkeiten (BGH NJW 2010, 69).

622   **d) Wird nur *ein* OHG-Gesellschafter insolvent**, führt dies nach § 131 III Nr. 2 HGB nicht zur Auflösung der OHG. Das Auseinandersetzungsguthaben und der Gewinnanteil des Gesellschafters fließen in die Masse; § 84 I 1 InsO. Hat der andere OHG-Gesellschafter gegen S eine auf das Gesellschaftsverhältnis gegründete Forderung (z.B. Auszahlung rückständiger Gewinnanteile; nicht: Rückzahlung eines Privatdarlehens), dann hat er insoweit ein *Absonderungsrecht am Anteil* des S nach § 84 I 2 InsO. Insolvenzgläubiger sind die Privatgläubiger des Gesellschafters und die Gläubiger der OHG, § 128 HGB.

623   **e)** Werden die **OHG und ein Gesellschafter insolvent,** finden zwei getrennte Verfahren statt. Die Gesellschaftsgläubiger können ihre Forderungen (§ 128 HGB) in jedem Verfahren in voller Höhe anmelden. Laufen mehrere Privatinsolvenzverfahren von Gesellschaftern nebeneinander, ist § 43 InsO zu beachten. Die Gläubiger können also in jedem Verfahren den vollen Betrag anmelden und erhalten darauf die Quote, auch wenn sie nach Insolvenzeröffnung Teilzahlungen erhalten haben.

2.   Die BGB-Gesellschaft (GdbR)

624   Sie ist insolvenzfähig, soweit sie als *Außengesellschaft* im Rechtsverkehr auftritt, § 11 II Nr. 1 InsO (vgl. BGH NJW 2001, 1056). Die Insolvenzeröffnung über das Vermögen eines Gesellschafters führt zur Auflösung der Gesellschaft (§ 728 BGB, vgl. aber § 736 BGB). Der Anteil des Schuldners an der Gesellschaft fällt in die Masse. Den Gesellschaftsgläubigern haftet nicht nur die GdbR, sondern auch die Gesellschafter persönlich; diese persönliche Haftung wird vom Insolvenzverwalter gegenüber den Gesellschaftern geltend gemacht, § 93 InsO. Die Insolvenz der GdBR zieht deshalb in der Regel die Insolvenz der Gesellschafter nach sich.

Bei Insolvenzeröffnung über das Vermögen *aller* Gesellschafter soll nach BGHZ 23, 307 das Gesamthandsvermögen der Insolvenzbeschlagnahme unterfallen und der Versilberungserlös ohne Rücksicht auf die einzelnen Gesellschaftsgläubiger auf die einzelnen Insolvenzen verteilt werden können.

3.   Aktiengesellschaft und GmbH

625   **a)** AG und GmbH sind als juristische Personen insolvenzfähig, § 11 I InsO.

b) Insolvenzgrund ist sowohl Zahlungsunfähigkeit als auch Überschuldung, §§ 17 I, 19 I InsO, u. U. auch drohende Zahlungsunfähigkeit, § 18 InsO. Antragberechtigt sind neben den Gläubigern auch Vorstandsmitglieder etc., § 15 InsO. Eine Pflicht zur Insolvenzantragstellung regelt § 15a InsO.

Der Steuerberater S teilt dem Geschäftsführer G der Bau-GmbH am 1.2. mit, dass die Gesellschaft ausweislich der soeben erstellten Bilanz überschuldet ist. G muss innerhalb von 3 Wochen Insolvenzantrag stellen, sonst macht er sich strafbar (§ 15a IV InsO).

c) Gemeinschuldnerin ist die AG/GmbH; sie wird durch ihre Organe repräsentiert; diese Organe (Vorstand, Aufsichtsrat etc.) bestehen weiter, sind in ihrer Zuständigkeit aber nun beschränkt durch die Verwaltungs- und Verfügungsbefugnis des Insolvenzverwalters, § 80 InsO; bei Eigenverwaltung (§§ 270 ff. InsO; Rn. 534) ferner durch § 276a InsO 2012.

d) Aktionäre und Gesellschafter als solche sind nicht Insolvenzgläubiger; anders, wenn der Aktionär der AG ein Darlehen gegeben hat. Bei Gesellschafterdarlehen sind §§ 39 I Nr. 5, IV, V, 44a, 135 InsO zu beachten. Die Aktie wird durch die Insolvenz der AG wertlos.

e) AG und GmbH werden durch die Eröffnung des Insolvenzverfahrens aufgelöst, §§ 262 I Nr. 3 AktG, 60 I Nr. 4 GmbH; die Gesellschaft besteht als Rechtsperson fort, bis der Insolvenz beendet und das Vermögen verteilt wird, sie wird also abgewickelt.

f) Für die Insolvenz der eingetragenen Genossenschaft enthält das GenG in §§ 98 ff., für den Insolvenz der Kreditinstitute das KWG in §§ 46a–c Sonderbestimmungen.

II. Nachlassinsolvenzverfahren

1. Zulässigkeit

Ein besonderes Insolvenzverfahren über den Nachlass ist, obgleich der Nachlass nur einen Teil des Vermögens des Erben bildet, im Interesse der Nachlassgläubiger und zwecks Herbeiführung der beschränkten Erbenhaftung zulässig (vgl. §§ 1975, 2013 BGB). Schuldner im Nachlassinsolvenzverfahren ist der Erbe, der aber durch die Insolvenzverfahrenseröffnung nur in der Verfügung über den Nachlass beschränkt wird. Das Verfahren ist in §§ 315 ff. InsO geregelt. Die Antragsfrist beträgt für den Antrag eines Gläubigers zwei Jahre, § 319 InsO. Für den Antrag des Erben (§ 317 InsO) gibt es keine Frist. **626**

2. Insolvenzgrund

Insolvenzgrund ist (z.B. beim Antrag eines Gläubigers) Zahlungsunfähigkeit oder Überschuldung, § 320 S. 1 InsO. Beim Antrag des Erben, des Nachlasspflegers usw ist zusätzlich *drohende* Zahlungsunfähigkeit Insolvenzgrund, § 320 S. 2 InsO. Vgl. §§ 17–19 InsO. Beruht die Überschuldung des Nachlasses nur auf Vermächtnissen und Auflagen, ist ein Insolvenzverfahren nicht erforderlich, § 1992 BGB. Besteht nur Zahlungs- **627** unfähigkeit, aber keine Überschuldung des Nachlasses, so können die Beteiligten die *Nachlassverwaltung* (§ 1975 BGB) beantragen.

3. Erweiterung der Masseansprüche und der Insolvenzforderungen

628 **a)** Masseansprüche sind *auch* alle durch den Erbfall erforderlich gewordenen Aufwendungen, z.B. die Kosten der Beerdigung, der Nachlasspflegschaft; § 324 InsO. Sie haben den Rang des § 209 I Nr. 3 InsO, wenn nicht einmal soviel Geld vorhanden ist, dass alle Masseverbindlichkeiten beglichen werden können (§ 324 II InsO).

b) Insolvenzforderungen sind alle Nachlassverbindlichkeiten. Forderungen, die in einem Zivilprozessverfahren gegen den Erblasser nicht eingeklagt werden könnten (z.B. Pflichtteilsansprüche, Vermächtnisse, Auflagen) werden aber erst *nach* allen übrigen Forderungen und in einer bestimmten Rangfolge berücksichtigt. Vgl. §§ 327, 39 InsO.

4. Insolvenzgläubiger und Insolvenzmasse

629 **a)** Insolvenzgläubiger sind nur die Nachlassgläubiger, nicht die Eigengläubiger des Erben. Hatte der Erbe Ansprüche gegen den Erblasser, ist das Rechtsverhältnis durch Vereinigung erloschen, durch die Insolvenzeröffnung lebt das Rechtsverhältnis wieder auf (§ 1976 BGB), der Erbe kann die Forderung dann im Nachlassinsolvenzverfahren geltend machen, § 326 InsO.

b) Insolvenzmasse ist nur der Nachlass, nicht das Eigenvermögen des Erben. Der Erbe kann sein Vermögen mit der Drittwiderspruchsklage, § 771 ZPO, schützen.

Haftet der Erbe schon allgemein unbeschränkbar (§ 2013 I 1 BGB), z.B. bei Inventarsäumnis und Inventaruntreue, §§ 1994, 2005 BGB, dann haftet er mit Nachlass und Eigenvermögen und erreicht durch den Insolvenzantrag (§ 316 I InsO) nur, dass sich seine Eigengläubiger nicht an den Nachlass halten können.

Fallen der Nachlass und der Erbe in Insolvenz, werden zwei getrennte Verfahren abgewickelt. Die Gläubiger bleiben getrennt; die Nachlassgläubiger sind ausnahmsweise mit ihrem im Nachlassinsolvenzverfahren erlittenen Ausfall am Erbeninsolvenzverfahren beteiligt, wenn der Erbe ihnen gegenüber unbeschränkbar haftet, §§ 331, 52 InsO.

III. Inlands- und Auslandsinsolvenzverfahren

630 In Deutschland gelten §§ 335 bis 358 InsO und die Verordnung (EG) Nr. 1346 des Rates über Insolvenzverfahren vom 29.5.2000/12.4.2005 (sog. Europäische Insolvenzverordnung, EuInsVO); sie ist am 31.5.2002 in Kraft getreten; die Durchführung der Verordnung regelt Art. 102 EGInsO. Die VO betrifft nur die EG-Länder (ausgenommen Dänemark, VO-Erwägung Nr. 33), gilt also nicht, wenn z.B. der Schuldner in den USA Vermögen hat. Soweit die VO zur Anwendung kommt und Regelungen enthält, verdrängt sie §§ 335 bis 358 InsO (BGH NJW 2011, 1818).

Die Wirkungen der Insolvenzeröffnung können sich entweder nur auf das Staatsgebiet des Insolvenzgerichts (*Territorialitätsprinzip*) oder auch auf das Ausland (*Universalitätsprinzip*) erstrecken. Im ersteren Fall muss in mehreren Staaten ein Insolvenzverfahren durchgeführt werden, wenn der Schuldner in Deutschland und im Ausland Vermögen hat. Im zweiten Fall erstreckt sich die Wirkung der Verfahrenseröffnung (theoretisch) auf das In- und Ausland; das Ausland akzeptiert dies natürlich allenfalls beschränkt. Die InsO geht von einer eingeschränkten Universalität aus.

Als **Hauptinsolvenzverfahren** bezeichnet man das Verfahren, das am Mittelpunkt der   **631** wirtschaftlichen Betätigung des Schuldners eröffnet wird und das gesamte (Welt-) Vermögen erfasst. Von einem **Partikularinsolvenzverfahren** spricht man, wenn ein Verfahren nur über das inländische Vermögen des Schuldners eröffnet wird, weil das deutsche Gericht nicht zur Eröffnung über das in anderen Staaten belegene Vermögen zuständig ist (§§ 354 ff. InsO). Ein zeitlich nach der Eröffnung eines Hauptinsolvenzverfahrens eröffnetes Partikularverfahren wird als **Sekundärverfahren** bezeichnet (§ 356 InsO).

1. Inlandsinsolvenzverfahren

Das im Inland eröffnete Insolvenzverfahren erstreckt sich grundsätzlich auch auf das   **632** im Ausland befindliche Vermögen des Schuldners, § 35 InsO (Universalitätsprinzip; BGHZ 88, 147; 95, 256).

a) Der deutsche Insolvenzverwalter ist verpflichtet, auch ausländisches Vermögen des   **633** Gemeinschuldners in Besitz zu nehmen und zu verwerten, § 148 InsO. Im EG-Bereich erfolgt eine Anerkennung (Art. 16 ff. der VO (EG) Nr. 1346/2000). Ob in anderen Staaten ein vom Insolvenzverwalter erlangter (deutscher) Titel *durchgesetzt werden kann,* ist eine andere Frage; sie richtet sich nach evtl. Staatsverträgen sowie dem ausländischen Recht, das allerdings meist dem Territorialprinzip folgt (Einzelheiten vgl. *Gottwald* InsolvenzRHdB § 128 Rz. 5 ff.). Gegebenenfalls muss der Schuldner Vollmachten bezüglich des Auslandsvermögens erteilen (§§ 97 II, 98 II Nr. 3 InsO; BGH ZIP 2003, 2123).

Erlangt ein inländischer Insolvenzgläubiger eines im Inland eröffneten Insolvenzverfahrens durch eine im Ausland zulässige Einzelzwangsvollstreckung dort *belegene* (zur Insolvenzmasse gehörende) Vermögenswerte des Gemeinschuldners, dann hat er das Erlangte an den Insolvenzverwalter herauszugeben (§ 342 I InsO). Hat sich ein inländischer Insolvenzgläubiger an einem ausländischen Insolvenzverfahren beteiligt, erfolgt eine Quotenanrechnung (§ 342 II InsO).

b) Ein auf das Inlandsvermögen beschränktes Insolvenzvermögen ist zulässig (**Parti-**   **634** **kularverfahren**, vgl. § 354 InsO). Denkbar sind also zwei parallele Insolvenzverfahren.

2. Auslandsinsolvenzverfahren

Ein im Ausland eröffnetes Insolvenzverfahren erfasst grundsätzlich auch das inländi-   **635** sche Vermögen des Schuldners (§ 343 InsO; vgl. § 328 ZPO). Der ausländische Insolvenzverwalter (der natürlich eine andere Bezeichnung führt) ist daher berechtigt, solches Vermögen zur Insolvenzmasse zu ziehen. Rechtspolitische Gründe sprechen für das Universalitätsprinzip.

636   Die Anerkennung des Auslandsinsolvenzverfahrens im Inland hat aber Schranken, § 343 I InsO. Keine Anerkennung erfolgt, wenn die ausländischen Gerichte (bzw staatliche Stellen) nicht gem. § 3 InsO zuständig waren (§ 343 I S. 2 Nr. 1 InsO). Ferner erfasst das ausländische Verfahren das Inlandsvermögen nicht, wenn die Anerkennung unerwünscht ist (§ 343 I S. 2 Nr. 2 InsO), z.B. wenn das Auslandsverfahren wesensmäßig kein *Insolvenzverfahren* (sondern z.B. eine Enteignung) ist; der ausländische Insolvenzeröffnungsakt muss wirksam sein und für sich Universalität beanspruchen; die Anerkennung der ausländischen Insolvenzeröffnung darf nicht den inländischen *ordre public* verletzen oder mit des Grundrechten des Grundgesetzes unvereinbar sein. Die Anerkennung eines ausländischen Hauptinsolvenzverfahrens schließt ein **Sekundärinsolvenzverfahren** über das inländische Vermögen nicht aus (§ 356 InsO). Zur Anerkennung einer ausländischen Restschuldbefreiung eines Deutschen, der zuvor seinen Wohnsitz ins Ausland verlegte, vgl. BGH NJW 2002, 960. **Insolvenzeröffnungen aus den EG-Staaten** (ohne Dänemark, Erwägung Nr. 33) werden bei uns anerkannt, Art. 16 VO (EG) Nr. 1346/2000.

Sachverzeichnis

Die Zahlen beziehen sich auf die Randnummern des Textes

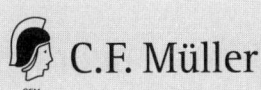

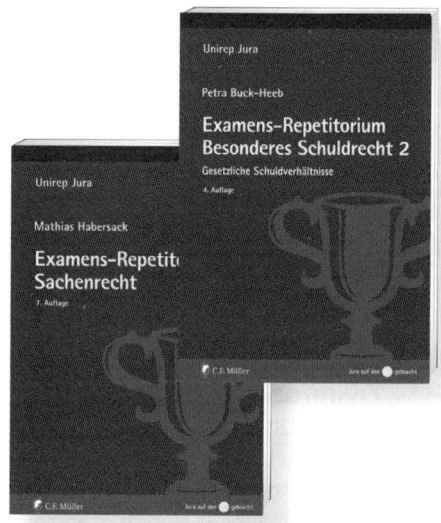
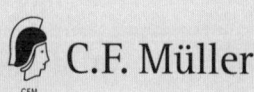 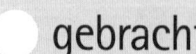